大学赤本シリーズ

282

上智大学

外国語学部・
総合グローバル学部

教学社

は し が き

おかげさまで，大学入試の「赤本」は，今年で創刊 70 周年を迎えました。

これまで，入試問題や資料をご提供いただいた大学関係者各位，掲載許可をいただいた著作権者の皆様，各科目の解答や対策の執筆にあたられた先生方，そして，赤本を使用してくださったすべての読者の皆様に，厚く御礼を申し上げます。

以下に，創刊初期の「赤本」のはしがきを引用します。これからも引き続き，受験生の目標の達成や，夢の実現を応援してまいります。

本書を活用して，入試本番では持てる力を存分に発揮されることを心より願っています。

編者しるす

＊　＊　＊

学問の塔にあこがれのまなざしをもって，それぞれの志望する大学の門をたたかんとしている受験生諸君！　人間として生まれてきた私たちは，自己の欲するままに，美しく，強く，そして何よりも人間らしく生きることをねがっている。しかし，一朝一夕にして，この純粋なのぞみが達せられることはない。私たちの行く手には，絶えずさまざまな試練がまちかまえている。この試練を克服していくところに，私たちのねがう真に人間的な世界がはじめて開かれてくるのである。

人生最初の最大の試練として，諸君の眼前に大学入試がある。この大学入試は，精神的にも身体的にも，大きな苦痛を感ぜしめるであろう。あるスポーツに熟達するには，たゆみなき，はげしい練習を積み重ねることが必要であるように，私たちは，計画的・持続的な努力を払うことによって，この試練を克服し，次の一歩を踏みだすことができる。厳しい試練を経たのちに，はじめて満足すべき成果を獲得できるのである。

本書は最近の入学試験の問題に，それぞれ解答を付し，さらに問題をふかく分析することによって，その大学独特の傾向や対策をさぐろうとした。本書を一般の参考書とあわせて使用し，まとはずれのない，効果的な受験勉強をされるよう期待したい。

（昭和 35 年版「赤本」はしがきより）

挑む人の、いちばんの味方

1954年に大学入試の過去問題集を刊行してから70年。赤本は大学に入りたいと思う受験生を応援しつづけてきました。これからも，苦しいとき落ち込むときにそばで支える存在でいたいと思います。

そして，勉強をすること，自分で道を決めること，努力が実ること，これらの喜びを読者の皆さんが感じることができるよう，伴走をつづけます。

そもそも赤本とは…

受験生のための大学入試の過去問題集！

70年の歴史を誇る赤本は，500点を超える刊行点数で全都道府県の370大学以上を網羅しており，過去問の代名詞として受験生の必須アイテムとなっています。

なぜ受験に過去問が必要なのか？

大学入試は大学によって問題形式や頻出分野が大きく異なるからです。

赤本の掲載内容

傾向と対策

これまでの出題内容から，問題の「**傾向**」を分析し，来年度の入試に向けて具体的な「**対策**」の方法を紹介しています。

問題編・解答編

- 年度ごとに問題とその解答を掲載しています。
- 「**問題編**」ではその年度の試験概要を確認したうえで，実際に出題された過去問に取り組むことができます。
- 「**解答編**」には高校・予備校の先生方による解答が載っています。

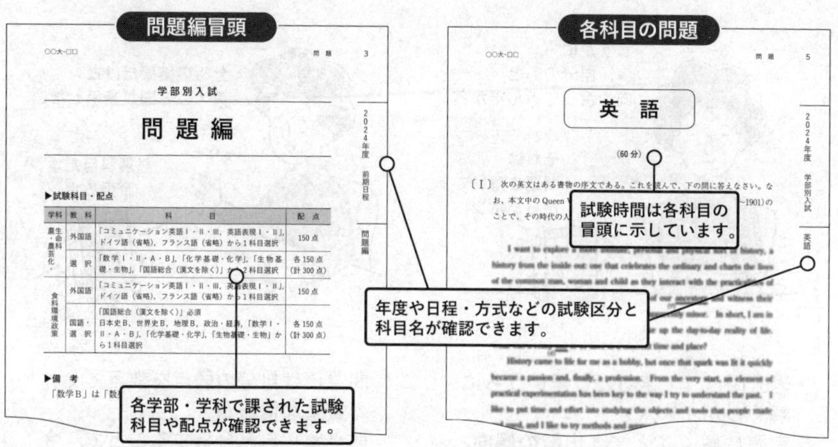

他にも，大学の基本情報や，先輩受験生の合格体験記，在学生からのメッセージなどが載っていることがあります。

掲載内容について

著作権上の理由やその他編集上の都合により問題や解答の一部を割愛している場合があります。
なお，指定校推薦入試，社会人入試，編入学試験，帰国生入試などの特別入試，英語以外の外国語科目，商業・工業科目は，原則として掲載しておりません。また試験科目は変更される場合がありますので，あらかじめご了承ください。

受験勉強は

過去問に始まり，

STEP 1 なにはともあれ

まずは解いてみる

過去問は，**できるだけ早いうちに解く**のがオススメ！
実際に解くことで，**出題の傾向，問題のレベル，今の自分の実力**がつかめます。

STEP 2 じっくり具体的に

弱点を分析する

間違いは自分の弱点を教えてくれる**貴重な情報源。**
弱点から自己分析することで，**今の自分に足りない力や苦手な分野**が見えてくるはず！

合格者があかす赤本の使い方

傾向と対策を熟読
(Fさん／国立大合格)

大学の出題傾向を調べるために，赤本に載っている「傾向と対策」を熟読しました。

繰り返し解く
(Tさん／国立大合格)

1周目は問題のレベル確認，2周目は苦手や頻出分野の確認に，3周目は合格点を目指して，と過去問は繰り返し解くことが大切です。

過去問に終わる。

STEP 3 志望校にあわせて

苦手分野の重点対策

参考書や問題集を活用して，苦手分野の**重点対策**をしていきます。**過去問を指針**に，合格へ向けた具体的な学習計画を立てましょう！

STEP 1▶2▶3 サイクルが大事!

実践を繰り返す

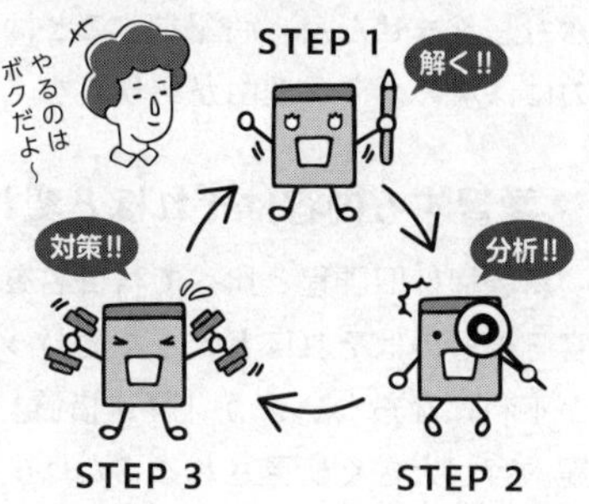

STEP 1～3を繰り返し，実力アップにつなげましょう！
出題形式に慣れることや，**時間配分を考えること**も大切です。

目標点を決める
(Yさん／私立大合格)
赤本によっては合格者最低点が載っているので，それを見て目標点を決めるのもよいです。

時間配分を確認
(Kさん／私立大学合格)
赤本は時間配分や解く順番を決めるために使いました。

添削してもらう
(Sさん／私立大学合格)
記述式の問題は先生に添削してもらうことで自分の弱点に気づけると思います。

新課程入試Q&A

2022年度から新しい学習指導要領（新課程）での授業が始まり，2025年度の入試は，新課程に基づいて行われる最初の入試となります。ここでは，赤本での新課程入試の対策について，よくある疑問にお答えします。

Q1. 赤本は新課程入試の対策に使えますか？

A. もちろん使えます！

旧課程入試の過去問が新課程入試の対策に役に立つのか疑問に思う人もいるかもしれませんが，心配することはありません。旧課程入試の過去問が役立つのには次のような理由があります。

● 学習する内容はそれほど変わらない

新課程は旧課程と比べて科目名を中心とした変更はありますが，学習する内容そのものはそれほど大きく変わっていません。また，多くの大学で，既卒生が不利にならないよう「経過措置」がとられます（Q３参照）。したがって，出題内容が大きく変更されることは少ないとみられます。

● 大学ごとに出題の特徴がある

これまでに課程が変わったときも，各大学の出題の特徴は大きく変わらないことがほとんどでした。入試問題は各大学のアドミッション・ポリシーに沿って出題されており，過去問にはその特徴がよく表れています。過去問を研究してその大学に特有の傾向をつかめば，最適な対策をとることができます。

出題の特徴の例	・英作文問題の出題の有無 ・論述問題の出題（字数制限の有無や長さ） ・計算過程の記述の有無

新課程入試の対策も，赤本で過去問に取り組むところから始めましょう。

Q2. 赤本を使う上での注意点はありますか？

A. 志望大学の入試科目を確認しましょう。

注意

過去問を解く前に，過去の出題科目（問題編冒頭の表）と2025年度の募集要項とを比べて，課される内容に変更がないかを確認しましょう。ポイントは以下のとおりです。科目名が変わっていても，実際は旧課程の内容とほとんど同様のものもあります。

科目	内容
英語・国語	科目名は変更されているが，実質的には変更なし。 ▶▶ **ただし，リスニングや古文・漢文の有無は要確認。**
地歴	科目名が変更され，「歴史総合」「地理総合」が新設。 ▶▶ **新設科目の有無に注意。ただし，「経過措置」（Q3参照）により内容は大きく変わらないことも多い。**
公民	「現代社会」が廃止され，「公共」が新設。 ▶▶ **「公共」は実質的には「現代社会」と大きく変わらない。**
数学	科目が再編され，「数学C」が新設。 ▶▶ **「数学」全体としての内容は大きく変わらないが，出題科目と単元の変更に注意。**
理科	科目名も学習内容も大きな変更なし。

数学については，科目名だけでなく，どの単元が含まれているかも確認が必要です。例えば，出題科目が次のように変わったとします。

課程	出題科目
旧課程	「数学Ⅰ・数学Ⅱ・数学A・数学B（数列・ベクトル）」
新課程	「数学Ⅰ・数学Ⅱ・数学A・**数学B（数列）・数学C（ベクトル）**」

この場合，新課程では「数学C」が増えていますが，単元は「ベクトル」のみのため，実質的には旧課程とほぼ同じであり，過去問をそのまま役立てることができます。

Q3. 「経過措置」とは何ですか？

A. 既卒の旧課程履修者への対応です。

多くの大学では，既卒の旧課程履修者が不利にならないように，出題において「経過措置」が実施されます。措置の有無や内容は大学によって異なるので，募集要項や大学のウェブサイトなどで確認しておきましょう。

◯旧課程履修者への経過措置の例

- 旧課程履修者にも配慮した出題を行う。
- 新・旧課程の共通の範囲から出題する。
- 新課程と旧課程の共通の内容を出題し，共通範囲のみでの出題が困難な場合は，旧課程の範囲からの問題を用意し，選択解答とする。

例えば，地歴の出題科目が次のように変わったとします。

旧課程	「日本史 B」「世界史 B」から１科目選択
新課程	「**歴史総合**，日本史探究」「**歴史総合**，世界史探究」から１科目選択※ ※旧課程履修者に不利益が生じることのないように配慮する。

「歴史総合」は新課程で新設された科目で，旧課程履修者には見慣れないものですが，上記のような経過措置がとられた場合，新課程入試でも旧課程と同様の学習内容で受験することができます。

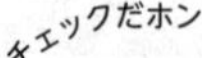

新課程の情報は WEB もチェック！
より詳しい解説が赤本ウェブサイトで見られます。
https://akahon.net/shinkatei/

科目名が変更される教科・科目

	旧課程	新課程
国語	国語総合 国語表現 現代文A 現代文B 古典A 古典B	現代の国語 言語文化 論理国語 文学国語 国語表現 古典探究
地歴	日本史A 日本史B 世界史A 世界史B 地理A 地理B	歴史総合 日本史探究 世界史探究 地理総合 地理探究
公民	現代社会 倫理 政治・経済	公共 倫理 政治・経済
数学	数学 I 数学 II 数学 III 数学A 数学B 数学活用	数学 I 数学 II 数学 III 数学A 数学B 数学C
外国語	コミュニケーション英語基礎 コミュニケーション英語 I コミュニケーション英語 II コミュニケーション英語 III 英語表現 I 英語表現 II 英語会話	英語コミュニケーション I 英語コミュニケーション II 英語コミュニケーション III 論理・表現 I 論理・表現 II 論理・表現 III
情報	社会と情報 情報の科学	情報 I 情報 II

目 次

2022年度 問題と解答

掲載内容についてのお断り

著作権の都合上，下記の内容を省略しています。

2024年度：一般選抜　外国語学部　大問5（英語）の課題文・全訳

2022年度：一般選抜　総合グローバル学部　大問2の課題文

基本情報

沿革

1913（大正　2）	専門学校令による上智大学の開校。哲学科，独逸文学科，商科を置く
1928（昭和　3）	大学令による大学として新発足
1948（昭和 23）	新制大学として発足。文学部，経済学部を設置
1957（昭和 32）	法学部を設置
1958（昭和 33）	神学部，外国語学部を設置
1962（昭和 37）	理工学部を設置
1973（昭和 48）	上智短期大学開設
1987（昭和 62）	比較文化学部を設置
2005（平成 17）	文学部（教育学科，心理学科，社会学科，社会福祉学科）を総合人間科学部に改組
2006（平成 18）	比較文化学部を国際教養学部に改組
2013（平成 25）	創立 100 周年
2014（平成 26）	総合グローバル学部を設置

エンブレム

エンブレムの鷲は「真理の光」を目指して力強く羽ばたく鷲をかたどったもので，その姿は上智大学の本質と理想とを表している。中央にしるされた文字は，本学の標語「真理の光」，ラテン語で Lux Veritatis の頭文字である。

「真理の光」を目指して力強く羽ばたく鷲のシンボルに，学生が優れた知恵を身につけて，よりよい未来を拓いてほしいという上智大学の願いが込められています。

学部・学科の構成

大　学

●神学部

神学科

●文学部

哲学科，史学科，国文学科，英文学科，ドイツ文学科，フランス文学科
新聞学科

●総合人間科学部

教育学科，心理学科，社会学科，社会福祉学科，看護学科

●法学部

法律学科，国際関係法学科，地球環境法学科

●経済学部

経済学科，経営学科

●外国語学部

英語学科，ドイツ語学科，フランス語学科，イスパニア語学科，ロシア語学科，ポルトガル語学科

●総合グローバル学部

総合グローバル学科

●国際教養学部

国際教養学科

●理工学部

物質生命理工学科，機能創造理工学科，情報理工学科

大学院

神学研究科 / 文学研究科 / 実践宗教学研究科 / 総合人間科学研究科 / 法学研究科・法科大学院 / 経済学研究科 / 言語科学研究科 / グローバル・スタディーズ研究科 / 理工学研究科 / 地球環境学研究科 / 応用データサイエンス学位プログラム

大学所在地

目白聖母キャンパス

四谷キャンパス

四谷キャンパス　〒102-8554　東京都千代田区紀尾井町 7 - 1
目白聖母キャンパス　〒161-8550　東京都新宿区下落合 4-16-11

アドミッション・ポリシー

大学より公表されているアドミッション・ポリシー（入学者受け入れの方針）を以下に示します。学部・学科ごとのアドミッション・ポリシーは大学ウェブサイト等を参照してください。

大学全体のアドミッション・ポリシー

本学は，カトリシズムの精神を基盤に，次の４つを柱とする人材養成を教育の目標としており，それらを高めたいと望む学生を受け入れます。

1．キリスト教ヒューマニズム精神の涵養

本学の建学の理念であるキリスト教ヒューマニズムに触れてこれを理解すること，他者や社会に奉仕する中で自己の人格を陶冶すること，真理の探究と真の自由を得るために自らを高めること。

2．他者に仕えるリーダーシップの涵養

他者のために，他者とともに生きる精神—“For Others, With Others”—を育むこと，社会から受ける恩恵を自覚し，それにともなう責任感を抱くこと，リーダーシップに必要な基礎能力を培うこと。

3．グローバル・コンピテンシーの養成

グローバル・イシューへの関心を抱くこと，複数の言語でコミュニケーションできること，さまざまな文化の違いを理解し，その違いを肯定的に受け止め，それらのかけ橋となれること。

4．幅広い教養と専門分野の知識・能力の修得

幅広い教養やコミュニケーション能力など社会人としての基礎能力，専攻する学問分野における専門的知識・能力を修得すること。

上記を学力の３要素に対比させると，１・２に関連して，「主体性・対話性・協働性」を高めていこうとする人，３に関連して，「思考力・判断力・表現力」を深めていこうとする人，４に関連して，「知識・教養・技能」の獲得を目指そうとする人を本学は求めています。

各方式におけるアドミッション・ポリシー

一般選抜の各方式で求める学生像は下記のとおり。

TEAP スコア利用方式

基礎的な学力（知識・技能）に加えて，高度な文章理解力，論理的思考力，表現力，実践的な英語力（4技能）を備えた入学者を受け入れることを目的としています。

学部学科試験・共通テスト併用方式

基礎的な学力（知識・技能）に加えて，高度な文章理解力，論理的思考力，表現力，各学問分野への意欲・適性を備えた入学者を受け入れることを目的としています。

共通テスト利用方式（3教科型・4教科型）

本学独自試験を行わないことで全国の志願者に受験機会を提供するとともに，他方式では設定されていない科目選択を可能にし，多様な入学者を受け入れることを目的としています。

一般選抜の各方式で特に重視する学力の要素は下記のとおり。

区　分	知識・教養・技能	思考力・判断力・表現力	主体性・対話性・協働性
TEAP スコア利用方式	○	◎	○ （面接該当学科）
学部学科試験・共通テスト併用方式	○	◎	○ （面接該当学科）
共通テスト利用方式（3教科型・4教科型）	◎	○	○ （面接該当学科）

入試データ

入試状況（志願者数・競争率など）

◯競争率は第1次受験者数÷最終合格者数で算出。

◯個別学力試験を課さない大学入学共通テスト利用選抜は1カ年のみ掲載。

2024年度 入試状況

●一般選抜 TEAPスコア利用方式

（ ）内は女子内数

学部	学科	募集人員	志願者数	第1次受験者数	最終合格者数	競争率
神	神	8	20(18)	20(18)	8(8)	2.5
文	哲	14	99(62)	97(61)	34(27)	2.9
	史	23	139(93)	139(93)	62(42)	2.2
	国文	10	80(66)	80(66)	38(30)	2.1
	英文	24	220(173)	218(173)	89(73)	2.4
	ドイツ文	13	126(95)	123(94)	45(37)	2.7
	フランス文	15	109(83)	108(83)	25(22)	4.3
	新聞	20	171(142)	169(140)	37(29)	4.6
総合人間科	教育	18	117(90)	117(90)	37(27)	3.2
	心理	15	105(83)	105(83)	16(15)	6.6
	社会	17	140(103)	137(102)	39(31)	3.5
	社会福祉	15	87(74)	86(74)	27(25)	3.2
	看護	15	41(39)	40(38)	15(15)	2.7
法	法律	44	230(149)	227(148)	83(58)	2.7
	国際関係法	29	260(175)	257(172)	93(64)	2.8
	地球環境法	18	131(88)	131(88)	48(32)	2.7
経済	経済(文系)	30	137(60)	133(57)	60(29)	2.2
	経済(理系)	10	99(30)	94(29)	25(10)	3.8
	経営	25	319(191)	316(188)	50(32)	6.3
外国語	英語	45	405(278)	403(277)	132(90)	3.1
	ドイツ語	15	146(100)	144(99)	44(31)	3.3
	フランス語	18	197(145)	197(145)	63(46)	3.1
	イスパニア語	18	194(120)	193(119)	85(55)	2.3
	ロシア語	14	220(133)	218(133)	87(54)	2.5
	ポルトガル語	14	209(137)	206(135)	87(64)	2.4
総合グローバル		65	562(393)	561(392)	112(80)	5.0

（表つづく）

学部・学科		募集人員	志願者数	第1次受験者数	最終合格者数	競争率
理工	物質生命理工	22	147(78)	145(77)	70(40)	2.1
	機能創造理工	22	135(34)	134(34)	61(16)	2.2
	情報理工	20	121(45)	118(43)	49(15)	2.4
合計		616	4,966(3,277)	4,916(3,251)	1,621(1,097)	—

（備考）最終合格者数には補欠入学許可者数を含む。

●一般選抜　学部学科試験・共通テスト併用方式

（　）内は女子内数

学部・学科		募集人員	志願者数	第1次受験者数	最終合格者数	競争率
神	神	12	38(25)	35(23)	14(10)	2.5
文	哲	19	140(77)	128(72)	54(36)	2.4
	史	23	298(139)	279(125)	121(52)	2.3
	国文	30	313(224)	294(209)	105(84)	2.8
	英文	37	386(254)	370(245)	181(118)	2.0
	ドイツ文	18	209(138)	204(135)	63(39)	3.2
	フランス文	20	160(119)	157(117)	40(30)	3.9
	新聞	40	228(163)	222(158)	71(51)	3.1
総合人間科	教育	23	227(158)	219(154)	70(50)	3.1
	心理	20	205(154)	192(145)	27(23)	7.1
	社会	25	374(252)	357(242)	93(61)	3.8
	社会福祉	20	118(83)	109(77)	45(33)	2.4
	看護	21	216(210)	207(201)	55(54)	3.8
法	法律	64	507(279)	484(267)	208(125)	2.3
	国際関係法	44	444(257)	424(243)	216(130)	2.0
	地球環境法	29	276(154)	265(145)	123(70)	2.2
経済	経済	85	1,108(334)	1,053(312)	402(120)	2.6
	経営	85	1,693(689)	1,624(661)	372(170)	4.4
外国語	英語	50	607(373)	580(356)	195(128)	3.0
	ドイツ語	21	258(166)	249(160)	99(66)	2.5
	フランス語	23	426(278)	413(273)	137(95)	3.0
	イスパニア語	28	368(232)	357(226)	191(123)	1.9
	ロシア語	20	337(187)	323(177)	156(88)	2.1
	ポルトガル語	20	275(171)	268(165)	146(90)	1.8
総合グローバル		70	745(507)	690(470)	279(180)	2.5
理工	物質生命理工	45	893(380)	818(344)	350(140)	2.3
	機能創造理工	44	754(143)	692(128)	275(51)	2.5
	情報理工	45	789(177)	721(159)	218(41)	3.3
合計		981	12,392(6,323)	11,734(5,989)	4,306(2,258)	—

（備考）最終合格者数には補欠入学許可者数を含む。

●一般選抜　共通テスト利用方式（3 教科型）

（　）内は女子内数

学部	学科	募集人員	志願者数	第 1 次受験者数	最終合格者数	競争率
神	神	2	87(54)	87(54)	7(6)	12.4
文	哲	2	265(135)	265(135)	36(26)	7.4
	史	2	203(107)	203(107)	37(20)	5.5
	国文	2	341(220)	341(220)	40(27)	8.5
	英文	3	155(104)	155(104)	55(43)	2.8
	ドイツ文	2	99(75)	99(75)	24(19)	4.1
	フランス文	2	123(101)	123(101)	26(24)	4.7
	新聞	2	268(195)	268(195)	34(27)	7.9
総合人間科	教育	3	198(128)	198(128)	33(25)	6.0
	心理	2	62(43)	62(43)	6(6)	10.3
	社会	2	108(74)	108(74)	13(8)	8.3
	社会福祉	3	74(56)	74(56)	11(11)	6.7
	看護	2	65(63)	65(63)	16(16)	4.1
法	法律	2	352(192)	352(192)	67(38)	5.3
	国際関係法	2	677(352)	677(352)	86(52)	7.9
	地球環境法	2	135(74)	135(74)	19(10)	7.1
経済	経済	2	302(109)	302(109)	34(15)	8.9
	経営	5	572(259)	572(259)	70(34)	8.2
外国語	英語	2	302(173)	302(173)	37(26)	8.2
	ドイツ語	2	173(107)	173(107)	21(12)	8.2
	フランス語	3	130(94)	130(94)	25(16)	5.2
	イスパニア語	2	245(133)	245(133)	46(28)	5.3
	ロシア語	2	318(164)	318(164)	71(41)	4.5
	ポルトガル語	2	433(251)	433(251)	50(32)	8.7
総合グローバル		3	493(336)	493(336)	63(45)	7.8
理工	物質生命理工	3	388(187)	388(187)	110(47)	3.5
	機能創造理工	2	303(81)	303(81)	88(18)	3.4
	情報理工	3	419(109)	419(109)	81(22)	5.2
合計		66	7,290(3,976)	7,290(3,976)	1,206(694)	—

（備考）最終合格者数には補欠入学許可者数を含む。

●一般選抜　共通テスト利用方式（4 教科型）

（　）内は女子内数

学部	学科	募集人員	志願者数	第 1 次受験者数	最終合格者数	競争率
神	神	2	22(12)	22(12)	2(2)	11.0
文	哲	3	128(58)	128(58)	32(17)	4.0
	史	2	123(59)	123(59)	39(22)	3.2
	国文	3	85(51)	85(51)	26(11)	3.3
	英文	3	69(45)	69(45)	26(18)	2.7
	ドイツ文	2	107(55)	107(55)	32(16)	3.3
	フランス文	2	34(24)	34(24)	9(6)	3.8
	新聞	3	118(86)	118(86)	29(23)	4.1
総合人間科	教育	3	116(70)	116(70)	27(19)	4.3
	心理	3	70(52)	70(52)	10(9)	7.0
	社会	3	140(90)	140(90)	41(28)	3.4
	社会福祉	2	102(70)	102(70)	19(14)	5.4
	看護	2	78(74)	78(74)	9(9)	8.7
法	法律	5	369(183)	369(183)	100(48)	3.7
	国際関係法	3	263(147)	263(147)	57(31)	4.6
	地球環境法	3	73(41)	73(41)	15(8)	4.9
経済	経済	4	596(178)	596(178)	88(30)	6.8
	経営	15	636(245)	636(245)	122(58)	5.2
外国語	英語	3	193(109)	193(109)	32(21)	6.0
	ドイツ語	2	87(43)	87(43)	20(11)	4.4
	フランス語	2	49(33)	49(33)	18(13)	2.7
	イスパニア語	2	60(34)	60(34)	17(13)	3.5
	ロシア語	2	92(40)	92(40)	31(14)	3.0
	ポルトガル語	2	151(76)	151(76)	24(13)	6.3
総合グローバル		2	355(204)	355(204)	48(32)	7.4
理工	物質生命理工	3	283(148)	283(148)	75(33)	3.8
	機能創造理工	3	301(75)	301(75)	100(18)	3.0
	情報理工	3	221(63)	221(63)	62(13)	3.6
合計		87	4,921(2,365)	4,921(2,365)	1,110(550)	—

（備考）最終合格者数には補欠入学許可者数を含む。

●一般選抜第 2 次試験合格状況

学部・学科		TEAP スコア利用方式			学部学科試験・共通テスト併用方式			共通テスト利用方式					
								3 教科型			4 教科型		
		第1次合格者数	第2次受験者数	最終合格者数	第1次合格者数	第2次受験者数	最終合格者数	第1次合格者数	第2次受験者数	最終合格者数	第1次合格者数	第2次受験者数	最終合格者数
神	神	16	11	8	26	26	14	27	13	7	14	5	2
総合人間科	心理	49	44	16	72	67	27	10	7	6	23	15	10
	看護	24	24	15	128	118	55	24	18	16	9	9	9

（備考）最終合格者数には補欠入学許可者数を含む。

2023 年度 入試状況

●一般選抜　TEAP スコア利用方式

（　）内は女子内数

学部・学科		募集人員	志願者数	第1次受験者数	最終合格者数	競争率
神	神	8	26(12)	26(12)	9(6)	2.9
文	哲	14	124(70)	121(68)	42(19)	2.9
	史	23	135(84)	133(83)	55(36)	2.4
	国文	10	90(64)	88(62)	24(14)	3.7
	英文	24	229(160)	227(159)	90(60)	2.5
	ドイツ文	13	139(105)	138(104)	47(35)	2.9
	フランス文	15	91(74)	91(74)	25(20)	3.6
	新聞	20	142(97)	139(94)	55(35)	2.5
総合人間科	教育	18	123(91)	121(89)	42(34)	2.9
	心理	15	101(71)	100(70)	22(17)	4.5
	社会	17	161(108)	159(106)	25(19)	6.4
	社会福祉	15	112(88)	111(88)	22(19)	5.0
	看護	15	40(39)	39(38)	21(21)	1.9
法	法律	44	269(159)	266(158)	94(65)	2.8
	国際関係法	29	255(179)	251(177)	100(75)	2.5
	地球環境法	18	113(70)	113(70)	37(26)	3.1
経済	経済(文系)	30	182(73)	179(71)	64(27)	2.8
	経済(理系)	10	88(29)	88(29)	27(9)	3.3
	経営	25	367(205)	363(204)	109(61)	3.3
外国語	英語	45	380(260)	378(259)	147(105)	2.6
	ドイツ語	15	129(91)	127(90)	58(37)	2.2
	フランス語	18	189(135)	188(134)	76(49)	2.5
	イスパニア語	18	174(117)	173(116)	66(42)	2.6
	ロシア語	14	180(103)	180(103)	106(63)	1.7
	ポルトガル語	14	142(80)	142(80)	77(43)	1.8
総合グローバル		65	555(392)	550(389)	192(150)	2.9
理工	物質生命理工	22	114(49)	111(49)	62(26)	1.8
	機能創造理工	22	141(37)	134(36)	77(19)	1.7
	情報理工	20	124(39)	122(39)	50(14)	2.4
合計		616	4,915(3,081)	4,858(3,051)	1,821(1,146)	—

（備考）最終合格者数には補欠入学許可者数を含む。

●一般選抜　学部学科試験・共通テスト併用方式

（　）内は女子内数

学部・学科		募集人員	志願者数	第１次受験者数	最終合格者数	競争率
神	神	12	30(15)	28(15)	12(7)	2.3
文	哲	19	145(65)	135(61)	49(21)	2.8
	史	23	274(143)	266(136)	98(33)	2.7
	国文	30	396(271)	380(260)	113(84)	3.4
	英文	37	364(236)	354(232)	168(109)	2.1
	ドイツ文	18	129(79)	121(74)	65(42)	1.9
	フランス文	20	119(92)	118(92)	40(33)	3.0
	新聞	40	193(130)	182(120)	84(52)	2.2
総合人間科	教育	23	268(179)	255(169)	68(47)	3.8
	心理	20	186(124)	171(115)	29(21)	5.9
	社会	25	363(228)	343(214)	91(61)	3.8
	社会福祉	20	109(83)	104(79)	40(28)	2.6
	看護	21	166(163)	157(155)	100(100)	1.6
法	法律	64	651(325)	633(321)	215(113)	2.9
	国際関係法	44	534(307)	519(300)	214(132)	2.4
	地球環境法	29	198(102)	195(101)	73(43)	2.7
経済	経済	85	1,058(329)	1,018(314)	454(136)	2.2
	経営	85	1,642(701)	1,573(670)	443(195)	3.6
外国語	英語	50	490(315)	468(305)	217(147)	2.2
	ドイツ語	21	171(106)	164(101)	94(60)	1.7
	フランス語	23	262(184)	256(179)	137(106)	1.9
	イスパニア語	28	276(167)	266(162)	156(94)	1.7
	ロシア語	20	226(122)	220(118)	158(90)	1.4
	ポルトガル語	20	200(112)	193(109)	129(71)	1.5
総合グローバル		70	778(522)	744(498)	355(232)	2.1
理工	物質生命理工	45	788(321)	746(301)	292(110)	2.6
	機能創造理工	44	838(176)	792(168)	279(53)	2.8
	情報理工	45	947(228)	892(214)	250(46)	3.6
合計		981	11,801(5,825)	11,293(5,583)	4,423(2,266)	—

（備考）最終合格者数には補欠入学許可者数を含む。

●一般選抜第 2 次試験合格状況

学部・学科		TEAP スコア利用方式			学部学科試験・共通テスト併用方式			共通テスト利用方式 3 教科型			共通テスト利用方式 4 教科型		
		第1次合格者数	第2次受験者数	最終合格者数	第1次合格者数	第2次受験者数	最終合格者数	第1次合格者数	第2次受験者数	最終合格者数	第1次合格者数	第2次受験者数	最終合格者数
神	神	17	15	9	20	18	12	13	12	5	7	5	3
総合人間科	心理	54	53	22	81	79	29	6	6	5	22	19	13
	看護	22	22	21	117	116	100	4	3	2	22	20	20

（備考）最終合格者数には補欠入学許可者数を含む。

2022 年度 入試状況

●一般選抜（TEAP スコア利用型）

（ ）内は女子内数

学部・学科		募集人員	志願者数	第１次受験者数	最終合格者数	競争率
神	神	8	30(18)	30(18)	9(5)	3.3
文	哲	14	133(73)	130(72)	40(22)	3.3
	史	20	147(88)	147(88)	50(31)	2.9
	国文	10	78(64)	78(64)	41(33)	1.9
	英文	27	276(191)	273(189)	82(62)	3.3
	ドイツ文	13	116(78)	115(78)	41(26)	2.8
	フランス文	16	118(85)	117(84)	26(17)	4.5
	新聞	20	151(114)	149(112)	29(19)	5.1
総合人間科	教育	18	161(116)	159(114)	43(25)	3.7
	心理	16	112(77)	108(75)	16(13)	6.8
	社会	17	212(168)	208(164)	32(25)	6.5
	社会福祉	16	97(79)	97(79)	28(20)	3.5
	看護	16	46(44)	45(43)	18(17)	2.5
法	法律	45	269(168)	266(167)	80(54)	3.3
	国際関係法	30	233(165)	233(165)	79(58)	2.9
	地球環境法	19	126(80)	125(79)	42(29)	3.0
経済	経済（文系）	30	123(47)	122(47)	71(25)	1.7
	経済（理系）	10	85(24)	85(24)	31(10)	2.7
	経営	25	337(182)	336(182)	78(44)	4.3
外国語	英語	45	343(229)	340(228)	124(87)	2.7
	ドイツ語	16	147(93)	146(93)	44(27)	3.3
	フランス語	18	209(147)	207(146)	76(59)	2.7
	イスパニア語	18	236(153)	235(153)	71(41)	3.3
	ロシア語	15	199(122)	198(121)	81(50)	2.4
	ポルトガル語	15	201(119)	199(119)	61(31)	3.3
総合グローバル		65	660(466)	656(465)	160(119)	4.1
理工	物質生命理工	20	87(32)	86(31)	58(23)	1.5
	機能創造理工	20	85(24)	83(22)	58(16)	1.4
	情報理工	20	106(35)	103(33)	51(13)	2.0
合計		622	5,123(3,281)	5,076(3,255)	1,620(1,001)	—

（備考）最終合格者数には補欠入学許可者数を含む。

●一般選抜（学部学科試験・共通テスト併用型）

（　）内は女子内数

学部・学科		募集人員	志願者数	第１次受験者数	最終合格者数	競争率
神	神	12	55(　39)	54(　38)	12(　9)	4.5
文	哲	19	142(　68)	133(　60)	55(　26)	2.4
	史	27	386(158)	374(151)	116(　35)	3.2
	国文	32	431(292)	423(286)	142(　97)	3.0
	英文	37	418(254)	400(243)	158(　84)	2.5
	ドイツ文	18	142(　83)	138(　81)	54(　35)	2.6
	フランス文	20	154(112)	146(107)	63(　50)	2.3
	新聞	50	265(178)	258(172)	50(　32)	5.2
総合人間科	教育	26	390(245)	381(238)	71(　50)	5.4
	心理	21	211(129)	197(121)	21(　19)	9.4
	社会	25	531(328)	514(318)	91(　59)	5.6
	社会福祉	21	126(　90)	116(　83)	53(　42)	2.2
	看護	21	148(138)	139(131)	84(　80)	1.7
法	法律	65	679(339)	648(325)	235(124)	2.8
	国際関係法	45	517(282)	498(270)	179(　98)	2.8
	地球環境法	30	307(153)	298(147)	91(　55)	3.3
経済	経済	85	984(307)	925(287)	339(108)	2.7
	経営	85	1,791(730)	1,725(701)	457(199)	3.8
外国語	英語	50	546(349)	515(327)	188(125)	2.7
	ドイツ語	21	230(140)	222(134)	92(　55)	2.4
	フランス語	25	270(194)	257(185)	136(101)	1.9
	イスパニア語	29	333(199)	328(197)	172(103)	1.9
	ロシア語	20	272(148)	264(142)	165(　92)	1.6
	ポルトガル語	20	275(150)	266(144)	138(　75)	1.9
総	合グローバル	70	980(652)	939(630)	334(214)	2.8
理工	物質生命理工	40	697(253)	660(241)	340(132)	1.9
	機能創造理工	40	723(110)	680(103)	275(　40)	2.5
	情報理工	40	915(240)	853(226)	297(　55)	2.9
合計		994	12,918(6,360)	12,351(6,088)	4,408(2,194)	—

（備考）最終合格者数には補欠入学許可者数を含む。

●一般選抜第２次試験合格状況

学部・学科		TEAP スコア利用型			学部学科試験・共通テスト併用型			共通テスト利用型		
		第1次合格者数	第2次受験者数	最終合格者数	第1次合格者数	第2次受験者数	最終合格者数	第1次合格者数	第2次受験者数	最終合格者数
神	神	15	14	9	30	29	12	5	2	2
総合人間科	心理	58	56	16	94	93	21	16	14	3
	看護	24	23	18	117	116	84	16	12	11

（備考）最終合格者数には補欠入学許可者数を含む。

募集要項（出願書類）の入手方法

入試種別	頒布開始時期（予定）	入　手　方　法
国際教養学部募集要項	公開中	大学公式 Web サイトからダウンロード。 郵送は行いません。
SPSF 募集要項	公開中	
理工学部英語コース募集要項	公開中	
推薦（公募制）入試要項	7月上旬	
一般選抜要項	11月上旬	

問い合わせ先

上智大学　入学センター

〒102-8554　東京都千代田区紀尾井町 7-1

TEL　03-3238-3167　　FAX　03-3238-3262

【業務時間】10：00 ～ 11：30，12：30 ～ 16：00（土・日・祝日は休業）

www.sophia.ac.jp

合格体験記 募集

2025 年春に入学される方を対象に，本大学の「合格体験記」を募集します。お寄せいただいた合格体験記は，編集部で選考の上，小社刊行物やウェブサイト等に掲載いたします。お寄せいただいた方には小社規定の謝礼を進呈いたしますので，ふるってご応募ください。

応募方法

下記 URL または QR コードより応募サイトにアクセスできます。
ウェブフォームに必要事項をご記入の上，ご応募ください。
折り返し執筆要領をメールにてお送りします。

※入学が決まっている一大学のみ応募できます。

☞ http://akahon.net/exp/

応募の締め切り

総合型選抜・学校推薦型選抜 …… 2025年 2 月 23日
私立大学の一般選抜 …… 2025年 3 月 10日
国公立大学の一般選抜 …… 2025年 3 月 24日

受験にまつわる川柳を募集します。
入選者には賞品を進呈！
ふるってご応募ください。

応募方法　http://akahon.net/senryu/　にアクセス！☞

気になること、聞いてみました！

在学生メッセージ

大学ってどんなところ？ 大学生活ってどんな感じ？
ちょっと気になることを，在学生に聞いてみました。

以下の内容は 2020 ～ 2022 年度入学生のアンケート回答に基づくものです。ここで触れられている内容は今後変更となる場合もありますのでご注意ください。

メッセージを書いてくれた先輩　［総合人間科学部］K.M. さん　Y.O. さん　［法学部］Y.S. さん
［外国語学部］石川寛華さん　N.T. さん

Message from current students

大学生になったと実感！

高校までと変わったことは，授業の時間割を自分で組めるようになったことです。必修科目もありますが，それ以外は自分の興味や関心に応じて科目を選択することができます。高校までは毎日午後まで授業がありますが，大学では時間割の組み方によっては午前中で帰れたり，授業を１つも取らない全休の日を作ったりすることもできます。空いた時間でアルバイトをしたり，自分の趣味を満喫したりできるのは，大学生ならではだと思います。また，大学は高校のときよりも主体性が求められます。レポートなどの提出物は締め切りを１秒でも過ぎると教授に受け取っていただけないこともあるため，自分でスケジュールを管理することがとても大切です。（石川寛華さん／外国語）

授業を自分で組めるようになったことです。高校までは嫌いな教科も勉強しなければならなかったけれど，大学では自分の好きなように時間割が組めます。興味がある授業をたくさん取ったり，忙しさの調整ができるようになったりした点で大学生になったと実感します。（K.M. さん／総合人間科）

高校とは違い，興味がある授業だけを選択して自分だけの時間割を作ることができるのは大学生ならではであると思います。また，リアペ（リアクションペーパー）と呼ばれる感想用紙を毎週提出するたびに大学生になったという実感が湧いてきます。（N.T. さん／外国語）

大学生活に必要なもの

授業中にメモを取るためのノートやルーズリーフ，シャープペンシル等の筆記用具は大学生になっても必要です。また，授業中にインターネット上で資料を参照したり，空き時間にレポート作成をしたりするために，パソコンが大学生の必須アイテムです。私は，大学生になってからパソコンを購入しましたが，レポートを作成するときにキーボードでたくさん文字を打つのに慣れていなくて時間がかかりました。大学生になったらパソコンを使って作業することが増えるので，入学前の春休み頃には購入してキーボードで文字を打つことに慣れておくとスムーズに大学生活を送れると思います。（石川寛華さん／外国語）

大学生として必要なものは計画性だと思います。高校までとは違い，自分で卒業に必要な単位数の取得を目指すため，学期ごとに自分で履修計画を立てなければなりません。（Y.S. さん／法）

大学の学びで困ったこと＆対処法

大学の学びで困ったことは，答えが1つではないことが多いということです。高校までのように課題は出されますが，レポートなどの課題は形式などに一定の指示はあるものの，自分で考えて作成するものがほとんどです。自分で問題意識をもって積極的に調べたりして考えていく姿勢が，大学では必要になります。問題意識をもつためには，様々なことに関心をもつことが大切だと思います。私は，外国語学部に在籍していますが，心理学や地球環境学などの自分の専攻とは異なる学部の授業を意識的に履修するようにしています。専攻とは異なる授業を履修することで，新たな視点から物事を見ることができています。（石川寛華さん／外国語）

問いに対する答えがないことですね。高校までは国語数学理科社会英語と明確な答えがある勉強をやってきたため，勉強をして点数が上がっていくという快感を味わうことができました。しかし，大学の勉強は考えてもそれが正しいのかわからないため，勉強をしている気になりません(笑)。だから，そのような事態に陥ったら高校の勉強に似た勉強をするといいと思います。つまり，答えのある勉強です。例えば TOEIC や資格試験の勉強なら将来にも役立つと思います。（Y.O. さん／総合人間科）

この授業がおもしろい！

キリスト教人間学と平和学です。キリスト教人間学は，イエズス会によって設立された上智大学ならではの科目です。聖書を読んだり，自分が今まで歩んできた人生を回想する「意識のエクササイズ」というものを行ったりします。時事的な事柄についてグループで話し合うこともあります。この科目は学部学科が異なる人とも授業を一緒に受けるので，多様な物の見方を知ることができておもしろいです。平和学は，国連の役割や紛争など国際関係に関する事柄について広く学びます。昨今の国際情勢についても授業で取り上げるので，現在の世界の状況を深く理解することができます。（石川寛華さん／外国語）

交友関係は？

入学式の日の学科別集会で，たまたま近くにいた人と話して意気投合しました。あとは授業で一緒になった人の中で自分と合いそうな人を見つけて話したりして交友関係を築きました。大学には様々なタイプの人がいるので，自分に合う人を見つけられると大学生活を有意義に過ごせると思います。なかには，入学前にSNSで交友関係を広げていたという友人もいました。（石川寛華さん／外国語）

授業前に話しかけたり，授業中のグループワーク，サークルで仲良くなりました。先輩とは授業で近くに座っていたり，サークルで出会ったり，学科のサポーターの人に相談したりして繋がりをもちました。自分から話しかけないとなかなか繋がりはもてません。（K.M. さん／総合人間科）

いま「これ」を頑張っています

専攻語であるイスパニア語（スペイン語）と英語の勉強を頑張っています。特にイスパニア語学科の授業は出欠確認が厳しく，内容もハードで毎日予習復習に追われるうえ小テストも多くて大変ですが，努力した分だけ結果が返ってきます。語学の習得は楽ではないですが，楽しみながら勉強を続けていきたいです。また，以前から興味のあった心理学の勉強にも熱中しています。人間の深層心理を知ることがおもしろく，日々新たな気づきを得ることを楽しんでいます。（石川寛華さん／外国語）

英語と専攻している言語の勉強を頑張っています。外国語の本を読んでみたり，外国の映画をじっくりと見てみたり，オンライン英会話レッスンを受けてみたりと楽しんでいます。（N.T. さん／外国語）

普段の生活で気をつけていることや心掛けていること

レポートなどの課題は，出されたらすぐに手をつけ始め，余裕をもって提出できるようにすることです。入学したての頃，他の課題に追われて3000字程度のレポートに締め切り3日前なのに全く手をつけておらず，慌てて作成したということがありました。それ以来，課題は早い段階から少しずつ進めるようにしています。（石川寛華さん／外国語）

おススメ・お気に入りスポット

大学内でお気に入りの場所は，図書館や1号館，6号館（ソフィアタワー）です。図書館1階には，世界各地から集めた新聞が並んでいます。日本では珍しいバチカン市国の新聞も読むことができます！　1号館は歴史が長く，都会の真ん中にありながら歴史を感じることができる場所です。6号館は2017年に完成した地上17階建ての建物で，1階にあるカフェでクレープを買ってベンチで友達と談笑することもあります。また，2号館17階からは東京の景色を一望することができるため，ここも私のお気に入りの場所です。その他にも上智大学やその周辺には魅力的な場所がたくさんあります！　いつか大学の近くにある迎賓館に行きたいと思っています。（石川寛華さん／外国語）

入学してよかった！

語学力の面において，レベルの高い学生がたくさんいることです。留学経験のある人や帰国子女などが多数おり，授業によっては英語が話せて当たり前という雰囲気を感じることもあります。また，法学部生は第二外国語が2年間必修であり，英語のみならず興味がある言語の実力も伸ばすことができます。（Y.S. さん／法）

国際色豊かなイメージ通り，国際交流できるイベントがたくさんあることです。私は，大学で留学生と交流したいと思っていました。上智大学は，留学生と交流できる機会が多いです。留学生の日本語クラスに日本語ネイティブスピーカーのゲストとして参加して日本語で留学生と交流し，日本人がいかに読書不足であるかに気づいたりと自分の視野が広がる経験ができています。もちろん英語や他の言語で留学生と交流することもできます。私は，留学生サポーターになっているため，今後留学生の日本での生活をサポートして，留学生に日本の魅力をもっと知ってもらいたいと思っています。（石川寛華さん／外国語）

高校生のときに「これ」をやっておけばよかった

高校生のときにもっと読書をしておけばよかったなと思っています。大学生になって高校のときよりも自分の時間を取ることができる今，様々なジャンルの本を読んでいます。留学生と会話をするなかで，留学生たちは私が知らない本をたくさん読んでいて，自分が今までいかに読書をしてこなかったかということに気づきました。読書の習慣がついてから新たな視点で物事を見ることができるようになったと思います。（石川寛華さん／外国語）

高校時代にもっと英会話力をつけておけばよかったなと思います。やはり上智大学には英語がネイティブレベルの人が多いですし，留学生もいるため，英語が喋れるに越したことはありません。英語で開講される授業も多く，英語力があれば選択の幅も広がると思います。（Y.S. さん／法）

合格体験記

みごと合格を手にした先輩に，入試突破のためのカギを伺いました。
入試までの限られた時間を有効に活用するために，ぜひ役立ててください。

（注）ここでの内容は，先輩方が受験された当時のものです。2025 年度入試では当てはまらないこともありますのでご注意ください。

・アドバイスをお寄せいただいた先輩・

K.N. さん　総合グローバル学部
一般選抜（学部学科試験・共通テスト併用方式）
2024 年度合格，千葉県出身

合格のポイントは，勉強を継続する習慣をつくったことです。周りの人が遊んでいるから，部活が忙しいからなどと言い訳をしているうちは学力は向上しません。毎日少しでも勉強をすることが大事です。

その他の合格大学　上智大（文），立教大（文〈共通テスト利用〉），明治大（文〈共通テスト利用〉）

H.S. さん　外国語学部（英語学科）
一般選抜（学部学科試験・共通テスト併用方式）
2023 年度合格，東京都出身

合格の最大のポイントは，最後まで諦めずに入試で点数を取ることだけを考えることです。試験当日が近づくにつれて本当に合格できるのか誰しも不安になるものです。しかし，当たり前ですが入試では得点で合否が出ます。そのことを忘れず，入試の直前まで点数を稼ぐことだけを考えることで高い集中力を発揮できると思います。

その他の合格大学　青山学院大（経済〈共通テスト利用〉），東京理科大（経営〈共通テスト利用〉）

M.E. さん　外国語学部（フランス語学科）
一般選抜（学部学科試験・共通テスト併用方式）
2023 年度合格，千葉県出身

やる気がなくても，疲れていても，いつ何時でも，取り組むべきことがわかっているのなら，それをやることです。気持ちに関係なく勉強をルーティーン化することが，安定した勉強時間の確保につながります。不安でいっぱいでも模試の結果が悪くても，やっていれば前進するという事実を忘れないでください。

その他の合格大学　明治大（国際日本），立教大（文）

入試なんでもQ&A

受験生のみなさんからよく寄せられる，
入試に関する疑問・質問に答えていただきました。

Q 「赤本」の効果的な使い方を教えてください。

A 共通テスト終了後から入試本番までの演習に活用しました。最初は本番通りの時間で解いて実力を確認します。その後，自分には何が足りないのか，どう補えばいいのか，また，大問一つに何分かけられるのかを徹底的に分析します。それ以降は分析結果を生かして演習を重ねていきます。繰り返しの演習によって自分なりに感覚をつかめると思うのですが，そういったものは自分にしかわからないので必ずメモをしておきましょう。　（H.S. さん／外国語）

A 受験校が決まった2年生のときに一度解いて，どのような出題のされ方をするのかを知りました。3年生の夏にもう一度解き，傾向を知ることでどのような勉強が必要なのかを具体的に理解しました。また，先輩の合格体験談を併せて読むとモチベーションの向上にも活かすことができます。赤本の問題演習を本格的に始めたのは12月頃です。本番同様に筆記用具や時計を用意して使用してみたり，解説を読み込んだりすることで本番で戦える実力や体力をつけました。　（M.E. さん／外国語）

Q 1年間の学習スケジュールはどのようなものでしたか？

A 私は夏休み前に赤本を買ったのですが，本格的に解き始めたのは共通テストが終わってからです。年内は塾のテキスト，基礎レベルや典型問題の教材を解いていました。英単語は受験当日まで一つでも多くの単語を覚えようと頑張りました。赤本を使っての勉強は，苦手な英語を中心に解きました。過去問を解いて知識を整理することも大事ですし，単語帳や一問一答は短期間でも効果を発揮するので，直前期でも絶対にやるべきだと思います。 (K.N. さん／総合グローバル)

A 3年生の4月頃までに英単語は完璧にしていました。4～7月は毎日現代文，古文，英語のどれかを学習しました。8月の夏休みには毎日英単語，漢字，古文単語などの暗記モノを各20分ほど，世界史の通史を5時間ほど，現代文や古文の演習問題を各2時間ほど行って基礎を固めました。9～11月は苦手な世界史を，分野ごとに細かく勉強しました。12月に入り赤本を使って過去問演習を始め，下旬から共通テスト対策にシフトしました。共通テストが終わった1月の下旬から私立大学の過去問を毎日ひたすら解きました。 (M.E. さん／外国語)

共通テストと個別試験とでは，それぞれの対策の仕方や勉強の時間配分をどのようにしましたか？

A 共通テストでは確かな知識とスピードが大切です。暗記事項に関しては，時期に関係なく登下校の電車内などで毎日触れるようにしていました。覚えることが多いと徐々に気が滅入ってしまうので，友達と一緒に問題を出し合ったり質問し合ったりするといいと思います。解くスピードはどれだけ演習を積んできたかによります。またすぐに上がるものでもないので，夏までは確実に解ける問題を増やすことを意識するといいでしょう。過去問や予想問題を解いていく中でスピード感をつかめるようになると思います。

大学別の個別試験対策は主に夏から始めました。直前期にはただ闇雲に解くのではなく「いかに点数を取れるか」が大切であるため，過去問を徹底的に分析して出題されそうな部分のあたりをつけ，効率よく勉強することも重要です。 (H.S. さん／外国語)

Q どのように学習計画を立て，受験勉強を進めていましたか？

A スタディプラスという勉強記録管理アプリを使用していました。週の始めに目標勉強時間を決めて，自分の勉強のペースが遅くないかを把握するようにしました。このアプリは自分の学習時間を科目別にグラフで視覚化してくれ，特定の科目の勉強時間が偏ってしまうことを防ぐことができるのでおすすめです。また，スタディプラスは友だちに自分の勉強記録を見られてしまうので，監視されているような気分になって勉強を続けていたら，いつの間にか勉強をする習慣がつきました。合格できたのは，このアプリで自分の学びをコントロールできたからだと思います。

（K.N. さん／総合グローバル）

A 暗記モノは毎日必ずやるようにしていました。時間がない日でも，漢字，古文単語，英単語，英熟語，世界史一問一答のどれかには取り組むことを決め，１週間で全て取り組むことを意識しながら毎日学習していました。１カ月の科目別の課題数を出して，毎日どのくらいのペースで進めれば全部終わるかを逆算して計画を立てていました。できなかった課題は必ずその次の日には終わらせて先延ばしをしないようにすることを心掛けました。

（M.E. さん／外国語）

Q 上智大学を攻略するうえで特に重要な科目は何ですか？

A 個別試験は大問１の英語長文でハイレベルな単語が出題されることがあるので，単語帳を毎日やって力をつける必要があります。大問２と３の特徴は一言で表すと「広く浅く」です。実は問題のほとんどが歴史や地理の基礎レベルです。誰も解けないような問題はほとんど出ません。まずは過去問を解いて，苦手分野を把握し，知識を整理しましょう。また，共通テストの配点が高いことにも注意してください。英検の加点も合否を大きく左右するので頑張ってください。

（K.N. さん／総合グローバル）

A　英語だと思います。単語や文章の難易度はそれほど高くはないですが，時間が厳しいです。いかに正確に，そしてスピーディーに解けるかが合格のカギです。英語を読むスピードは英語を聞き取れるスピードと言われているので，読解練習だけでなくリスニングの強化も非常に役に立ちます。ネイティブ向けの英語のニュースなど，自分にとって少し速いと思うものを聞くようにするといいです。毎日耳で英語に触れることでそのスピード感を体で覚えることができるので，自然と読解スピードも上がってくるはずです。（H.S. さん／外国語）

Q　苦手な科目はどのように克服しましたか？

A　暗記することが嫌いな私は世界史が苦手でしたが，YouTube の TED-Ed で紅茶の歴史や黒人奴隷の歴史を知ることが，歴史に興味を持つきっかけになりました。また，通史をシンプルにまとめている参考書を読むことで，勉強するハードルを下げました。苦手な科目は，始める努力をしないと避けることばかり考えてしまいがちです。1 日 10 分は一問一答をするとか，土曜日は世界史を勉強するなど，ルールを決めて強制的に始めるのもいいです。とにかく，苦手科目を始めるきっかけ作りと習慣づけさえすれば，あとは進めるだけなので，いかにそれを早い段階で行えるかが肝心だと思います。（M.E. さん／外国語）

Q　時間をうまく使うために，どのような工夫をしていましたか？

A　私は家から最寄り駅まで親に車で送り迎えしてもらっていたのですが，車内で単語帳やスマホで世界史のアプリをやっていました。通学の電車内でも単語帳や塾の授業の復習をし，学校の休み時間には数学や世界史の勉強をしていました。部活が忙しい人でも通学時間や休み時間なら，勉強時間を確保できるのでおすすめです。

（K.N. さん／総合グローバル）

試験当日の試験場の雰囲気はどのようなものでしたか？

A　上智大学は四ツ谷駅の出口を出たらすぐに門が見えるほど近いので，駅からの道順に迷うことはほとんどないと思います。ただ複数の学部が同日に試験を行うため，道はかなり混雑します。余裕をもって行くといいでしょう。私が受験した試験室は門からほど近い場所だったため，敷地に入ってから5分ほどで着くことができました。コロナの感染防止のためか隣の人とはおよそ2メートル離れていたため，落ち着いて試験に臨むことができました。ちなみに60人ほどが収容できる試験室でした。（H.S. さん／外国語）

A　慣れないところで試験を受けるのは大きな不安やストレスになります。最寄り駅が複雑だったり駅から大学まで遠かったりすることがあるので，当日余計な焦りを感じないように事前にオープンキャンパスなどで大学の下見をしておくと安心です。上智大学のマークシートはネット上で公開されていないので試験当日に初めて見ることになります。試験が始まったらマークしなければいけないところにあらかじめマークしたり，解答後に複数回見直しを行ったりすると，マークのし忘れを防ぐことができます。（M.E. さん／外国語）

Q　受験生へアドバイスをお願いします。

A　明日，来年，10年後の自分が後悔しない選択をしてください。受験は辛いけれど，将来を変えることができる大きなチャンスでもあります。受験は勉強をするだけではありません。将来に悩み，不安を抱えながら問題を解決して進んでいく，その一歩一歩があなたを大きく成長させてくれるはずです。親や友達，周りの人に感謝をしながら勉強を続けて，合格をあなたの力で勝ち取ってください。（M.E. さん／外国語）

科目別攻略アドバイス

みごと入試を突破された先輩に，独自の攻略法や
おすすめの参考書・問題集を，科目ごとに紹介していただきました。

グローバル化する人間社会について，提示された資料の理解力および思考力を問う試験

上智大総合グローバル学部の英語の長文は比較的読みやすいですが，問題の選択肢にレベルの高い単語が出題されることがあるので，早い段階で標準的な単語帳を仕上げた後に難単語を収録した単語帳にも取り組むのがおすすめです。文法問題も１問ミス以内に抑えたいところです。

世界史は気に入った教材で通史を押さえた後に一問一答で知識を固め，簡単な問題集をこなすのがおすすめです。

現代文の重要語は漢字同様に必ず覚えましょう。共通テストやセンター試験の過去問も読解力をつけるのに役立ちます。たくさん問題を解いて力をつけましょう。（K.N. さん／総合グローバル）

おすすめ参考書 『英文法・語法 Vintage』（いいずな書店）
『<大学入試>英単語 最前線 2500』（研究社）
『元祖 世界史の年代暗記法』（旺文社）
『現代文キーワード読解』（Z 会）
『入試現代文へのアクセス』シリーズ（河合出版）

高度なレベルの外国語学習に対する適性を測る試験

上智大の英語は分量が多いので，速く正確に読解をすることがキーとなります。過去問演習を繰り返して，そのペースをつかんでください。出題形式としては英検も似ているので，英検の過去問を利用するのも手です。

(H.S. さん／外国語)

おすすめ参考書 『英文法・語法 Vintage』（いいずな書店）

外国研究に必要な基礎的知識・日本語の読解力・論理力・思考力を測る試験

上智大の外国語学部特有の試験科目であるため，過去問を利用するのが一番です。まだ数回分の過去問しかありませんが，傾向をつかむには十分です。出題されそうな部分をマークしたら，その周辺の知識まで頭に入れておきましょう。時事問題にもアンテナを張り，関連事項を調べて答えられるようにしておくといいと思います。残りは自分の教養が試されるので，勉強以外の幅広い知識を身につけたり，多くの書籍に触れるようにしましょう。

(H.S. さん／外国語)

選択問題は基本的なことを問うものばかりなので，教科書の内容を押さえた上で，一問一答でアウトプットをすることが土台になります。時代や場所を超えて，宗教などのテーマで分けられた正誤問題をすると効果的です。

現代文の選択肢は短くてシンプルに見えて複雑で難しいと感じました。文章を精読し，一つ一つ文章と照らし合わせながら解答していくのが大切です。論述問題は，本文を読んでまとめる能力が求められます。学校の先生に過去問で解いた論述問題の採点をしてもらい，アドバイスをもらうのも実力をつけるのに有効です。

(M.E. さん／外国語)

おすすめ参考書 『判る！解ける！書ける！ 世界史論述』（河合出版）**『現代文キーワード読解』**（Z 会）

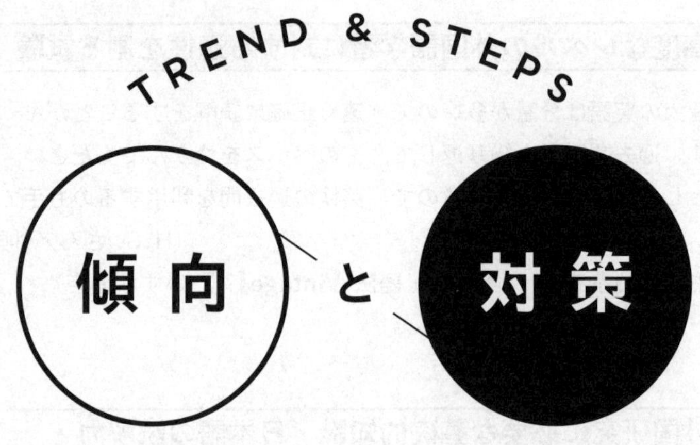

科目ごとに問題の「傾向」を分析し，具体的にどのような「対策」をすればよいか紹介しています。まずは出題内容をまとめた分析表を見て，試験の概要を把握しましょう。

注 意

「傾向と対策」で示している，出題科目・出題範囲・試験時間等については，2024 年度までに実施された入試の内容に基づいています。2025 年度入試の選抜方法については，各大学が発表する学生募集要項を必ずご確認ください。

外国語学部

▶高度なレベルの外国語学習に対する適性を測る試験

年度	番号	項　目	内　容
2024 ●	〔1〕	読　解	空所補充
	〔2〕	読　解	内容説明，内容真偽，主題
	〔3〕	読　解	空所補充
	〔4〕	読　解	誤り指摘
	〔5〕	会 話 文	空所補充
2023 ●	〔1〕	読　解	空所補充
	〔2〕	読　解	内容真偽，内容説明
	〔3〕	会 話 文	空所補充
	〔4〕	読　解	内容説明，内容真偽，主題
	〔5〕	会 話 文	空所補充
2022 ●	〔1〕	読　解	空所補充
	〔2〕	読　解	空所補充
	〔3〕	会 話 文	空所補充
	〔4〕	読　解	内容説明，内容真偽，空所補充，主題
	〔5〕	会 話 文	空所補充
	〔6〕	読　解	内容説明，内容真偽，主題

（注）●印は全問，◑印は一部マーク式採用であることを表す。
2024・2023 年度〔5〕，2022 年度〔6〕は英語・ドイツ語・フランス語・イスパニア語・ロシア語・ポルトガル語から選択（英語以外は省略）。

読解英文の主題

年度	番号	主　題	語　数
2024	〔1〕	女性が仕事の人脈を築くには	約 570 語
	〔2〕	現代において少女であること	約 810 語
	〔3〕	テネシー州のドラァグ規制法	約 500 語
	〔4〕	ラスベガスに暮らすハワイ先住民	約 840 語
2023	〔1〕	失語症とは何か	約 380 語
	〔2〕	分割睡眠とは何か	約 800 語
	〔4〕	コロナウイルスについて自分の意見を変えるということ	約 720 語
2022	〔1〕	首都圏が抱える問題と新型コロナウイルス	約 330 語
	〔2〕	変化に対応するのが苦手な日本経済	約 420 語
	〔4〕	虚脱感を克服するフローとは何か	約 700 語
	〔6〕	のんびりと暮らすことで豊かになる人生	約 780 語

傾向　時間配分を考え，標準問題で得点を積み重ねよう

01　出題形式は？

外国語学部で実施されている「高度なレベルの外国語学習に対する適性を測る試験」は学部共通試験で，試験時間は 60 分，設問形式はすべてマーク式である。2022 年度は大問 6 題であったが，2023・2024 年度は大問 5 題となっている（いずれも解答個数は 50 個）。内容把握問題の設問文・選択肢はすべて英語である。

02　出題内容はどうか？

2024 年度では，読解問題が 4 題，会話文問題が 1 題出題された。読解問題では，空所補充のみを問う大問が 2 題と，内容説明，内容真偽，主題を問う大問が 1 題，新形式として誤りを含む箇所を指摘する大問が 1 題出題された。会話文は空所補充形式が続いている。

○読　解

・空所補充問題（単語・句）　文脈や前後の内容から判断する問題や文

法・語彙・語法などの知識を活用して解く問題がある。

・**内容把握問題**　内容説明や内容真偽によって内容の理解を問うもの，長文中に施された下線部に関して同意表現を選ぶものなどがある。いずれも英問英答で，４つの選択肢から適切なものを１つ選ぶ形式である。設問はおおむね段落ごとに設定されているが，そうでない場合もある。

・**誤り指摘問題**　段落ごとに誤りを含む下線部を４つの選択肢から１つ選ぶ形式である。誤りのタイプは，時制や主語と動詞の一致，動詞の形など，基本的な文法事項を問うものが主である。

○会話文

空所にふさわしい発言や語句を選択肢から選ぶ問題が出題されている。会話特有の表現が問われることもあるが，文法・語法的な判断で解ける問題も多い。小説の一場面などが素材になる場合もあり，通常の会話文とは異なる場面が取り上げられることもあるが，おおむね日常的な会話問題が出題されている。ときに会話でしか使われないようなイディオム表現も出題される。

03　難易度は？

試験時間に対して読解量や設問量が多い。時間配分には十分気をつける必要がある。英文そのものはそれほど難しくはないが，問題全体の質と量からみた場合，難度は高い。

対策

01　長文読解問題

時事的な話題など，幅広いトピックの英文が取り上げられている。したがって，普段からいろいろなことに興味を持ち，さまざまな内容の英文に親しむ必要がある。

英文読解力の向上には，語彙力，文法・語法の知識，構文力，そして政治，経済，文化などの一般教養がすべて関わってくる。このような総合的な英語力を身につける方針で勉強に臨まないと，上智大学の読解問題に対処する英語力を身につけることは難しいといえよう。

まだ長文を読みなれていない人は，無理に難解な文章を読むのではなく，速読を意識して，平易でまとまりのある文章に数多く接するようにしよう。Graded Readers などを読むことによって，まずは簡単な英文ならば数ページを一息で読めるだけの実力をつける必要がある。『大学入試 ぐんぐん読める英語長文』（教学社）など，レベル別で文構造や内容についての解説が詳しい問題集を活用するのもよいだろう。

次に実際の入試問題を使って，所定の時間内で長文を読んで解答する訓練を行う。素材としては何よりも過去問がよい。2024 年度の問題は，5 題中 3 題がジェンダーにまつわる内容であった。現代社会の情勢や時事テーマになじんでおくことが重要である。一方で，新たに誤り指摘問題が出題されるなど，文法や語法の運用力を問う傾向に高まりがみられた。設問形式ごとに十分練習しておこう。また難関クラスの他大学の問題にも挑戦しよう。

02 文法・語彙

長文読解問題の空所補充や誤り指摘では，文法や単語・熟語の理解が要となるので，十分に準備をしておきたい。英文法については，『チャート式 基礎からの新々総合英語』（数研出版）や『英文法解説』（金子書房），『大学入試　すぐわかる英文法』（教学社）のような，全体を俯瞰することができ，辞書のように使える文法書にあたることが必須である。文法問題に対処できるようにすることは，構文力や読解力の向上にも連動しているからである。問題集を解くときも，文法書を参照して，当該項目だけでなく周辺の関連項目にも広く目を配ることで，全体的な知識を広げるように努めよう。また，全問マーク形式とはいえ，誤りの指摘や前置詞の用法に関する問いに対応するためには，文法・語法を正しく運用する作文力が役に立つ。基本的な英作文の演習もしておくとよいだろう。

上智大学の水準を考えると，英検準 2 級・2 級レベルの語彙はパーフェクトにした上で，英検準 1 級レベル（できれば 1 級レベル）の語彙をできるだけ増やすことを目標にしたい。各級の大問 1 を数多く解いていくと，効率よく語彙を習得することが可能だろう。熟語集は『システム英熟語』（駿台文庫）などをおすすめする。

上智大「英語」におすすめの参考書

- ✓『大学入試 ぐんぐん読める英語長文』（教学社）
- ✓『チャート式 基礎からの新々総合英語』（数研出版）
- ✓『英文法解説』（金子書房）
- ✓『大学入試 すぐわかる英文法』（教学社）
- ✓『システム英熟語』（駿台文庫）

▶外国研究に必要な基礎的知識・日本語の読解力・論理力・思考力を測る試験

年度	番号	内　容
2024 ◑	〔1〕	地理・歴史および公民に関する小問集合
	〔2〕	**人間が使用する記号としてのことばがもつ二つの側面** ⑴空所補充　⑵語意　⑶書き取り　⑷内容説明（150字）
2023 ◑	〔1〕	地理・歴史および公民に関する小問集合
	〔2〕	**人類の進化に由来する人間の脳と心のしくみ** ⑴「新人」の学名　⑵・⑶空所補充　⑷内容説明（150字）
2022 ◑	〔1〕	地理・歴史および公民に関する小問集合
	〔2〕	**つながりの歴史のなかで生まれた現代の人権思想** ⑴書き取り　⑵・⑶空所補充　⑷内容説明（150字）

（注）●印は全問，◑印は一部マーク式採用であることを表す。

社会科全般の基礎的知識が必須
国際問題を読み解く読解力が試される

01 出題形式は？

外国語学部共通試験として実施されている。大問2題の出題で，マーク式と記述式の併用である。試験時間は60分。

02 出題内容はどうか？

現代における日本と世界の諸側面や，その背景についての基礎的知識を関連づけられるような思考力と，日本語の文章読解力・文章構成力・表現力を測るような出題が続いている。

例年，〔1〕は地理・歴史，公民に関する基礎的知識を問う小問10問，〔2〕は課題文読解型の国語的な問題であり，〔1〕は選択式，〔2〕は記述式および論述問題で構成されている。また，時事問題として2023・2024年度では2022年の出来事が出題されている。

03 難易度は？

いずれの大問も，学部の特性上，海外諸国の研究に必要な基礎知識や日本語の読解力・論理力・思考力を測る問題となっており，広範囲におよぶ基礎学力が試されている。〔2〕では内容説明が求められるが，字数は150字以内であり，時間的な余裕はあるだろう。

対策

01 社会科の基礎知識

〔1〕では，地理・歴史，公民の幅広い分野から出題されている。まずは社会科全般の基礎的な知識をおさえることが肝要だが，特に言語系統や国境・河川，国際機関の加盟国などについては細かい知識が必要である。また，歴史については日本史からの出題も目立ち，戦後史を中心に世界的な視点での学習が必要である。現代社会における諸問題（紛争や経済，環境，民族問題やジェンダー問題，SDGs など）については，新聞や報道番組などにも目を通し，直近の国際問題の動向やそれぞれの歴史にまで注意しておく必要がある。時事問題については，『図解でわかる時事重要テーマ100』（日経 HR）など，就職・公務員試験対策用の書籍の活用も有効である。

02 課題文読解型

〔2〕では課題文を読んだ後，指摘された内容を端的にまとめる力が求められている。2024 年度は課題文が直接歴史に関係するものではなかったが，歴史や現代社会を中心にさまざまな本を読み，課題文から抜き出した要点に関連する知識を加えながら簡潔にまとめる学習を心掛けたい。

総合グローバル学部

▶グローバル化する人間社会について，提示された資料の理解力および思考力を問う試験（英語の設問を含む）

年度	番号	内　容
2024 ◑	〔1〕	**世界で後退する民主主義** ⊘英文 (1)空所補充　(2)同意表現　(3)内容説明（45字）　(4)語句整序
	〔2〕	**国境を越える人々の移動** ⊘グラフ (1)・(2)・(5)・(6)・(8)知識問題　(3)・(4)・(7)空所補充
	〔3〕	**技術革新と経済のグローバル化をめぐる諸問題** ⊘地図 (1)〜(4)知識問題　(5)理由説明（60字）
2023 ◑	〔1〕	**奴隷とされた人々の子孫への入試での優位性** ⊘英文 (1)空所補充　(2)同意表現　(3)内容説明（45字）　(4)語句整序
	〔2〕	**アジアから考える古代〜現代のグローバル経済** (1)空所補充　(2)〜(9)知識問題
	〔3〕	**フェミニズム，他者の表象をめぐる問題** ⊘グラフ・地図 (1)・(2)・(5)知識問題　(3)・(7)・(8)空所補充　(4)内容読解 (6)理由説明（50字）　(9)主旨
2022 ◑	〔1〕	**アメリカでのワクチン接種への危惧の背景** ⊘英文 (1)同意表現　(2)内容説明（65字）　(3)語句整序
	〔2〕	**食の歴史** ⊘視覚資料・グラフ (1)〜(5)・(7)知識問題　(6)理由説明（80字）　(8)主旨
	〔3〕	**国家と地域** ⊘地図 (1)〜(7)知識問題　(8)主旨

（注）●印は全問，◑印は一部マーク式採用であることを表す。

グローバルな課題に関する文章からの出題

01 出題形式は？

大問3題が出題され，そのうち1題は英語，残り2題は社会科の内容を中心とする総合問題である。試験時間は75分で，選択式と記述式，論述問題が併用されている。

02 出題内容はどうか？

例年，〔1〕は英文による総合読解問題で，総合グローバル学部での学びに即した内容になっている。英文に対する設問が2023・2024年度は3問，2022年度は2問（うち1問は日本語で答える記述問題）と，日本語をヒントとする語句整序の設問が1問という構成であった。設問文は日本語である。

〔2〕〔3〕は，開発や貧困，移民・難民問題，地球環境問題など，地球規模の諸問題（グローバル・イシュー）についての文章が示され，地理・歴史，公民の教科・科目に関する基本的な教養と，読解力，思考力が問われている。地図やグラフなどの資料が用いられること，50～80字程度の論述問題が出題されることに注意したい。

03 難易度は？

〔1〕の英文の分量は多くないが，グローバル化社会に関するやや専門的な内容が扱われており，難度は高い。〔1〕が英語問題であることを踏まえれば，大問3題で75分は十分な時間とはいえない。〔2〕〔3〕をできるだけ速く解答する力も必要とされる。

対策

01 英語問題

英語を正確に読む力や文法，かなり高度な語彙力に加えて，グローバル化する社会に関連する知識も試されている。日頃から新聞やニュースで世界の動きを把握しておくのはもちろんだが，*The Japan Times* などの英字新聞を読むことで，専門用語を確認したり，視野を広げたりすることが可能になるだろう。英文読解の対策としては，『英語の構文 150』（美誠社）も仕上げておくとよい。

02 社会科の総合問題

選択式の問題では，地理・歴史，公民の幅広い分野の知識が問われる。教科学習のみならず，環境問題や難民問題，民族・宗教問題などをテーマとした新書などを読み，基礎的な知識を身につけておくことが肝要である。また，21 世紀における時事問題も散見されるため，TV やインターネットで報道番組を見たり，新聞の海外・国際ニュースや論説の欄に目を通したりするのも対策となるだろう。

論述は，知識を問うというより，課題文の読解力が試されている。その意味で国語力の養成も必須である。本学部の出題傾向にあわせ，日頃から要旨などを 50 ～ 80 字程度で簡潔にまとめる修練が欠かせない。

2024年度

問題と解答

一般選抜（学部学科試験・共通テスト併用方式）：外国語学部

問 題 編

▶試験科目・配点

<table>
<tr><th>学科</th><th>試験区分</th><th colspan="2">試験教科・科目</th><th>配　点</th></tr>
<tr><td rowspan="5">英語</td><td rowspan="3">大学入学共通テスト</td><td>外国語</td><td>『英語（リーディング，リスニング）』</td><td>40点</td></tr>
<tr><td>国語</td><td>『国語』</td><td>40点</td></tr>
<tr><td>地理歴史または公民または数学</td><td>「日本史Ｂ」，「世界史Ｂ」，「地理Ｂ」，「倫理」，「政治・経済」，『倫理，政治・経済』，『数学Ⅰ・数学Ａ』のうちから１科目選択</td><td>40点</td></tr>
<tr><td rowspan="2">大学独自試験</td><td rowspan="2">学部学科適性試験</td><td>【学部共通試験】
①高度なレベルの外国語学習に対する適性を測る試験
※出題はおもに英語とし，一部の問題を英語・ドイツ語・フランス語・イスパニア語・ロシア語・ポルトガル語から試験場で選択する</td><td>50点</td></tr>
<tr><td>【学部共通試験】
②外国研究に必要な基礎的知識・日本語の読解力・論理力・思考力を測る試験</td><td>50点</td></tr>
<tr><td rowspan="5">英語以外</td><td rowspan="3">大学入学共通テスト</td><td>外国語</td><td>『英語（リーディング，リスニング）』，『ドイツ語』，『フランス語』のうちから１科目選択</td><td>40点</td></tr>
<tr><td>国語</td><td>『国語』</td><td>40点</td></tr>
<tr><td>地理歴史または公民または数学</td><td>「日本史Ｂ」，「世界史Ｂ」，「地理Ｂ」，「倫理」，「政治・経済」，『倫理，政治・経済』，『数学Ⅰ・数学Ａ』のうちから１科目選択</td><td>40点</td></tr>
<tr><td rowspan="2">大学独自試験</td><td rowspan="2">学部学科適性試験</td><td>【学部共通試験】
①高度なレベルの外国語学習に対する適性を測る試験
※出題はおもに英語とし，一部の問題を英語・ドイツ語・フランス語・イスパニア語・ロシア語・ポルトガル語から試験場で選択する</td><td>50点</td></tr>
<tr><td>【学部共通試験】
②外国研究に必要な基礎的知識・日本語の読解力・論理力・思考力を測る試験</td><td>50点</td></tr>
</table>

▶**備　考**

- 大学入学共通テストの英語の技能別の配点比率は，リーディング100点：リスニング100点（200点満点）とする。
- 大学入学共通テストの国語は，古文・漢文を含む。
- 大学入学共通テストの選択科目を指定科目数以上受験した場合は，高得点の科目を合否判定に利用する。第1解答科目・第2解答科目の区別も行わない。
- 大学入学共通テストの得点は，各学科の配点に応じて換算して利用する。
- 任意で提出したCEFRレベルA2以上の外国語外部検定試験結果は，CEFRレベルごとに得点化し，大学入学共通テストの外国語の得点（200点満点）に加点する。ただし，加点後の得点は，大学入学共通テストの外国語の満点を上限とする。

外国語学部

◀高度なレベルの外国語学習に対する適性を測る試験▶

(60分)

1 次の文章を読み，(1)～(10)に入る最適な語を(a)～(d)から一つ選びなさい。

The Secrets of Successful Female Networkers

One often-cited reason why more female executives don't advance to top management jobs is their lack of access to informal organizational and industry networks. Some people blame unconscious bias: High-ranking men connect more easily with other men. Others cite professional and personal obligations, from office housekeeping to child-rearing, that (1) fall to women, leaving them less time to develop professional relationships.

But some female leaders do establish strong networks—and they win greater influence and more-senior positions as a result. What are they doing differently?

A new study sheds (2) on their strategies. "I was talking with many women about how to improve their networks, the challenges they face, and what they and their organizations could do better, and I realized that all the studies on the issue were pretty old and narrow," explains Inga Carboni, a professor at William & Mary's Mason School of Business and the study's lead author. "I couldn't answer their questions."

The researchers analyzed data collected from 16,500 men and women in more than 30 organizations across a range of industries over the past 15 years. Then they interviewed hundreds of female executives. This led them to identify characteristics that distinguish the networking behaviors of more-successful women from those of their peers. In some cases those matched the behaviors of high-(3) men; in others there were (4) but important differences.

When shaping their professional networks, top women were:

Efficient

Studies, including the new one, show that women generally absorb more collaborative demands in the workplace than their male peers do. But the female managers with the strongest networks "recognize that every 'yes' means a 'no' to something else," says Babson College's Rob Cross, one of Carboni's coauthors. He notes that one Silicon Valley executive he knows has adopted that idea as her mantra. Although these successful female networkers might feel an identity-driven desire and a stereotype-influenced pressure to help colleagues out and be a team player, they try to resist. They (5) nonessential appointments from their calendars, deflect low-priority decisions and requests, run (6) meetings, insist on efficient email norms, and set aside time for reflection and high-level thinking. At the same time, they make the most of their collaborative strengths and inclinations by working with others in a way that establishes or enhances key relationships and ups their visibility.

Organizations can do their part by tracking unseen collaborative work, ensuring that it's evenly spread among male and female employees, and pushing all leaders, but especially women, to (7) prioritize their most important tasks.

Nimble

Successful female networks are fluid. High-ranking women know when to deemphasize old connections in favor of new ones (whether by proactively cutting ties or by simply failing to maintain contact). For example, says Cross, "when you're at an (8) point at work or are (9) on a new project, you want to think about your goals and who will help you reach them—whether those goals are political (gaining early access to opinion leaders), developmental (supplementing skills gaps), innovation-oriented (searching for new insights), or related to best practices (finding people who know efficiencies)."

The researchers say they hope more women will adapt their networking behaviors in keeping with these characteristics. They add that organizations have a big role to play too. "The goal is to (10) these behaviors and practices so that they're the norm for everybody," Cross says.

(Adapted from *The secrets of successful female networkers*. Retrieved from *Harvard Business Review*, November-December 2019. https://hbr.org/2019/11/the-secrets-of-successful-female-networkers)

(1) (a) disproportionately (b) evenly
(c) lightly (d) untruly

(2) (a) fur (b) layers (c) light (d) weight

(3) (a) archiving　(b) performing
(c) resolution　(d) velocity

(4) (a) static　(b) stubborn　(c) subscribe　(d) subtle

(5) (a) acquire　(b) bid
(c) manipulate　(d) prune

(6) (a) heavy-laden　(b) ill-minded
(c) shatterproof　(d) streamlined

(7) (a) undeviatingly　(b) unsurely
(c) untruthfully　(d) unusually

(8) (a) absent　(b) empty　(c) important　(d) outrageous

(9) (a) embarking　(b) gravitating
(c) preserving　(d) subtracting

(10) (a) astonish　(b) beg　(c) cease　(d) encourage

2 次の文章を読み，(11)～(20)の問いに最適な解答を(a)～(d)から一つ選びなさい。

On the roof of an abandoned building in a Dutch city, Frankie and Dora sip Taiwanese bubble tea in the summer sun. The two girls are dressed in vintage jeans and self-decorated sneakers. Frankie's T-shirt celebrates an art exhibition, Dora's Billie Eilish, a singer whom she likes because "she speaks her mind."

The girls discovered this spot through TikTok. They learned about the tooth-achingly sweet bubble tea from Instagram. The naughtiest thing they have done recently is sneak out to go to a political protest. They do not think there is anything they cannot do because they are girls. "I think that's from another time," (11) says Dora.

Frankie, Dora and tens of millions of 11- to 16-year-old girls in the rich world are having a girlhood like none before. Their mothers have been far closer to equality with their fathers than in previous generations; they have a bewildering world of social media to navigate; and they are exposed to a world in which ideas about girlhood are changing fast.

One of the key changes is that being a girl is now seen as a thing in itself (12). For centuries, girlhood was defined in opposition to boyhood; being nice when boys were nasty, quiet when boys were loud, pretty when boys had personalities. Nowadays, girls are allowed, and allow themselves, a range of interests and behaviours that is broad and flexible.

The intense, close friendships between girls have provided subject matter for female novelists from Jane Austen to Elena Ferrante. Studies in various countries have confirmed that female friendships are more intimate and supportive. Boys in close friendships often drift apart in their teens. At the same age girls tend to come closer together than ever.

Almost all the girls we spoke with said that not seeing their friends was the hardest part of COVID lockdown, eclipsing factors like family tensions and online schooling. A survey by Britain's Children's Society confirms this was the case across British 10- to 17-year-olds, and that girls struggled more than boys.

Families also invest more resources in girls than in the past. In the 1970s American parents spent significantly more on boys than girls. By 2017 the difference had disappeared. Girls today enjoy more parental spending than boys on tutoring, art supplies and music lessons.

Ironically, some old gender stereotypes related to children's upbringing may now help girls. When girls are toddlers they are read to more than boys. Their fathers are five times more likely to sing to them and are more likely to speak to them about emotions, including sadness. Their mothers are more likely to use complex vocabulary with them. Most of this gives girls an advantage in a world that increasingly prizes "soft skills". Girls still have less leisure time than boys, but nowadays that is primarily because they spend more time on homework and grooming, rather than because house chores are unfairly divided.

Daughters can change parents' values too, particularly fathers'. Researchers have found that having daughters decreases fathers' likelihood of holding traditional attitudes on gender roles and makes them more likely to pull their weight in housework. Separate studies have shown that having daughters affects decisions by politicians and judges. Businessmen with daughters are more likely to support women's professional careers.

One thing most girls agree on is that their parents take too one-sided (16) an approach to technology. "My parents think it's all a bunch of drama and distraction and that we're all addicted," complains Frankie, "but it can be really inspiring, too. There are lots of women standing up for things online."

Girls are increasingly told—and increasingly feel—that they wield power. And even if they do not believe that they run the world, they certainly want to improve it. Carol Gilligan, a psychologist, points out that young girls have long been imagined as brave and outspoken on controversial issues, from Charlotte Brontë's heroine Jane Eyre, to Claudia in Toni Morrison's novel *The Bluest Eye*. As real-life girls hit their teens, though, they tended to stop speaking up, pressured as they were to become "likeable" young women.

Today's girls learn that, now they have the tools needed to speak louder—from education, to the internet, to freedom to leave the house—their voices will be heard. Girls now are more likely than boys to say that they want to make the world a better place, or that they want to be a leader.

High expectations are undoubtedly a risk. When you ask girls what makes them anxious, many mention pressure: pressure to do good, look good and be good.

When she is asked "Do you think you can change the world?"(19), Frankie looks panicked. "By myself? Oh God no. What if I can't fix the problems?"

Then she realizes the "you" is plural, which changes everything. "Oh, you mean all girls," she says with a sigh of relief. "Of course we can."

(Adapted from *Awesome, weird and everything else*. Retrieved from *The Economist*, 19 December 2020. https://www.economist.com/christmas-specials/2020/12/19/awesome-weird-and-everything-else)

(11) What belief does Dora say is "from another time"?

(a) The belief in the social and economic equality of the sexes.

(b) The belief that some things should not be done by girls.

(c) The belief that social media is good for you.

(d) The belief that teenagers should have to do what their parents say.

(12) What does it mean that "being a girl is now seen as a thing in itself"?

(a) Being a girl is now seen as something to be envied.

(b) Girls are no longer seen as just the opposite of boys.

(c) Girls have become less visible and successful in society.

(d) Girls nowadays spend less time playing with boys.

(13) Why did girls struggle more than boys during COVID lockdown, according to the article?

(a) Because parents enforced lockdown more strictly on girls than boys.

(b) Because girls fought more with their families than boys.

(c) Because girls suffered more from not being able to meet their friends.

(d) Because girls spent more time on social media than boys.

(14) Which statement about modern parenting is <u>NOT</u> mentioned in the article?

(a) Fathers are more likely to talk to daughters about emotions.

(b) Girls still spend more time doing housework than boys.

(c) Mothers are more likely to use complicated words with girls.

(d) Parents spend more money on tutoring girls than boys.

(15) Based on the article, a man who has a daughter would be more likely to show which of the following behaviors?

(a) A tendency to leave the housework to women.

(b) A greater interest in women's sports.

(c) A tendency to reject feminist political attitudes.

(d) A willingness to promote women at his workplace.

(16) Which of these is closest to the meaning, in this context, of "too one-sided"?

(a) Too close to the truth.

(b) Too focused on the negative.

(c) Too relaxed about the dangers.

(d) Too sexist.

(17) Literary works by Charlotte Brontë and Toni Morrison are introduced to support what argument?

(a) The argument that, despite gender inequality in the past, there were many female authors.

(b) The argument that female characters in fiction have often been represented as courageous.

(c) The argument that female leadership has rarely been seen in fiction, but often in real life.

(d) The argument that girls become more outspoken as they enter their teens.

(18) According to the article, what was the main reason that teenage girls tended to stop speaking up on controversial issues in the past?

(a) Because they felt pressure to be likeable.

(b) Because they focused on close friendships instead.

(c) Because they lacked famous role models.

(d) Because they were under pressure to be leaders.

(19) How does Frankie at first misunderstand the question "Do you think you can change the world?"

(a) She thinks that the questioner is asking about all the problems in the world, not just gender problems.

(b) She thinks that the questioner is asking if she can change the world while she is still a child.

(c) She thinks that the questioner means her individually, rather than girls in general.

(d) She thinks that the questioner is asking if she can change her local community, rather than the whole world.

(20) Which of these statements is closest to the main point of this article?

(a) A crisis of masculinity is negatively affecting young boys' sense of self-esteem.

(b) Although men were previously in control in society, the situation is now mostly reversed.

(c) Gender inequality is still a major problem and will take many years to solve.

(d) The experience of being a girl is more flexible and contains more possibilities than before.

3 次の文章を読み，(21)〜(30)に入る最適な語を(a)〜(d)から一つ選びなさい。

Soon after we moved ___(21)___ the town of Belle Meade in Nashville in 1987, I started hearing stories about a brilliant man who didn't exactly behave according to norms. Neil Cargile was the president of a Nashville-based dredging company with business the world over. Born into wealth in 1928, he played football ___(22)___ Vanderbilt University, flew planes for the Navy, married and divorced—twice—and fathered three children. He was a small-government conservative. He was also famous ___(23)___ Nashville for his pleasure in wearing women's clothes on social occasions. Mr. Cargile called his alter ego "SheNeil."

Just before he died, Mr. Cargile was the subject of a 1995 *New Yorker* article by John Berendt titled "High Heel Neil." Mr. Berendt called his subject "probably the most socially prominent cross-dresser in America since Edward Hyde served, in drag*, as the governor of New York and New Jersey in (24)_________ early 18th century." Like those Easterners of old, Nashville residents were unsurprised by their high-profile drag queen. Mr. Cargile consistently gave only one explanation for wearing such extravagant clothes: "It's fun."

That same spirit of play is presumably what motivated Bill Lee, the Republican governor of Tennessee, to dress like a cheerleader for a football game when he was a student (25)_________ high school. Mr. Lee doesn't have fun with such things anymore: He just signed (26)_________ law a bill that makes it illegal to appear in drag in public spaces where children might be present.

Until Holly McCall, the editor of the nonprofit news site *The Tennessee Lookout*, mentioned Mr. Cargile in an editorial attacking the state's new anti-drag law, I hadn't thought about him (27)_________ years, perhaps because the distance between his world and mine—in time, in politics, in basic human decency—is so vast and so extreme.

The idea that Lee's legislation is a top priority (28)_________ anybody in Tennessee is crazy, and once upon a recent time, even Republicans knew that. Men have performed in women's clothes for centuries, with no harm to children. Drag is part festival and part artistic expression, and many types (29)_________ people enjoy it. Dolly Parton, Tennessee's most famous singer, often says, "If I hadn't been a girl, I'd have been a drag queen."

It's worth noting that a lot of men out there are wearing a lot of garments that look a lot like dresses. Priests and judges, for instance. Actors in "Mrs. Doubtfire" and "Hairspray," both of which are on the new schedule at the

Tennessee Performing Arts Center. Are they all now obliged to wear trousers?

I'm joking, of course. This is a law that bans "adult cabaret." It doesn't bar men from wearing ritual gowns. But here's the real question, and it's not a joke: If it's fine for men to wear gowns in other contexts, what's the problem (30)________ drag queens in a Pride parade or a library's story hour? Why wouldn't it be fine for a drag queen to mingle on Main Street with all the bridesmaids?

Glossary

*drag: clothing often worn by the opposite sex or gender, especially in the case of exaggerated feminine clothing worn by a man.

(Adapted from Renkl, M. *My state's anti-drag campaign is beyond ludicrous.* Retrieved from *The New York Times,* 13 March 2023. https://www.nytimes.com/2023/03/13/opinion/tennessee-anti-drag-laws.html)

(21) (a) at (b) on (c) to (d) with

(22) (a) along (b) by (c) for (d) of

(23) (a) by (b) for (c) in (d) on

(24) (a) an (b) the (c) this (d) those

(25) (a) at (b) by (c) for (d) through

(26) (a) before (b) from (c) into (d) towards

(27) (a) at　(b) beyond　(c) for　(d) near

(28) (a) for　(b) from　(c) onto　(d) over

(29) (a) by　(b) for　(c) like　(d) of

(30) (a) at　(b) of　(c) with　(d) without

4 次の文章を読み，(31)～(40)の中で文法的に正しくないものを(a)～(d)から一つ選びなさい。

(31) (a)When Pauline Kauinani Souza was a child in Hawaii, (b)she spends early mornings watering her grandfather's watermelons and papaya trees. (c)Her family lived frugally, eating homemade bread and heating water over a fire for bathing. (d)But their no-frills life came with the ultimate benefit: living near the beach and drifting off to sleep at night to the sound of waves gently crashing on the shore.

(32) Now, at 80, Ms. Souza lives in Las Vegas, (a)a desert city of neon far from the ocean and her ancestral home. (b)It is not paradise, but it is full of Native Hawaiians like her who have flocked there in recent years for the endless entertainment, (c)reasonable cost of living and something few people finds in Hawaii: a house they can afford. "I own it outright," (d)she said proudly of her two-bedroom, ranch-style home in Las Vegas. "In Hawaii, there aren't many people who can say that."

(33) Increasingly, (a)Las Vegas is drawing Hawaiians who will come to visit and decided to stay, convinced that (b)an affordable false version of the islands is

better than an endless struggle to make ends meet in the real thing. Between 2011 and 2021, (c) the population of Native Hawaiians and other Pacific Islanders in Las Vegas grew by about 40 percent, for a total of nearly 22,000 people. (d) That was the greatest number of newcomers in that group in any area outside Hawaii.

(34) For many, the appeal is real estate: (a) Houses on the Las Vegas area have a median listing price of about $460,000, compared with about $800,000 in Honolulu. (b) Americans migrating for cheaper housing is not unusual. (c) But this migration from the impossibly lush natural landscape of the islands to the brash desert of Las Vegas (d) is a particularly vivid example of how the search for housing remakes the country in sometimes surprising ways.

(35) (a) The connection between Hawaii and Las Vegas stretches back decades, in large part due to the California Hotel & Casino in downtown Las Vegas. (b) "The Cal," which opened in 1975, has long catered to Hawaiians through special travel deals and targeted marketing. (c) At the casino, dealers at the poker table wear Hawaiian shirts, guests dine on island specialties, (d) and signs within the hotel's grounds states: "Aloha Spoken Here."

(36) Today, (a) a flourishing Hawaiian community is scattered throughout what is informally known as the Ninth Island. (b) Parents in Las Vegas eager to raising their children with Hawaiian traditions can enroll them in Hawaiian language classes or get them dance lessons at a local hula school. In Las Vegas, (c) Hawaiians in search of home cooking can take their pick of local restaurants serving plate lunch and fresh fish. (d) Even Spam musubi, a popular Hawaiian snack of rice and Spam wrapped in seaweed, and poi, a taro-based Hawaiian staple, are easy to find.

(37) (a) "What we're done is creating our own Hawaii," said Cece Cullen, 38, a Native Hawaiian, at a lei festival this month just outside Las Vegas. (b) Ms. Cullen attended the University of Nevada, Las Vegas, in the early 2000s and later returned to Hawaii. But life with a growing family was difficult. She and her husband, Nakoa Hoikaika Cullen, 37, (c) worked multiple jobs and rented a modest 800-square-foot house. But their paychecks quickly disappeared. (d) "You get to the point where you're like, is this it? Is this life?" she said.

(38) (a) In 2018, Ms. Cullen and her family moved back to Las Vegas. (b) A few months into the pandemic, she and her husband bought a roughly 3,000-square-foot house on a quiet street. (c) They are among the first at their family to be homeowners. And in Las Vegas, they live comfortably, raising four children. (d) Ms. Cullen, who teaches the Hawaiian language at local libraries, has made it a priority to keep her children connected to the islands' culture. "We got driven out of paradise," she said. "But all these traditions, all our language, it's part of our identity."

(39) In 2022, (a) Hawaii had the highest cost of living out of all 50 states and the District of Columbia. (b) The state imports the vast majority of its food, had made everyday groceries especially expensive. And strict regulations on building have contributed to housing shortages and prices out of reach for many. (c) Representative Nadine K. Nakamura said that the state government recognizes the economic pressures on local residents and (d) has been focused on expanding tax relief and building more affordable housing.

(40) Far from the islands, (a) Native Hawaiians have found creative ways to kept their culture alive in the desert. After moving from Oahu to Las Vegas in 2014, (b) Tiffanie Zuttermeister, 46, accepted that she would never be able to

grow her own ti leaves, which are used for leis and hula skirts. Still, Ms.(c) Zuttermeister has managed to create a successful side business making leis for graduations and other events. Unlike other local lei makers, who resort(d) to using plastic flowers, she seeks out fresh ones and orders ti leaves and orchids from Los Angeles or Hawaii. "Being away from home, I miss the ocean, the mountains, the greenery," she said one afternoon, making a lei crown with daisies, carnations and baby's breath. "But I don't miss the cost."

(Adapted from Fawcett, E. *There's no ocean in sight, but many Hawaiians make Las Vegas their home*. Retrieved from *The New York Times*, 20 May 2023. https://www.nytimes.com/2023/05/20/us/hawaii-las-vegas-migration.html)

ここから選択問題

5 については，英語，ドイツ語，フランス語，イスパニア語，ロシア語，ポルトガル語の問題から一つ選択して解答しなさい。また，選択した言語を，解答用紙の選択問題言語マーク欄に必ずマークしなさい。

【選択言語：英語】

5 次の文章を読み，(41)〜(50)に入る最適な語を(a)〜(d)から一つ選びなさい。

著作権の都合上，省略。

著作権の都合上，省略。

著作権の都合上，省略。

(Adapted from Moffat, S. Screenplay of *A Study in Pink*. BBC, 2010. https://www.bbc.co.uk/writersroom/documents/sherlock-s1-ep1-a-study-in-pink-final-shooting-script.pdf)

(41) (a) comments (b) directions (c) plans (d) questions

(42) (a) confidence (b) London (c) time (d) trouble

(43) (a) far (b) recently (c) sunbathing (d) working

(44) (a) depended (b) forgotten (c) lost (d) thought

(45) (a) been sold (b) been used (c) fingerprints (d) scratches

(46) (a) lengthy (b) professional

(c) recent (d) romantic

(47) (a) leave him alone (b) recover soon
(c) share his house (d) stay in touch

(48) (a) money from (b) problems with
(c) affection for (d) trust in

(49) (a) dirty (b) firm (c) shaking (d) strong

(50) (a) amateurs (b) criminals (c) detectives (d) fools

【選択言語：ドイツ語】

5 以下の問いに答えなさい。

【1】 次の(41)～(45)の(　　)内に入れるのに最も適切なものを，それぞれの選択肢(a)～(d)から一つ選びなさい。

(41) Morgen fahre ich mit dem Zug (　　) Schweiz.
(a) ins (b) in die (c) nach (d) zu

(42) Kommt sie heute nicht? — (　　), sie kommt heute.
(a) Aber (b) Doch (c) Ja (d) Nein

(43) Er (　　) Journalist geworden.
(a) hat (b) ist (c) möchte (d) wird

(44) (　　　) langsamer, Georg!

(a) Fahr　(b) Fahren　(c) Fahrt　(d) Fährt

(45) Er kommt heute zur Uni, (　　　) er Fieber hat.

(a) aber　(b) ob　(c) obwohl　(d) weil

【2】 以下は，友人同士の会話文である。会話文が完結するように，空所(46)〜(50)に入れるのに最も適切なものを，(a)〜(j)から一つずつ選びなさい。なお，選択肢はそれぞれ一回だけ用いるものとする。

Marie: Wohnst du noch bei deinen Eltern?

Agnes: (46)

Marie: Wieso denn?

Agnes: Weil ich ab Oktober in Berlin Germanistik studiere.

Marie: In Berlin? Und willst du da eine eigene Wohnung haben?

Agnes: Nein, in Berlin ist so was ziemlich schwer. Mit zwei Studentinnen aus Japan zusammen will ich in einer Wohngemeinschaft wohnen.

Marie: (47)

Agnes: Ja, im letzten Jahr habe ich in einer High School in Tokio Japanisch gelernt und dabei beide kennengelernt. Die sind nett und haben mir viel geholfen. Und (48)

Marie: Gut! Von meinem Bruder habe ich oft erfahren, dass (49): Musik, Partys usw. Aber mit den netten Personen kannst du ein friedliches Leben führen.

Agnes: (50)

(a) Ja, aber ich muss bald ausziehen.

(b) Nein, ich wohne jetzt mit zwei Frauen in einer Wohngemeinschaft.

(c) Kennst du schon die Japanerinnen?

(d) Wo hast du die Japanerinnen kennengelernt?

(e) ab Oktober studieren sie auch in Berlin Germanistik.

(f) jetzt studieren sie in Tokio Musik.

(g) in der Wohngemeinschaft nicht selten die Hölle los ist

(h) in der Wohngemeinschaft nicht selten lustige Dinge los sind

(i) Sicher! Ich freue mich darauf, mit ihnen zusammen in Berlin zu leben.

(j) Ja! Ich freue mich darüber, mit ihnen in Berlin ein ruhiges Leben geführt zu haben.

【選択言語：フランス語】

5 以下の問いに答えなさい。

【1】 次の(41)～(45)の(　　)内に入れるのに最も適切なものを，選択肢(a)～(h)から一つ選びなさい。なお，選択肢はそれぞれ一回だけ用いるものとする。

(41) Le Japon est à la mode en France (　　) au moins vingt ans.

(42) Beaucoup de Français de tous âges rêvent de venir visiter ce pays (　　) les billets d'avion coûtent de plus en plus cher.

(43) Les quartiers de Tokyo les plus fréquentés sont Omotesandō et Akihabara (　　) les touristes vont généralement acheter des souvenirs ou des mangas.

(44) Certes, il n'est pas toujours facile de trouver son chemin dans une ville (　　) grande que la capitale du Japon.

(45) Cependant, si on aime marcher et avec un peu de patience, il est possible de découvrir (　　) lieux inattendus et de rapporter dans ses bagages quelques photos originales.

(a) même si
(b) malgré
(c) autant
(d) pendant
(e) plusieurs
(f) où
(g) depuis
(h) aussi

【2】 次の会話文を読み，(46)〜(50)に入れるのに最も適切なものを，選択肢(a)〜(h)から一つ選びなさい。なお，選択肢はそれぞれ一回だけ用いるものとする。文頭に来るものも小文字で表記してあります。

Emmanuel : Qu'est-ce que tu vas faire pendant les vacances Élisabeth ?

Élisabeth : (46), mais je vais sûrement partir dans un pays où je peux me reposer. Donc, pas en France.

Emmanuel : Oui, c'est vrai. Il y a encore beaucoup de problèmes dans les transports. Moi, malheureusement, (47) car je suis très occupé. Je ne peux pas quitter Paris.

Élisabeth : Ah bon ? C'est dommage que tu ne partes pas. Tu aurais besoin de te changer les idées toi-aussi.

Emmanuel : Oui, mais je vais quand même essayer de m'amuser un peu. Un ami m'a acheté des nouvelles casseroles pour mon anniversaire et je me suis inscrit à un cours de cuisine. (48).

Élisabeth : Donne-moi l'adresse de ton école. (49) !

Emmanuel : D'accord. L'école se trouve rue du Faubourg Saint Honoré. Tu connais cette rue (50) ? Elle n'est pas très loin de chez toi. Tu peux même y aller à pied.

Élisabeth : Bien sûr. J'ai travaillé dans cette rue pendant plusieurs années !

(a)　ça m'intéresse aussi
(b)　je n'y vais pas
(c)　je dois rester
(d)　je m'en souviens bien
(e)　je n'ai pas encore décidé
(f)　je n'aime pas cuisiner
(g)　je commence bientôt
(h)　n'est-ce pas

【選択言語：イスパニア語】

5　以下の問いに答えなさい。

【1】　次の(41)～(45)のそれぞれについて，（　　）内に入れるのに最も適切なものを選択肢(a)～(d)から一つ選び，文を完成させなさい。

(41)　Me (　　) mucho las canciones tradicionales latinoamericanas.
(a)　gustan　(b)　gusta　(c)　gustas　(d)　guste

(42)　Estos libros (　　) llevo a mis hermanos.
(a)　le los　(b)　les los　(c)　se los　(d)　se lo

(43)　Esta mañana, como siempre, me he (　　) las manos.
(a)　lavado　(b)　lavando　(c)　lavados　(d)　lavadas

(44)　En Japón, en junio, hay (　　) días con lluvia.
(a)　muchas　(b)　unas　(c)　las　(d)　muchos

(45) Por favor, habla más alto, porque no te (　　).

(a) oyo　(b) oigo　(c) oio　(d) oío

【2】 次の文章を読んで，空所(46)〜(50)に入れるのに最も適切なものを，それぞれの選択肢(a)〜(d)から一つ選びなさい。

Una de las fiestas más populares de España son las Fallas. Son (46) famosas como los Carnavales de Río de Janeiro, en Brasil, o los de Venecia, en Italia. Se celebran cada marzo en Valencia y son muy importantes (47) los habitantes de la ciudad.

Voy a explicarte brevemente (48) se celebra esta fiesta. Primero, se instalan grandes monumentos en casi todas las calles de la ciudad, y la gente sale por la noche, canta y baila hasta muy tarde. Después, (49) cuestan mucho dinero y son muy bonitos, todos estos monumentos se queman el 19 de marzo. Al día siguiente, ya no hay (50) en las calles de Valencia: los monumentos han desaparecido y la fiesta ha terminado.

(46) (a) tanto　(b) tan　(c) tantas　(d) tantos

(47) (a) a　(b) de　(c) por　(d) para

(48) (a) cómo　(b) cuál　(c) cuáles　(d) quién

(49) (a) porque　(b) como　(c) aunque　(d) desde

(50) (a) nada　(b) ningún　(c) ninguna　(d) nunca

【選択言語：ロシア語】

5 以下の問い に答えなさい。

【1】 次の(41)〜(45)の(　　　)内に入れるのに最も適切なものを，選択肢(a)〜(d)から一つ選びなさい。

(41) Она уже привыкла к (　　　).

(a) московский погоды　(b) московскому погоду
(c) московская погода　(d) московской погоде

(42) Кто (　　　) эту песню?

(a) написало　(b) написала　(c) написал　(d) написали

(43) Екатерина любит (　　　).

(a) своему мужу　(b) своя мужа
(c) свою мужа　(d) своего мужа

(44) Вчера Андрей зашёл (　　　) за продуктами.

(a) в магазине　(b) в магазин　(c) к магазине　(d) на магазину

(45) Маша вышла замуж (　　　).

(a) за своего одноклассника　(b) за свой одноклассник
(c) на своём однокласснике　(d) на своего одноклассника

【2】 次の会話文を読み，(46)〜(50)の問いに答えなさい。

Маша: Рита, почему ты выбрала специальность биолога? У тебя в семье есть биологи?

Рита: Нет, мама и сестра—филологи, отец—экономист. Но у нас в семье все очень любят научно-популярную литературу. Родители всегда（ 46 ）нам с сестрой популярные книжки по биологии, химии, физике. Сейчас я даже не помню, когда именно биология стала интересовать（ 47 ）больше других предметов. А в колледже мне повезло: у нас был очень хороший преподаватель по биологии. Пожалуй, это был мой самый любимый преподаватель. Никто не мог лучше и интереснее объяснить（ 48 ）.

Маша: А мне трудно было выбрать специальность. В школе я любила многие предметы. Литературу, например, любила не меньше, чем биологию.

Рита: А всё-таки стала（ 49 ）.

Маша: Может быть потому, что училась в классе, где биологию преподавала мама. Из нашего класса десять человек стали биологами. Мама сумела научить нас любить свой предмет.

Ю. Г. Овсиенко. *Русский язык для начинающих: для говорящих на английском языке*.

Москва: «Русский язык. Курсы», 2020.（一部改変）

(46) 空所に入る最も適切なものを以下の選択肢(a)〜(d)から一つ選びなさい。

(a) покупала　(b) купили　(c) купит　(d) покупали

(47) 空所に入る最も適切なものを以下の選択肢(a)〜(d)から一つ選びなさい。

(a) я　(b) мне　(c) мной　(d) меня

(48) 空所に入る最も適切なものを以下の選択肢(a)～(d)から一つ選びなさい。

(a) свою предмету (b) о своём предмете
(c) свой предмет (d) своего предмета

(49) 空所に入る最も適切なものを以下の選択肢(a)～(d)から一つ選びなさい。

(a) биологе (b) биологом (c) биологу (d) биолога

(50) 以下の選択肢(a)～(d)のうち，本文の内容に照らして正しいものを一つ選びなさい。

(a) マーシャは文学を専攻に選んだ。
(b) リータの母親は経済を専門に学んだ。
(c) マーシャの母親は生物学を教えていた。
(d) リータは生物学に興味を持ったのがいつだったかはっきり覚えている。

【選択言語：ポルトガル語】

5 以下の問いに答えなさい。

【1】 次の(41)～(47)の（　　　）内に入れるのに最も適切なものを，それぞれ選択肢(a)～(d)から一つ選びなさい。

(41) Sabes onde fica Cabo Verde? Sim, eu (　　　).

(a) sabe (b) sabo (c) soube (d) sei

(42) Quando (　　　) tempo, eles visitarão o Museu da Cidade de Lisboa.

(a) tinham (b) tiverem (c) terão (d) tivemos

(43) O Carlos é o (　　　) aluno desta turma.

(a) bom (b) ótimo (c) mais bom (d) melhor

(44) O Japão é quatro (　　) maior do que Portugal.

(a) tempos (b) vezes (c) horas (d) quilómetros

(45) Vocês já foram ao continente africano? Não, (　　) não fomos lá.

(a) ainda (b) já (c) mais (d) nada

(46) De modo (　　) dizemos isso.

(a) nada (b) não (c) alguma (d) nenhum

(47) Há muito tempo que você está aqui. Você está à espera de (　　)?

(a) como (b) quê (c) que (d) quando

【2】 次の文章を読んで，(48)～(50)のそれぞれについて，最も適切なものを選択肢(a)～(d)から一つ選びなさい。

Revolução de 25 de Abril faz 50 anos!

Hoje Portugal pode-se considerar um país democrático. Mas há exatamente 50 anos, neste país estava a preparar-se um golpe de estado por um grupo de jovens oficiais das Forças Armadas para acabar com o regime ditatorial que nasceu na década de 30 do século passado. Esse regime opressivo conhecido pelo nome de Estado Novo tentou, logo do seu início, acalmar as confusões políticas, económicas e sociais causadas no período da Primeira República (1910—1926) e tomou uma atitude muito repressiva diante do povo português. Ainda hoje, os portugueses não se esquecem das violências praticadas pela polícia política de então, precisamente, a PIDE (Polícia Internacional e de Defesa do Estado).

Como ocorreu esse golpe de estado que mais tarde se transformou em uma revolução? Portugal estava em guerra nas três frentes nos territórios africanos (Angola, Moçambique e Guiné) desde 1961. Passados mais de 10 anos desde o início de guerra nas terras africanas, sem perspetivas de conseguir a vitória final, até os próprios soldados que combatiam lá começaram a ficar com dúvidas sobre o significado da luta. A preocupação do pequeno grupo que se formou no começo tinha a ver mais com a promoção na hierarquia militar do que a situação militar em África. No entanto, logo a seguir, os membros do grupo começaram a politizar-se e, já no início de 1974, esse grupo mudou de nome para "Movimento das Forças Armadas" (MFA) e pedia a democratização da sociedade portuguesa e a independência de colónias portuguesas em África.

Estava tudo pronto, do lado do MFA, à noite do dia 24 de abril de 1974. Com o sinal de músicas escolhidas pelos membros do MFA transmitidas através da rádio, quase todas as unidades militares do país inteiro entraram em ações e ocuparam os alvos. Um pouco depois de 24 horas, o poder já não estava na mão dos políticos do antigo regime. O chefe de governo Marcello Caetano entregou, ao fim do dia 25 de abril, o poder ao líder dos militares revolutosos, General Spínola. E o povo, que encheu as ruas e avenidas de muitas cidades e aldeias do país, celebrava o sucesso do golpe. Diz-se que o número de vítimas mortais deste golpe é de 4 pessoas. Foi assim, na solidariedade entre os soldados e o povo, que começou o caminho da democratização de Portugal.

(48) O golpe de estado que ocorreu em abril de 1974 em Portugal

(a) ajudou a manutenção do antigo regime.

(b) foi planeado pela polícia política.

(c) não causou vítimas mortais.

(d) transformou-se em uma revolução.

(49) Quando ocorreu o golpe de estado, os soldados portugueses combatiam já em territórios africanos

(a) há mais de 10 anos.

(b) há mais de 20 anos.

(c) há mais de um século.

(d) há mais de 500 anos.

(50) Os membros do MFA desejavam que Portugal se tornasse um país

(a) ditatorial.

(b) democrático.

(c) oligárquico.

(d) monárquico.

問2　空欄②に入る「禁忌」「禁制」「禁句」を意味するカタカナ語を答えなさい。

問3　傍線部③ブンカを適切な漢字で書きなさい。

問4　筆者は本文を通じて、人間が使用する記号としてのことばの異なる二つの側面について説明しています。その二つはどのような側面かを説明し、双方の特徴を人間との関係に注目して一五〇字以内で説明しなさい。

しかし、機械とは違って、人間は――一方では秩序を導入しなければ気がすまない存在であると同じように――完全に秩序づけられた閉じた世界に長くは安住していられない存在でもある。遅かれ早かれ、創造への営みに人間は駆りたてられる。そして、既成の秩序を部分的になり、全面的になり、組み変えることを試みるようになる。すでに見た通り、詩人は何よりもこのことばの牢獄に挑む人たちである。そこでは日常のことばを超える言語創造を通じて、新しい価値の世界が開かれるわけである。言語習得の場合と較べると、もう一段階高い次元での意味づけの営みがなされるのである。

人間は、自分のまわりの事物に対して意味づけをしないではいられない存在である。しかもその際の意味づけは、すべて人間である自らとの関連で行なわれる。自然的な対象であっても、それが人間との関連でどのような価値を有しているかという視点から捉え直され、人間の世界のものとして組み入れられる。その世界は、すぐれた意味での文化の世界である。そして、そのような世界の創造、維持、それから時間的・空間的いずれもの意味における伝達――こういったすべての文化的な営みに、人間が記号をあやつるという営みが深く関わっている。人間は確かに「記号を使う動物」なのである。

池上嘉彦『記号論への招待』岩波書店、一九八四年、三～一〇頁。
（ただし、原文にある小見出しは省略した。）

問１　空欄①を含む傍線部は「小さな前触れによって将来のなりゆき、衰亡のきざしを察すること」（『大辞林』第四版：三省堂）という意味を持ちます。空欄①に入ることばを漢字二文字で答えなさい。

整理し、秩序づけていく過程でもある。例えば、「ママ」ということばが「マンマ」と③ブンカする時、母親は〈自分に食べ物を与えてくれる（そして、その他にも自分にいろいろなことをしてくれる）人〉として、〈食べる物〉とは、区別されるべき対象であるという把握が出来上がる。外国語の習得される場合も同じである。英語の話し手が日本語を学べば、同じ〈兄弟〉（'brother'）であっても、年上の者（「アニ」）と年下の者（「オトウト」）が言語習慣的に異なるものとして意味づけられていることを知る。

幼児も外国人も、このようにして自らの世界をだんだんとふくらませていく。そして、このような過程を通じて一つの言語の習得が完了した段階では、習得者は一つの意味づけの体系を身につけたことになる。

この過程が基本的には、すでに述べたような記号を通じての「創造的」な営みであることには疑いはない。幼児にとってはまったく未知の新しい世界を、外国人にとっては自らのものとは異質の新しい世界を、それぞれ築き上げる営みである。ただ、この場合、幼児も外国人も完全に自由に、自己の主体的な捉え方において新しい世界を創り出す立場には置かれていない。彼らの身につけるのは、習得することばの決まり（「コード」）によって支えられた既存の世界の秩序である。「ママ」ということばを自分の母親と同年輩ぐらいの女性に区別なく適用する幼児は、周囲の人たちから注意されてそのような捉え方の許されないことを知る。日本語を身につけようとする外国人にとっては、「アニ」と「オトウト」を区別することを拒む自由はない。一つの言語を習得することは、一つの特定の捉え方——一つの「イデオロギー」——を身につけることでもあるのである。

ひとたび身につけた意味づけの体系——それが慣習として確立すると、それは逆にそれを身につけた人を捕えて放さない「牢獄」にもなる。それを捉えた人間を、今度はそれがとりこにするのである。捕えられた人間は、その意味づけの体系の決まりに従って、ものを捉え、行動する。人間は機械のように動き、すべてが「自動化」する。何かが起こっているようで、実は何も起こっていない——そういう世界が生じてくる。

名前が与えられ、確認される対象は、例えば自分の親しい人とか、大切に飼っている犬とか、その正体も素性もよく分かっているものに限られる必要はない。例えば、あるグループの人たちが自分たちの行動・運命が何か自分たち以外のものによって支配されていると思い、そのようなものに「ブーボー」と名前をつけたとしよう。(このような場合、名前をつけることをはばかって単に「印」——例えば⊕——でもって代えることもあろうし、あるいは名前はあるのだがそれを言うのは ② になっているということもあろう。しかし、いずれにせよ、それを表わす「記号」が出来たわけである。)そして人びとは自分たちが「ブーボー」という名前をつけた対象に働きかけて(例えば、祈りや供え物を捧げることによって)、自分たちの行動や運命に対する支配が好ましいものになるよう試みるであろう。しかし、「ブーボー」そのものの正体はその間、結局はよく分からないままかも知れない。

ただ、名前を与えることによって人びとは一つの存在を想定し、自分との関連でそれを位置づけてみようとしていることだけは確かである。「ブーボー」という記号は、未知のものを捉え、自分との関連で意味づけし、自分たちの世界に取り込もうとする人間の試みの産物である。少し考えてみれば、未知のものを意味づけるという記号の働きは、このような「宗教的シンボル」とか、捉え難い芸術的理想を象徴するといったような場合から、未知の素粒子や惑星を想定して理論的に論じてみるというような自然科学の先端的な分野に至るまで、人間の文化的な営みに広く関わっていることが分かるはずである。

ことば(あるいは、一般に記号)による意味づけという営みを通じて、人間は自らにとって未知のもの、関わりのなかったものを自らとの関連で捉え、自らの文化の世界の中に組み込み、自らの世界をふくらませ続ける。

人間の記号による営みには、このように「創造的」と呼んでよい一面があると同時に、実はもう一つの重要な面があるということにも注意しておかなくてはならない。

再び、ことばを例にして考えてみよう。幼児がことばを習得する過程というのは、何も知らなかった自分のまわりの世界をとばの適用にためらいすら感じさせる。

現代の記号論での議論では、「記号」ということばの代わりに「記号現象」（あるいは、「記号過程」）といった用語がよく使われるが、これもそのような点を顧慮してのことなのである。このように考える場合、いちばん基本になることは人間の「意味づけ」とでもいった行為――つまり、あるものにある意味を付したり、あるものからある意味を読みとったりする行為――である。人間が「意味あり」と認めるもの、それはすべて「記号」になるわけであり、そこには「記号現象」が生じている。この「言語創造」にも似た行為を、人間は絶えず、しかもその文化のあらゆる面で行なっている。その原型と本質を探ってみること――そこに現代の記号論は関心を向けるのである。人間の「意味づけ」する営みの仕組みと意義――その営みが人間の文化をいかに生み出し、維持し、そして組み変えていくか――現代の記号論はこういうことに関心を持っていると言いかえてもよいであろう。

ところで、人間の「意味づけ」の営み――それは日常生活のレベルでは、何よりもまず「ことば」の使用によって支えられている。もしそのようには考え難いというのであるならば、それはすでに慣習として固定化したレベルでことばを捉えているからである。遡って、ことばが生まれる時点を考えてみるとよい。いちばん身近で単純な例は、日常生活における「命名」という行為である。

例えば自分が飼っている犬に「ポチ」という名前をつけるとする。なぜ名前をつけるか――もちろん他の犬と区別するためである。では、どうして区別するのか――それはその犬が自分にとって他の犬とは違った特別の価値を持っているという認識があるからである。（人間に対する命名を考えてみれば、この点はもっと明らかであろう。人間には誰しも名前が与えられるが、犬はそうではない――これはもちろん大変理由のあることなのである。）特別の名前が与えられることによって、そのものが他でもって代えることのできないものであるという意味づけが完了し、自分との関連が確認されるわけである。

2 次の文章を読んで設問に答えなさい。解答は縦書きで記入すること。

「なぜ詩を作るのか」という問いに対して、ある詩人は「日常のことばの記号性を打破するために」と答えている。日常のことばでは、語形と語義の間に、慣習によって定められた結びつきが出来上がってしまっている。日常のことばを使っている限り、われわれはすでに多く惰性化した日常のことばの決まりの上に成り立つ日常の世界の中で、これまた惰性化した営みを繰り返すだけである。詩人の意図しているのは、この惰性に揺さぶりをかけるということである。既成の語形と語義の間の結びつきをずらしてみる。(例えば、「焔(ほのお)のつらら」のような比喩はその一つの場合である。)そして、その新鮮なことば遣いの創り出す意味を、日常の世界を超えるための踏み台とするわけである。

新しいことば遣いも、ある表現があることを意味している(あるいは、意味しているように解せる)という限りは、やはり「記号」であることには変わりない。しかし、それは、すでに定まった内容を慣習に従って何かが表わしているというような「符号」ではない。むしろ、新しい「記号」が生み出され、その「記号」によって捉えられた新しい内容がわれわれの世界に新たな知見として加えられる。それは一つの創造的な営み――神学的な意味とは別の意味での「言語創造」の営みである。

「言語創造」と言うと何か大変崇高なことに聞こえるが、実はこのような「言語創造」は、人間であれば誰しもが絶えず行なっていることである。朝の小鳥のさえずりに楽しい一日の予告を読みとったり、一枚の葉の落ちていく様子に［①］の秋を知ったりする時、そこでは「記号」が作り出されている。人間は、すでに慣習的に定められた「記号」をあやつるばかりでなく、新しい「記号」をせっせと創り出しているのである。

現代の記号論がとりわけ関心を寄せる「記号」とは、実はむしろこのような「記号」なのである。こういう「記号」には、慣習としてすでに出来上がっている「符号」のような固定性はない。それらはいわばもっとしなやかなものであって、「記号」というこ

② ＥＵ加盟国ごとに国民総所得（ＧＮＩ）が大きく異なる経済格差の問題は、一九九九年に共通通貨ユーロが導入されたことによって解消された。

③ ＥＵ圏外からヨーロッパへ来る移民・難民の数は、二〇一一年に勃発したシリア内戦を主要因として増えたが、二〇一五年に同内戦前の数まで減少した。

④ ＥＵは、一九五二年の欧州石炭鉄鋼共同体（ＥＣＳＣ）の発足を礎とし、鉄鋼業の分野において、日本やアメリカに勝る競争力を今日まで維持し続けてきた。

問10　国連気候変動枠組条約に関連する次の記述から、誤っているものを選びなさい。

① この条約は、一九九二年に採択され、一九九四年に発効した。

② 日本で一九九七年に開催された締約国会議では、主たる先進国に温室効果ガスの排出量削減を義務付ける京都議定書が採択された。

③ 二〇一五年のパリ協定では、先進国のみならず途上国を含む一九六か国・地域間で温室効果ガスの排出量削減に取り組む合意がなされたが、二〇一七年にアメリカが離脱を表明した。

④ エジプトで二〇二二年に開催された締約国会議には、日本を含む多くの国から国家元首が参加した。

権が付与された。

② 一九一九年に施行されたワイマール(ヴァイマル)憲法は、二〇歳以上の男女平等の普通選挙を定めた。

③ フランスでは一七九三年憲法において男性普通選挙制が定められ、その直後に、世界で初めて年齢以外の制限がない男性普通選挙が実施された。

④ 大正デモクラシーの旗手であった吉野作造は、日本における男性普通選挙の実現を唱え、一九二五年の加藤高明内閣による普通選挙法成立への機運を高めた。

問8　日本の同化政策に関連する次の記述から、誤っているものを選びなさい。

① 政府が一八六九年に蝦夷地を北海道に改称し、開拓事業を進めた中で、アイヌの人々は土地を奪われ、伝統的な風習や文化を否定される状況に置かれた。

② 政府は琉球藩を廃止して沖縄県とする琉球処分を一八七九年に行い、本土の風習や文化への同化を進めた。

③ 日本は一九一〇年に韓国を併合し、学校で朝鮮の文化や歴史を教えることを制限した。

④ 日本の植民地だった台湾では、一九四〇年から日本語教育の徹底や創氏改名などの皇民化政策が強制的に進められた。

問9　欧州連合(EU)に関する次の記述から、正しいものを選びなさい。

① 二〇〇四年に署名されたヨーロッパ憲法条約の批准拒否をめぐるフランス政府の決定と、EU離脱をめぐる英国政府の決定は、それぞれの国における国民投票の結果に基づくものであった。

② フランスのロマン主義の画家ドラクロワの代表作の一つ《民衆を導く自由の女神》は、一八三〇年の七月革命を主題としたものである。

③ オランダ生まれのゴッホは、歌川広重をはじめとする日本の浮世絵に影響を受けた、いわゆる「ジャポニスム」の画家のひとりである。

④ ルーヴル美術館所蔵の《ミロのヴィーナス》が制作されたのは、日本の飛鳥時代に相当する時期である。

問6　大航海時代に関する出来事について、古い順に並んでいるものを選びなさい。

① コロンブスの第一回航海→ヴァスコ＝ダ＝ガマのインド到達→ピサロによるインカ帝国滅亡→マゼランの部下による世界周航

② コロンブスの第一回航海→ピサロによるインカ帝国滅亡→ヴァスコ＝ダ＝ガマのインド到達→マゼランの部下による世界周航

③ コロンブスの第一回航海→ヴァスコ＝ダ＝ガマのインド到達→マゼランの部下による世界周航→ピサロによるインカ帝国滅亡

④ コロンブスの第一回航海→マゼランの部下による世界周航→ヴァスコ＝ダ＝ガマのインド到達→ピサロによるインカ帝国滅亡

問7　普通選挙に関する次の記述から、誤っているものを選びなさい。

① 第二次世界大戦後の日本ではＧＨＱの民主化方針の一環として選挙法が改正され、満二〇歳以上の男女に等しく選挙

② キューバ共和国
③ コソボ共和国
④ 北マケドニア共和国

問3　次の現在の国家から、現在の領土が部分的にでもローマ帝国の支配下に入ったことがないものを選びなさい。

① ポルトガル
② アルメニア
③ リビア
④ イエメン

問4　次の記述から、正しいものを選びなさい。

① 現在の国連公用語は英語・フランス語・スペイン語・ロシア語・中国語の五言語である。
② 第一言語とは子供が産まれて最初に習得する言語のことで、母語と同一である。
③ 世界の国々では一か国につき一つの公用語が定められている。
④ 言語はすべて文字と音声で成り立っている。

問5　ヨーロッパの美術に関する次の記述から、誤っているものを選びなさい。

① イタリア・ルネサンスの巨匠ラファエロは、古代ギリシャの哲学者たちが集う壁画をバチカン宮殿に描いた。

外国語学部

▲外国研究に必要な基礎的知識・日本語の読解力・論理力・思考力を測る試験▼

（六〇分）

1

以下の問題について、該当するものを一つ選びなさい。

問1　次の国名と公用語の組み合わせから、誤っているものを選びなさい。

①　カナダ―フランス語
②　イラン―アラビア語
③　ベラルーシ―ロシア語
④　南アフリカ共和国―英語

問2　次から国際連合に加盟していない国を選びなさい。

①　朝鮮民主主義人民共和国

解答編

外国語学部

◀高度なレベルの外国語学習に対する適性を測る試験▶

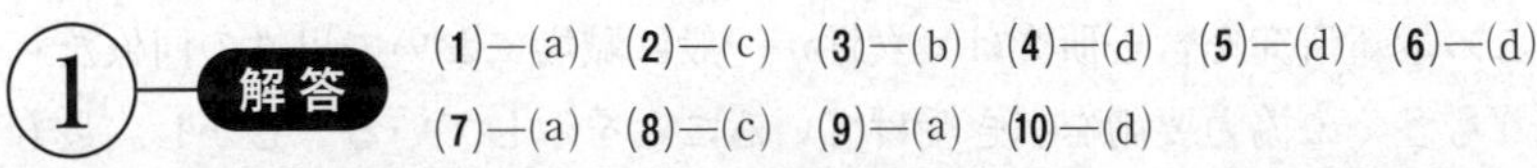

1 解答　(1)—(a)　(2)—(c)　(3)—(b)　(4)—(d)　(5)—(d)　(6)—(d)　(7)—(a)　(8)—(c)　(9)—(a)　(10)—(d)

全訳

《女性が仕事の人脈を築くには》

成功した女性人脈構築者たちの秘訣

1　より多くの女性重役が最上位の経営職に辿りついていない理由としてよく引用されるものの1つが，彼女たちが非公式的な組織上・産業上の人脈を利用できていないということだ。無意識の偏見がその原因だとする人もいる。つまり，上層部の男性たちはより容易に他の男性たちと結び付いているというのだ。他方では，不均衡に女性に割り当てられている職場の家事的業務や子育てなどの職務的・私的義務に言及し，それらが，彼女たちが職務上の人間関係を構築する時間を減らすことになっているという人もいる。

2　しかし，中には強力な人脈を構築し――その結果としてより強い影響力とより高い地位を勝ち取っている――女性のリーダーもいる。彼女たちが実践していることは何が違うのだろうか？

3　ある新研究が彼女たちの戦略を解明している。「私は多くの女性たちと，人脈を強化する方法，彼女たちが直面している困難，彼女たちとその所属先が改善できるであろうことについて話をし，そしてこの問題についての全ての研究が非常に古く範囲の狭いものだと気付きました」とウィリアム・アンド・メアリー大学メイソン経営大学院教授で，この研究の筆頭著者であるインガ=カルボーニは説明する。「私は彼女たちの質問に答えることができなかったのです」

4 研究者たちは過去15年にわたる，複数の産業分野に及ぶ30を超える組織に所属する男女16500人から集めたデータを分析した。次に彼らは数百人の女性重役たちに聞き取りを行った。これによって彼らは，より成功した女性たちの人脈にまつわる行動と，彼女らの同輩のそれとを分ける特徴を特定した。高い成果を出している男性の行動と一致する場合もあれば，かすかではあるが重要な差がある場合もあった。

5 職務上の人脈を形成する際，最上位層の女性たちは次のように振る舞っていた。

効率良く

6 この最新研究を含む研究は，女性が一般に職場において男性の同僚たちよりも多くの協力要請を引き受けていることを示している。しかし，最も強力な人脈を持つ女性幹部たちは，「あらゆる1度の『イエス』は他の何かに対する1度の『ノー』を意味するということを認識しています」と，カルボーニの共著者の1人である，バブソン大学のロブ=クロスは言う。彼の知人であるシリコンバレーのある重役が，この考え方を彼女の座右の銘として採用してきたことに彼は注目する。彼女たちのような成功している女性の人脈構築者たちは，同僚の仕事を手助けし，チームで仕事をするべきだという，アイデンティティに由来する欲求や固定観念に影響された圧力を感じながらも，それに抵抗しようとしている。彼女たちは自身のカレンダーから不必要な面会予定を剪定し，優先順位の低い決定や依頼は他所に振り，能率化された会議を運営し，効率の良いメール規範にこだわり，内省と高次的思考のための時間を確保する。同時に彼女たちは，重要な人間関係を構築あるいは高め，自分の注目度を引き上げるようなやり方で他者と共に働くことにより，共同的な強みと傾向を最大限活用している。

7 組織は目に見えない共同的業務を追跡し，それが男女の雇用者間で平等に分配されるよう保証し，すべての，しかし特に女性のリーダーたちが自分たちにとって最も重要な仕事を，横道に逸れることなく最優先できるよう促すことにより，組織としての役割を果たすことができる。

俊敏に

8 成功している女性の人脈は臨機応変だ。高位にある女性たちは，いつ新しいつながりを優先して，古いつながりの優先度を下げるべきかを知っている（率先して縁を切ることによってであれ，単につながりを維持することをやめることによってであれ)。例えば「仕事で重要な局面にあったり，新事業に着手しようとしたりするとき，あなたは自分の目標や，それをあなたが達成する助けとなるのは誰かについて考えたくなるでしょう――その目標が政治的なもの（発言力の強い人に手っ取り早く接触すること）であれ，啓発的なもの（技能の差を補うこと）であれ，革新を目指すもの（新たな洞察を求めること）であれ，最善の手法に関するもの（効率性を理解している人たちを見つけること）であれ」とクロスは言う。

9　より多くの女性たちが彼女たちの人脈構築行動を，このような特徴と一致するように順応させていくことを願っていると研究者たちは言う。組織もまた果たすべき大きな役割があると，彼らは付け加える。「目標は，それがあらゆる人にとっての規範となるように，こういった行動と手法を促進することです」とクロスは言う。

解説

(1)　第1段第1文（One often-cited reason…）から同段が女性管理職の昇進を阻む理由を考察していること，また，空所を含む文後半の分詞構文部分（leaving them less…）から，女性が時間を奪われているという点を読み取る。空所は直後の動詞句 fall to women「女性にふりかかる」を修飾する副詞が入り，fall の主語は関係代名詞 that の先行詞 professional and personal obligations「職務的・私的義務」である。女性の時間が奪われるのは，これらの義務が男性に比べ(a) disproportionately「不均衡に」多く割り当てられるからだ，と考えると文意が通る。(b) evenly「平等に」，(c) lightly「軽く」では女性が不利な理由にならず，(d) untruly「偽って」では文意が成り立たない。よって答えは(a)となる。

(2)　慣用句の知識を問う問題である。shed light on ～「～を説明する，解明する」である。shed は「(光などを) 発する，注ぐ」の意味の動詞。正答は(c) light である。

(3)　語と語を「-(ハイフン)」で結ぶと，直後の名詞を修飾する形容詞として働く。よってここでは直後の men を修飾するにふさわしい表現を考える。第4段第3文（This led them to…）から同段で言及されている研究は，behaviors of more-successful women と those of their peers を比較していることがわかる。peer は「同輩，社会的に同等の地位の人」という意味。more-successful women は空所を含む high-(　3　) men と対応するから，high-(　3　) は more-successful の類義語となるはずだ。よって答えは(b) performing となる。(a) archiving は archive「～を保管する，(データを) アーカイブに収める」の分詞形容詞なので不可。achieving と見誤らないように注意。(c) resolution「決意，解決」(d) velocity「速度」

(4)　直前が be 動詞 were であるから，動詞の(c) subscribe「定期購入する」はまず除外する。残る選択肢は全て形容詞なので，直後の等位接続詞 but は空所に入る語と important を結び，両者が differences を修飾する。important と逆接かつ differences を修飾するにふさわしいのは，(d) subtle「かすかな」である。(a) static「静止状態の」(b) stubborn「頑固な」

(5)　他動詞を選択する問題では，まず主語と目的語を確認する。主語 They は直前の文の主語である these successful female networkers「これらの成功している女性の人脈構築者」を指し，目的語は nonessential appointments「不必要な面会予定」。さらにその直後の from にも留意すれば，「除外する，取り除く」の意味の動詞がふさわしいと予測できる。この意に沿うのは(d) prune「剪定する，余分なものを取り除く」である。prune は語彙としてやや難しいので，消去法も活用しよう。(a) acquire「取得する」，(b) bid「命じる，値を付ける」，(c) manipulate「操る，ごまかす」はいずれも文意に合わない。

(6)　(5)の prune nonessential appointments「不必要な面会予定を取り除く」などと並列された動詞句を完成させる。仕事の無駄を省く，という主旨が一致するように meetings を修飾する形容詞を選択しよう。(a) heavy-laden「重荷を負った，重圧にさらされた」，(b) ill-minded「悪意をもった」，(c) shatterproof「粉々にならない」(接尾辞 proof は「～に耐える，～に安全な」の意)，(d) streamlined「流線形の，能率化された」のうち，最もふさわしいのは(d)である。

(7)　第7段 (Organizations can do…) は，組織が，女性が自身の仕事に集中できる環境を整える必要性を述べる。空所直前の to は同文内の分詞構文 pushing…において，push *A* to *do*「*A* が～するよう後押しする」を構成するので，prioritize の主語は all leaders, but especially women「すべての，しかし特に女性のリーダーたち」である。以上をふまえると，prioritize を修飾する副詞は「確実に」のような強意語であるべきだ。これに当てはまるのは，(a) undeviatingly「横道に逸れることなく」である。核となっている動詞 deviate「逸れる，逸脱する」を見抜く。その他の選択肢(b) unsurely「不確実に」，(c) untruthfully「不誠実に」，(d) unusually「異常に，いつになく」の意味から消去法も活用したい。

(8) 空所を含む文の主節（you want to think…）から，自分の目標やその達成を助けてくれる人について考えたくなるのはどのようなときかを考える。それは仕事で「重要な」局面にあるときだろう。よって答えは(c) important である。(a) absent「不在の」(b) empty「空っぽの」(d) outrageous「常軌を逸した，非道な」

(9) (8)と同様に考えると，新しい計画を「始め」ようとする，の意味となるのが適切。これに当てはまるのは(a) embarking である。embark on ～「～に乗り出す，着手する」(b) gravitating「引力に引かれる」(c) preserving「維持する，保護する」(d) subtracting「取り去る，引き算する」

(10) 名詞的用法の to 不定詞を完成させて，補語を作る。目的語は these behaviors and practices「こういった行動と手法」で，第 9 段第 1 文（The researchers say…）の their networking behaviors「人脈構築行動」を指す。The goal つまり目指すべき方向は，人脈を作る女性たちの行動を(d) encourage「促進する」ことである。よって正答は(d)となる。文後半の so that 節は目的を表している。(a) astonish「驚かす」(b) beg「請う，懇願する」(c) cease「中止する，やめる」

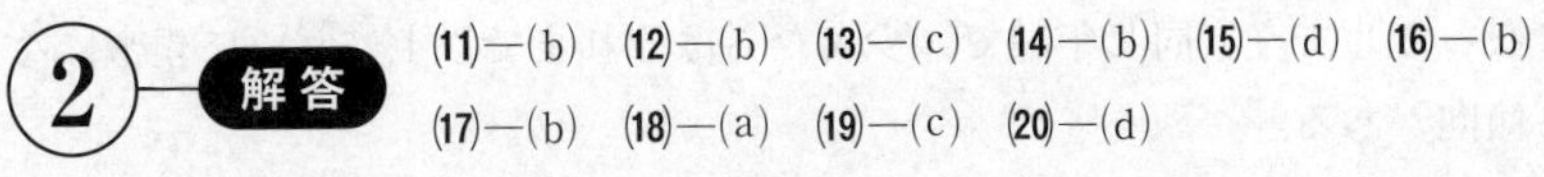

2 解答

(11)―(b) (12)―(b) (13)―(c) (14)―(b) (15)―(d) (16)―(b)
(17)―(b) (18)―(a) (19)―(c) (20)―(d)

全訳

《現代において少女であること》

1 あるオランダの街にある廃墟の屋根の上で，フランキーとドーラは夏の日差しの中，台湾風タピオカティーをすすっている。2 人の少女はヴィンテージのジーンズと，自分で飾り付けたスニーカーを身に着けている。フランキーのTシャツはある芸術展の記念品で，ドーラのはビリー=アイリッシュだが，ドーラがその歌手を好きな理由は「彼女は本音で話してる」からだ。

[2] 少女たちはこの場所を，ティックトックを通じて見つけた。歯が痛くなるほど甘いタピオカティーについてはインスタグラムから知った。彼女たちが最近した中で一番大胆なことは，こっそり政治的抗議活動に行ったことだ。彼女たちは，自分が少女だからという理由でできないことなど何もないと思っている。「そういうのって，別の時代の考え方だと思う」とドーラは言う。

[3] フランキーとドーラ，そして何千万人もの11歳から16歳までの富裕国の少女たちは，かつてないような少女時代を過ごしている。彼女たちの母親は，それ以前の世代と比べてはるかに彼女たちの父親と平等に近いところで過ごしてきた。彼女たちは道筋を示してくれるソーシャル・メディアという驚くべき世界をもっている。また彼女たちは，少女であることについての考え方が急速に変化しつつある世界に晒されている。

[4] 重大な変化の1つは，少女であるということがそれ自体で1つの実体だと，今では見なされているということだ。何世紀もの間，少女であることは，少年であることとの対比で定義されていた。少年たちがやんちゃであるときは行儀良く，少年たちがやかましいときには物静かに，少年たちが個性をもつときには愛らしく。近年では，幅広く柔軟な関心と行動の範囲を少女たちは許され，そして自分に許している。

[5] 少女たちの間の強く密接な友情は，ジェーン=オースティンからエレナ=フェッランテにいたるまで女性小説家たちに主題を供給してきた。様々な国での研究が，女性の友情がより親密で互いを支え合うものだということを証明してきた。親しい友人関係にある少年たちは，しばしば十代で疎遠になってしまう。同じ年齢で，少女たちはそれまで以上に互いに親密になる傾向がある。

[6] 私たちが話をしたほとんど全ての少女たちが，友人たちに会えなかったことがコロナ禍のロックダウンでの最も辛い部分だと語り，家族間の緊張やオンライン授業のような要素を上回った。イギリスの児童協会による調査が，これはイギリスの10歳から17歳全体に当てはまり，少女は少年以上に苦しんでいたことを裏付けている。

7　家庭はまた，かつてよりも多くの資産を少女に投資している。1970 年代にはアメリカの親は，少女よりもかなり多くを少年に費やしていた。2017 年までにその差は消え去った。現在の少女たちは，家庭教師や美術用品，音楽の指導などへ，親からの出資を少年たちより多く受けている。

8　皮肉なことに，子育てに関連する古いジェンダー固定観念の中には，現在少女たちの助けとなっているかもしれないものもある。少女は幼児の頃，少年よりも多く読み聞かせを受けている。父親は，彼女たちに歌を歌ってあげる傾向が5倍強く，悲しみを含めた感情について彼女たちに語り聞かせる傾向も強い。母親は彼女たちに対し複雑な語彙を使用する傾向が強い。このほとんどが，ますます「ソフト・スキル」を賞賛する世界で少女たちに有利に働いている。少女たちは今でもまだ少年たちよりも余暇が少ないのだが，現在ではその主な理由は彼女たちが宿題や身繕いにより多くの時間を費やしているからであって，家庭の雑事が不公平に割り当てられているからではない。

9　娘たちは親の価値観，特に父親のものを変えることもできる。研究者たちは，娘をもつことが父親の，性別役割に対する慣習的な態度を保持する傾向を減らし，家事において自分の役割を十分に果たす可能性を高めるということを発見した。それぞれ別の複数の研究は，娘をもつことが政治家や判事による決定に影響を与えることも示した。娘をもつビジネスマンは女性のキャリアを支援する傾向が強い。

10　ほとんどの少女たちの意見が一致していることの１つが，彼女たちの両親はテクノロジーに対してあまりにも一面的な接し方をしているということだ。「うちの両親は，それはみんな芝居がかった，集中力を削ぐものの塊で，私たちがみんな中毒だと思ってる」とフランキーは不満をもらす。「でも，それは本当にインスピレーションを与えてくれるものにもなりうる。インターネット上には社会のために立ち上がっている女性がたくさんいる」

11　少女たちがますます教えられ――そして彼女たち自身ますます感じている――のは，力を行使するべきだということだ。そして，たとえ自分たちが世界を回しているのだと信じてはいないにしても，彼女たちが世界をより良くしたいと願っていることは確かだ。心理学者のキャロル=ギリガンが指摘するのは，若い少女たちは長年，シャーロット=ブロンテのヒロインであるジェーン=エアや，トニ=モリソンの小説『青い眼がほしい』のクローディアのように，議論の的となっている問題について勇敢で率直に意見を述べると，想像されてきたということだ。しかし，現実に生きている少女は10代に達するにつれ，「好ましい」若い女性になるべきだという圧力を受けて，声を上げることを止めてしまいがちだった。

12　今日の少女たちは，今や自分たちにはより大きな声で話すために必要な道具――たとえば教育やインターネット，家を出る自由――があり，自分たちの声が聞き入れられるだろうということを知っている。少女たちは今や少年たち以上に，世界をより良い場所にしたいとか，人の上に立つ人間になりたいと口にする傾向が強い。

13　高い期待は，間違いなく危険である。少女たちに，何が彼女たちを不安にさせているか尋ねると，多くが重圧に言及する。善をなし，善良な見た目で，善人でなければならないという重圧だ。

14　「あなたは世界を変えることができると思う？」と尋ねられると，フランキーはうろたえた様子を見せる。「私1人で？　まさか，ムリだよ。問題をうまく処理できなかったらどうなっちゃうの？」

15　その後，彼女は「あなた」は複数形であると気付き，それによって全てが変わる。「あぁ，女の子たちみんなってことか」と彼女は安堵のため息と共に言う。「もちろん，私たちにならできるよ」

解説

⑾「ドーラが『別の時代の考え方』だと言っているのはどのような意見か？」

(a)「性別の社会的・経済的平等についての意見」

(b)「少女たちによってなされるべきでないこともあるという意見」

(c)「ソーシャル・メディアはあなたにとって良いという意見」

(d)「10代の若者は親の言うことをする必要があるはずだという意見」

下線部を含む第2段最終文（“I think that's…）は，直前の同段第4文（They do not think…）を，ドーラ自身の言葉を引用して言い換えたものだ。from another time「別の時代から来ている」は，「現在はそうではない」という否定になり，前文での do not think に相当する。よって，その内容は前文の there is anything they cannot do because they are girls「彼女らが少女だからという理由でできないことが存在する」。これに当てはまるのは選択肢(b)である。

⑿「『少女であるということが，それ自体で１つの実体だと，今では見なされている』とは何を意味しているか？」

(a)「少女であることは羨まれるべきことだと，今では見なされている」

(b)「少女はもはや単なる少年の反対ではない」

(c)「少女たちは社会の中でより目立たず，成功しないようになってきた」

(d)「少女たちは近年，少年たちと一緒に遊ぶのに時間を使わなくなっている」

下線部は表現がかなり抽象的で意図が掴みづらい。段落の冒頭の文でもあることから，その後の言い換えや具体例をヒントにしよう。直後の第４段第２文（For centuries, girlhood…）に注目すればよいが，このときこの第２文は was defined と過去形であり，対して下線部は現在形かつ now である。つまり下線部の現在の状況は，かつての第２文の状況とは「異なっている」はずだ。よって正答は(b)である。

⒀「記事によれば，なぜ少女たちはコロナ禍のロックダウンの間，少年たちよりも苦しんだのか？」

(a)「親たちが少年よりも少女に厳しくロックダウンを強制したから」

(b)「少女は少年よりも家族と喧嘩をすることが多かったから」

(c)「少女は友人たちと会えないことでより苦しんだから」

(d)「少女は少年よりも長い時間をソーシャル・メディアに費やしたから」

ロックダウン中の少女たちの状況に言及しているのは，第６段（Almost all the…）である。同段第２文（A survey by…）に少女は少年より苦しんだことが述べられ，主語の this は前文を指す。その内容に一致する(c)が正答となる。また，第６段全体が第５段（The intense, close…）の具体例の役割を果たしているので，第５段の「少年と比べて少女同士の友情は密で，互いを支え合う」という主旨に沿うものとして(c)を選んでもよい。(a)は言及がない。第６段第１文（Almost all the…）後半で family tensions「家族間の緊張」について言及されているが，それを eclipse「凌駕し」て，最も辛かったのが not seeing their friends だとされているから，(b)は除外する。eclipse は難語だが，the hardest という最上級を読み逃さないことが重要である。(d)のソーシャル・メディアに費やす時間については本文中に言及がない。

⒁ 「現代の子育てについて，記事の中で言及されていないのはどれか？」
(a)「父親たちは娘に対して感情について話す率が高い」
(b)「少女はまだ少年よりも家事をするのに使う時間が多い」
(c)「母親たちは少女たちに対して複雑な言葉を使う率が高い」
(d)「親たちは少年よりも少女に家庭教師をつけるのに，より多くのお金を使っている」

第8段最終文（Girls still have…）で，現在でも少女の余暇が少年より短いと述べられているが，後半でその理由が，rather than because house chores are unfairly divided「家事が不公平に割り当てられているからではなく」とされているので，選択肢(b)は本文の内容に反する。よって正答は(b)である。～, rather than …「…ではなく～，…というよりむしろ～」

(a)は第8段第3文（Their fathers are…）後半，(c)は同段第4文（Their mothers are…），(d)は第7段最終文（Girls today enjoy…）にそれぞれ一致する。

⒂ 「この記事によると，娘をもっている男性は以下の行動のうちどれを示す可能性が高いか？」
(a)「家事を女性に任せる傾向」
(b)「女性スポーツへのより大きな関心」
(c)「男女同権の政治的態度を拒絶する傾向」
(d)「自分の職場で女性を昇進させる積極的な態度」

父親の行動の変化については，第9段（Daughters can change…）で述べられている。選択肢(d)は同段最終文（Businessmen with daughters…）の内容に一致する。(a)・(c)は男女の平等や女性の権利を否定する古い考え方であり，同段第2文（Researchers have found…）での「娘をもつと，父親が性別役割に対して古い態度をもつ可能性が弱まる」という内容に反する。また，(a)は同文後半の pull *one's* weight「自分の役割を十分に果たす」という表現に合わない。(b)は女性の地位を認めるものではあるが，本文中に女性スポーツへの言及がないので誤り。よって正答は(d)である。

⒃ 「以下のうち，この文脈において，『あまりにも一面的すぎる』の意味に最も近いのはどれか？」
(a)「真実に近すぎる」
(b)「否定的な部分に注目しすぎている」

(c)「危険について緊張感がなさすぎる」

(d)「性差別的すぎる」

下線部 too one-sided「あまりに一面的すぎる」は，親たちの態度である。親たちの考えは，直後の第 10 段第 2 文（"My parents think…）で述べられており，それは distraction「気を散らせるもの」や addicted「中毒である」など否定的な見解である。よって(b)がふさわしい。(a)は言及がない。(c)は，親から見た少女たちの態度ならわかるが，少女たちから見た親の態度ではない。(d)は，性差別的な意見は特に述べられていないので誤り。

(17)「シャーロット=ブロンテとトニ=モリソンによる文学作品は，どのような主張を支えるために紹介されているか？」

(a)「過去のジェンダー不平等にもかかわらず，多くの女性作家がいたという主張」

(b)「フィクションの中の女性登場人物はしばしば勇敢な存在として表象されてきたという主張」

(c)「女性のリーダーシップはフィクションではめったに見られないが，現実にはしばしば見られるという主張」

(d)「少女は，10 代に入るにつれてより率直に意見を述べるようになるという主張」

シャーロット=ブロンテとトニ=モリソンに言及がある第 11 段第 3 文（Carol Gilligan…）の主張を確認する。young girls have long…controversial issues の内容に一致するのは，選択肢(b)である。(d)は同段最終文（As real-life girls…）の they tended to stop speaking up「声を上げるのを止めてしまいがちだった」に反するので誤り。(a)・(c)のような記述は本文にない。

(18)「この記事によると，10 代の少女たちがかつては議論の的となっている問題について声を上げることを止めてしまいがちだった主な理由は何か？」

(a)「彼女たちは好ましくあるべきという圧力を感じたから」

(b)「それよりも彼女たちは密接な友情を重視したから」

(c)「彼女たちには模範となる存在がいなかったから」

(d)「彼女たちは人の上に立つ人物であれという重圧にさらされていたから」

設問の tended to stop speaking up「声を上げるのを止めてしまいがち

だった」は第11段最終文（As real-life girls…）に同表現がある。同文後半 pressured は分詞構文であり，理由を表す接続詞を補って考えると，一致するのは選択肢(a)である。as は様態「～ように」で，were to become は義務「～するべき」を意味する be to *do* の構文ととればよい。(b)・(c)・(d)のような記述は本文にない。

(19)「フランキーは初めどのように『あなたは世界を変えられると思いますか？』という質問を誤解したか？」

(a)「彼女は，質問者がジェンダー問題だけではなく世界のあらゆる問題について尋ねていると思った」

(b)「彼女は，質問者が，彼女がまだ子供の間に世界を変えられるかどうかを尋ねていると思った」

(c)「彼女は，質問者が少女たち全体ではなくて，彼女個人を意味していると思った」

(d)「彼女は，質問者が，彼女が世界全体ではなく自分の地元の共同体を変えられるかどうか尋ねていると思った」

下線部の質問が話題となっているのは，第14・15段である。第15段冒頭（Then she realizes…）でフランキーは自分の誤解に気がついているから，第14段では間違った解釈が，第15段では正しい解釈が述べられるはずだ。第15段第1文の plural「複数の」を知っていれば理解は容易だが，第14段第2文の By myself?「私1人で？」が，第15段第2文では you mean all girls「女の子たちみんなってことか」に変化していることに注目すれば，(c)を選ぶことができる。

(20)「以下のうち，この記事の主題に最も近いのはどれか？」

(a)「男らしさの危機は，若い少年たちの自尊心の感覚に否定的な影響を及ぼしつつある」　少年への影響は本文中に言及がない。よって誤り。

(b)「男性は，以前は社会を管理する立場にあったが，状況は今ではほとんど反転している」　現在の男性が女性による支配や管理を受けているという記述はない。よって誤り。

(c)「ジェンダーの不平等はいまだ大きな問題であり，解決には何年もかかるだろう」　第12段（Today's girls learn…）や，第15段末尾でのフランキーの発言 "Of course we can."（直後に change the world が省略されている）から，少女たちは女性であることに力を感じており，女性の将来は明るいことが示されている。よって誤り。

(d)「少女であるという体験は，かつてよりも柔軟で，より多くの可能性を内包している」　第4段最終文（Nowadays, girls are…）に，現在の少女には a range of interests and behaviours that is broad and flexible「幅広く柔軟な関心と行動の範囲」が許されているとある。他にも第2段第4文（They do not think…）の「少女だからといってできないことはない」や第12段最終文（Girls now are…）の「世界をより良い場所にしたい」「リーダーになりたい」という少女たちの姿勢から，彼女たちの将来に多くの可能性があることがわかる。よって正答は(d)である。

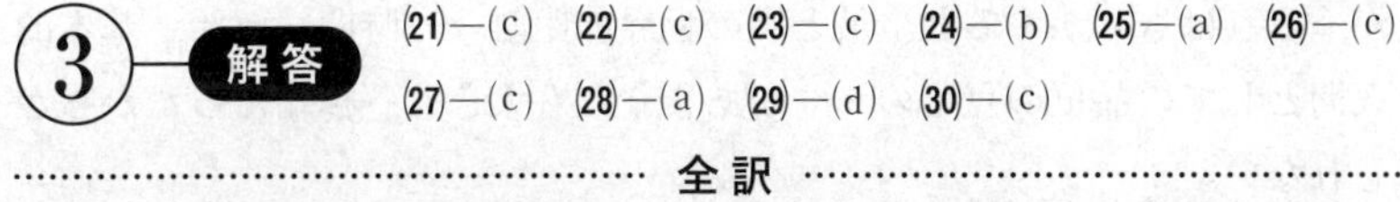
3 解答
(21)—(c)　(22)—(c)　(23)—(c)　(24)—(b)　(25)—(a)　(26)—(c)
(27)—(c)　(28)—(a)　(29)—(d)　(30)—(c)

全訳

《テネシー州のドラァグ規制法》

1　私たちが1987年にナッシュヴィルのベル・ミードという街へ引っ越してまもなく，私は規範に従って完璧に行動したわけではないある1人の素晴らしい男性についての物語を耳にしはじめた。ニール=カーガイルはナッシュヴィルを拠点として，世界中と取引をしている浚渫（しゅんせつ）会社の社長だった。1928年に裕福な家庭に生まれ，彼はヴァンダービルト大学でフットボール選手となり，海軍で航空機を飛ばし，結婚と離婚をし――2回ずつ――そして，3人の子供の父親となった。彼は小さな政府を支持する保守派だった。彼はまた，社会的な場面で女性用の衣服を着ることを楽しみとしていることで，ナッシュヴィルでは有名であった。カーガイル氏はもう1人の自分のことを「シー・ニール（彼女のニール）」と呼んだ。

2　亡くなる直前，カーガイル氏はジョン=ベレントによる「ハイヒール・ニール」と題された，1995年の『ニューヨーカー』誌の記事の題材となった。ベレント氏は彼の題材となった人物を「おそらくは，エドワード=ハイドが18世紀初頭にニューヨークとニュージャージーの州知事を女装で勤めて以来，アメリカで最も社会的に著名な異性装者」と呼んだ。かつての東部人たちと同じく，ナッシュヴィルの住民たちは，彼らの人目を引くドラァグ・クイーンに驚きはしなかった。カーガイル氏はこのようなド派手な衣服を着ることについて，一貫して1つの説明しかしなかった。「楽しいから」

3　これと同じ遊び心が，おそらく，テネシー州の共和党知事ビル=リーに，彼が高校生だったときにフットボールの試合のためにチアリーダーのような服装をする動機を与えたものだ。リー氏はもはやこのようなことを楽しむことはない。だから，彼は先日，子供がいるかもしれない公共の場にドラァグ姿（女装）で現われることを違法とする法案に署名して正式な法としたのだ。

4　非営利のニュースサイトである『テネシー・ルックアウト』の編集者ホーリー=マッコールが，州の新しい反ドラァグ法を批判する社説の中でカーガイル氏に言及するまで，私は彼のことを何年も考えたことがなかったが，それはもしかすると，彼と私の世界の距離──時間，政治，基本的な人間としての品位の点での──があまりにも大きく，極端だったからかもしれない。

5　リーの規制がテネシー州の全ての人にとって最優先事項だという考えは馬鹿げているし，今は昔となったつい最近までは，共和党員でさえもそのことを知っていた。男性は何世紀もの間，女性の服装で芸をしてきて，子供たちには全く害はなかった。ドラァグはある面で祝祭であり，またある面では芸術表現であり，多くの属性の人々がそれを楽しんでいる。テネシー州の最も有名な歌手であるドリー=パートンはしばしば言う。「私はもし女の子に生まれていなかったら，ドラァグ・クイーンになっていたでしょうね」

6　世間のかなりの男性たちが，ドレスによく似た衣服をたくさん身に着けているということは，注目に値する。例えば，司祭や判事だ。そして『ミセス・ダウト』や『ヘアスプレー』に出演する俳優たち。両作品はテネシー舞台芸術センターの新しい予定表に載っている。彼らは皆，今やズボンの着用が義務づけられるのだろうか？

7　もちろん，私は冗談を言っている。これは「大人向けのショー」を禁止する法律だ。男性が儀式用のガウンを着用することを禁じるものではない。しかし，以下は真面目な問いであって，それは冗談ではない。つまり，男性が他の文脈ではガウンを着用することがよしとされるのなら，プライド・パレードや図書館の読み聞かせ会にいるドラァグ・クイーンの何が問題なのだろう？　なぜ，ドラァグ・クイーンが全ての付添人たちとともに，大通りに紛れ込むことがよしとされないのだろう？

解説

(21)　move to〔in/ into〕～「～に引っ越す」を完成させる。

(22)　「大学で」は通常 at the university だが，今回は選択肢にないので別の可能性を検討する。for には「～を代表して，～に代わって」の用法があり，大学代表としてプレイをしたという文意に合う。よって正答は(c)である。work for ～「(企業など）で働く」を連想したい。

(23)　直後に地名が来ているので，in「～で，～において」が適切。よって答えは(c)である。(b) be famous for ～には有名である理由が続くが直後の for his pleasure … がこの働きに該当し，for が重複するので不適。

(24)　特定の世紀を指す場合，century には定冠詞 the を用いる。(a)の不定冠詞 an を用いるのは，「百年間」の意味の場合で，(d) those に続くのは複数名詞であるからこれらは不適。(c) this を置くと「今世紀」の意になるが，ここは 1995 年の記事が 18 世紀初期に言及する場面で，過去の世紀を指すから不適。よって正答は(b) the となる。

(25)　(a) at を選び，at school「学校に在籍して，学校で」とする。

(26)　倒置が生じている点に注意が必要である。sign の目的語は a bill だが，that 以下の関係詞節が長いので副詞句の＜前置詞＋law＞が前置されている。bill「法案」と law「法律」の関係を考えると，bill は law に「変化する／なる」わけで，*A* into *B*「*A* を *B* に変える，*A* が *B* になる」から答えは(c) into となる。sign a bill into law「法案に署名して正式な法とする」

(27)　hadn't thought の過去完了形と(c) for を組み合わせて，継続の形を作ればよい。よって答えは(c)である。for years「何年も」

(28)　第５段は，ドラァグの文化がテネシー州の人々に長年受け入れられていたことを述べているので，(a) for を補って「(規制が）テネシー州の全ての人にとって最優先事項だという考えは馬鹿げている」とすると文脈に合う。(c) onto や(d) over を入れると，a priority to〔onto/over〕～で「～よりも優先すること，～に対する優越」となり，文意に合わない。a priority for ～「～にとっての優先事項」

(29)　a type of ～で「一種の～」，many types of ～で「多種の～」となる。よって答えは(d) of である。

(30) a problem with ～「～にまつわる問題，～の問題点」で，正答は(c) with である。(b) of と迷うかもしれないが，the problem of ～の of は同格用法であり，of に続く内容がすなわち〈問題〉だということになる。しかし，ここで筆者は空所直後の目的語 drag queens in a Pride parade or a library's story hour「プライド・パレードや図書館の読み聞かせ会にいるドラァグ・クイーン」を〈問題〉だとは考えていないのだから，of は不適である。

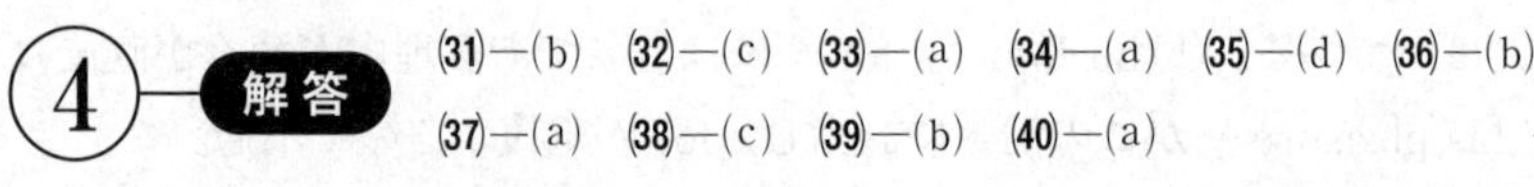

4 解答 (31)—(b) (32)—(c) (33)—(a) (34)—(a) (35)—(d) (36)—(b) (37)—(a) (38)—(c) (39)—(b) (40)—(a)

全訳

《ラスベガスに暮らすハワイ先住民》

(31) Pauline Kauinani Souza がハワイに住む子供だった頃，彼女は早朝を祖父のスイカとパパイアの木々に水やりをして過ごした。彼女の家族は質素に暮らし，自家製パンを食べ，風呂のために火にかけてお湯を沸かした。しかし，彼らの飾り気のない生活は，究極の利点を伴っていた。それは，浜辺のそばに住み，夜には波が優しく岸に打ち寄せる音に合わせて，ゆったりと眠りに落ちるということだった。

(32) 現在，80 歳の Souza さんは海と彼女の先祖代々の故郷から遠く離れたネオンに照らされる砂漠の街，ラスベガスに住んでいる。そこは楽園ではないが，近年，絶え間ない娯楽と手頃な生活費，そしてハワイではほとんどの人が見つけられないもの，つまり手の届く値段の家を求めて，そこに集ってきた彼女のようなハワイ先住民たちでいっぱいだ。「全て支払い済みで私が所有しています」と，自身のラスベガスにある 2 寝室の，平屋造りの家について彼女は誇らしげに言った。「ハワイでは，こういうことができる人は多くありません」

(33) ますますラスベガスは，手の届く値段の偽物版の諸島を，本物の諸島で収支を合わせるための終わりのない苦労よりもましだと納得し，そこを訪れて滞在を決断しにやってくるハワイ民たちを引き寄せている。2011 年から 2021 年の間で，ラスベガスのハワイ先住民とそのほかの太平洋諸島の先住民の人口は，約 40％増加し，総計でほぼ 22000 人となった。これはハワイ外の地域での，この集団の新規流入者としては最大の数字となった。

(34) 多くの人にとって，その魅力は不動産だ。ラスベガス地域の住居は定価の中央値が約 460000 ドルで，対してホノルルでは約 800000 ドルである。アメリカ人がより安価な住宅を求めて移住することは，珍しいことではない。しかしこの，諸島のあり得ないほど豊かな自然環境から，ラスベガスのけばけばしい砂漠への移住は，いかに住宅の探索が，ときに驚くべき形で国を再構成するかという特に鮮烈な一例だ。

(35) ハワイとラスベガスのつながりは，数十年前に遡り，それは大部分がラスベガス中心部にある California Hotel & Casino が理由となっている。The Cal は 1975 年開業で，専用の旅行商品と対象を絞った市場戦略を通して，長年ハワイの人々に娯楽を提供してきた。カジノでは，ポーカー卓のディーラーがハワイ風のシャツを着て，宿泊客は島の特産品で食事をし，ホテルの敷地内の掲示には「ここはアロハが語られる場所」と書いてある。

(36) 現在，賑やかなハワイ人共同体は，非公式に第 9 の島として知られている場所全体に散らばっている。ハワイの伝統と共に子供を育てようと熱心なラスベガスの親たちは，彼らをハワイ語の教室に通わせたり，地元のフラ・スクールで彼らにダンス指導を受けさせたりできる。ラスベガスでは，故郷の料理を求めるハワイ民がプレートランチと新鮮な魚を提供する地元レストランから好きなものを選ぶことがきる。米とスパムが海苔でくるまれた人気のハワイ風軽食であるスパムおにぎりや，タロイモを主原料とするハワイの主食であるポイでさえも，見つけるのはたやすい。

(37) 「私たちがしてきたのは，自分たち自身のハワイを作り出すことなのです」と 38 歳のハワイ先住民である Cece Cullen は，ラスベガス近郊で今月開かれたレイ・フェスティバルで言った。Cullen さんは 2000 年代初頭にラスベガスのネバダ大学で学び，後にハワイへ戻った。しかし増え続ける家族との生活は困難だった。彼女と夫である 37 歳の Nakoa Hoikaika Cullen は，仕事を掛け持ちして働き，質素な 800 フィート四方の家を借りていた。しかし彼らの給料はすぐに消え去ってしまった。「なんというか，これで終わり？　これが人生なの？　という限界まで行き着いてしまうんですよ」と彼女は語った。

(38) 2018 年，Cullen さんとその家族は，ラスベガスへ戻ってきた。パンデミックが始まって数カ月後，彼女と夫は，ある静かな通りに約 3000

フィート四方の家を購入した。彼らは一族の中で初めて家主になった例の1つだ。そしてラスベガスで，彼らは4人の子供を育てながら快適に暮らしている。Cullen さんは，地元図書館でハワイ語を教えていて，子供たちを島の文化に繋ぎつづけることを最優先事項としてきた。「私たちは楽園を追われました」と彼女は言った。「でも，その全ての伝統，私たちの言語全て，これは私たちのアイデンティティの一部です」

(39)　2022年，ハワイは全50州およびコロンビア特別区の中で生活費が最も高かった。ハワイ州は食糧の大半を輸入しており，これが日用品を特に高価にしてきた。また，建築についての厳しい規制が住宅不足と多くの人にとって手の届かない価格の原因となってきた。Nadine K. Nakamura 議員は，州政府は地元住民への経済的負担を認識しており，減税の拡大と，より手頃な価格の住宅の建設に力を入れてきたと述べた。

(40)　諸島から遠く離れて，ハワイ先住民たちは砂漠で自分たちの文化を活かし続ける独創的な方法を見出した。2014年にオアフ島からラスベガスへ引っ越した後，46歳の Tiffanie Zuttermeister はもう決して，レイやフラスカートに使われる自分のティーリーフを育てることはできないだろうということを受け入れた。しかし，Zuttermeister さんは卒業式やその他の行事用のレイを作る，良好な副業をなんとか作り出すことができた。プラスティック製の花を使うことに頼っている他の地元のレイ製造業者と違って，彼女は生花を捜し求め，ティーリーフとランの花はロサンゼルスやハワイに発注している。「故郷から離れているので，私はあの海や山々や，緑が懐かしいです」と彼女はある午後，デイジーとカーネーション，カスミソウを使ったレイの花冠を作りながら言った。「でも，あの生活費を懐かしくは思いません」

解説

(31)　この段落は，Pauline Kauinani Souza がハワイで過ごした幼少期を描写しているので，(b)の述語動詞 spends が現在形であるのが不自然だ。正しくは過去形の spent である。

(32)　(c)中の finds は something を先行詞とする関係代名詞節内の述語動詞で，その主語は few people であるから，三単現の s が不要である。正しくは find となる。

(33)　(a)の関係代名詞 who 以下の時制に混乱が見られる。ここは，同文冒頭のIncreasinglyや段落後半の数値からもわかるように，ラスベガスへ移住するハワイ民がますます増えつつあるという内容を述べている。その場合，come to visit，decide to stayという動作は，近年繰り返されている<現在の反復的動作>にあたるはずで，共に現在形が自然である。正しくは，come to visit and decide to stayとなる。

(34)　(a)のHouses on the Las Vegas areaは「ラスベガス地域に接している住宅」となり不自然。正しくはHouses in the Las Vegas areaである。(b)は主語をAmericansだと考えるとisが不自然に思われるかもしれないが，migratingの動名詞を主語，Americansは動名詞の意味上の主語と捉えればisで問題ない。

(35)　(d)の主語はsigns，述語動詞はstatesで一致していない。正しくはstateである。(b)のcaterは自動詞で，cater to〔for〕～「～に娯楽を提供する」という意。

(36)　(b)のeager to raisingをeager to raiseとする。be eager to *do*「熱心に～しようとする」で，ここではParents in Las Vegasを後ろから修飾している。

(37)　(a)What we're doneは，受動態になっているが，その場合doの目的語がweとなり，関係代名詞whatの役割が不明である。whatがdoの目的語となるように，What we've〔we have〕doneもしくは，What we're〔we are〕doingとしよう。

(38)　(c)のthe first at their familyはthe first in their familyが正しい。序数は，最上級と同様に範囲を限定するinやofと組み合わせて用いる。firstの直後にはmembersもしくはpeople，onesが省略されている。amongは「～のうちの1つ／1人で」。(b)のintoは「(ある時間）の中まで，すでに～になって」を表し，A few months into the pandemicで「パンデミックが始まって数カ月後に」という意味。後続の主節を修飾する前置詞句になっている。

(39)　(b)の文はimportsとhad madeで述語動詞が2つ存在しており，構造が破綻している。文意をふまえると，The state imports…が主節で，コンマ以降はこの主節全体を先行詞とする非制限用法の関係代名詞節とするのがよいだろう。また，makeの時制がhad madeと過去完了形になっているが，その理由も特にないので，主節と合わせて現在形に修正する。

よって，The state imports the vast majority of its food, which makes everyday groceries especially expensive. が正しい。

(40) (a)の ways to kept を ways to keep とする。a way to *do*「～する方法」で，to に続くのは原形動詞である。(d)の resort to using については，resort to ～「～を頼る，～に訴える」で to は前置詞だから，動名詞 using で正しい。

【選択言語：英語】

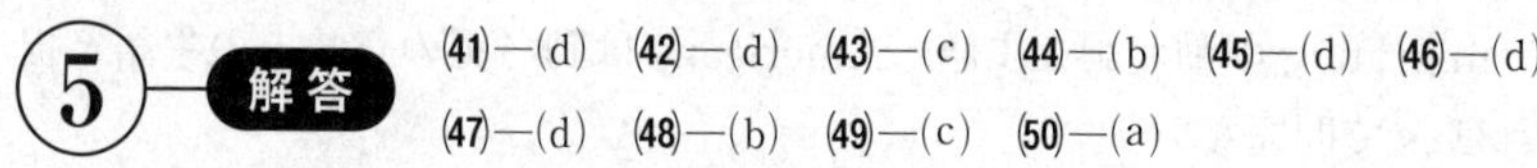

5 — 解答

(41)—(d)　(42)—(d)　(43)—(c)　(44)—(b)　(45)—(d)　(46)—(d)
(47)—(d)　(48)—(b)　(49)—(c)　(50)—(a)

全 訳

《BBCドラマ『シャーロック』より》

著作権の都合上，省略。

著作権の都合上，省略。

著作権の都合上，省略。

解説

(41)　直後のジョンの台詞が疑問文で，さらにシャーロックがNext?と促した後も，ジョンはWho are you? What do you do?など質問を重ねているので，ここでyou（ジョン）が持っているのは(d) questionsである。

(42)　直後にジョンがthe police don't need help「警察は助けを必要としない」と返しているので，ここでは「警察が助けを必要とする状況」について述べていると推測できる。よって(d) troubleがふさわしい。be in trouble「困っている」

(43)　前文（Your tanned face…）で，ジョンの日焼けを指摘した後の発言である。2人がいるロンドンの気候ではそのような日焼けをするわけがないので，You've been abroad「海外に行ってきた」は日焼けした理由の推理だとわかる。理由にあたるのは(c)か(d)で，軍医であれば仕事として出征しているから(d) workingをnotと否定するのはおかしい。よって正答は(c) sunbathing「日光浴」である。

(44)　ジョンの limp「足が不自由なこと」についての推理である。you don't ask for a chair when you stand「立っているときに椅子を求めない」様子が，まるでどのように見えるか，つまり椅子を求めない理由を考える。like you've temporarily…の like は like S V「まるで～のように」という口語表現。後ろのダッシュ以降に so it's at least partly psychological「ということは，それ（足が不自由なこと）は少なくともある程度心因性だ」とあることから，椅子を求めないのは，身体的な必要性が少なく，一時的に足の症状のことを忘れているからだと考えられる。よって答えは(b) forgotten となる。

(45)　続く2文（It's been in…a previous owner.）から，携帯電話を鍵や小銭と同じポケットに入れていた，つまり高級品として扱っていなかったと判断できる根拠となるものを選ぶ。答えは(d) scratches「ひっかき傷」。(c) fingerprints「指紋」はどれほど大切に扱っていても付着してしまう。

(46)　three kisses から推測される attachment「愛着」は(d) romantic「恋愛に関する」ものである。(a) lengthy，(c) recent の時間に関する選択肢は，直後の wife か girlfriend かの議論には関係するかもしれないが，シャーロックは wife だと判断した根拠を kisses ではなく the expense of the phone「携帯電話の値段」に求めているので，ここでは不適である。

(47)　He gave the phone to you の he はジョンの兄ハリー，you はジョンである。兄が弟に携帯電話を渡すという行為から読み取れる兄の気持ちは，弟と連絡を取れるようにしておきたいということであろう。よって答えは(d) stay in touch となる。(a) leave him alone「1人にしておく」なら携帯電話は渡さないだろうし，(b) recover soon「すぐに回復する」は携帯電話との関連が薄い。(c) share his house「家を共有する」はその場合，携帯電話で連絡を取る必要性が下がる。

(48)　「安い家を探しているが，兄には助けを求めたくない」というところから読み取れる兄との関係性は，良好なものではない。(c) affection for ～「～への愛情」，(d) trust in ～「～への信頼」は良好な関係を表すので不適。(a) money from ～「～から金（をもらった）」は兄弟関係を悪化させるかもしれないが，次の2文（Maybe you liked…like his drinking.）の推測とかみ合わない。よって正答は(b) problems with ～「～との問題」となる。

(49)　携帯電話の the power connection「充電端子」の周りに tiny little

marks「ごく小さな傷跡」がある理由を推理する場面である。毎晩ケーブルを差そうとするときに，手がどのような状態だと傷が付くのか考える。the drinking「飲酒」や sober「素面の」，drunk「酔っ払っている」などから飲酒が関連することも考慮すると，(c) shaking「震えている」がふさわしい。ハリーには飲酒癖があり，酔っ払って手が震えているのだろうとシャーロックは考えている。

(50) the police，consult というキーワードから冒頭のやりとりに戻って確認する。ジョンの4番目の発言 the police don't need help from amateurs「警察は素人からの助けなんか必要としない」に注目する。consult「～に相談する」は need help from と置き換えることができるので，空所には同じく(a) amateurs「素人」が入る。シャーロックは最後から2番目の発言で You were right.「君は正しかった」と言っているので，ここでジョンの言葉を繰り返すのは自然な流れである。

【選択言語：ドイツ語】

5　解答

【1】(41)―(b)　(42)―(b)　(43)―(b)　(44)―(a)　(45)―(c)
【2】(46)―(a)　(47)―(c)　(48)―(e)　(49)―(g)　(50)―(i)

【選択言語：フランス語】

5　解答

【1】(41)―(g)　(42)―(a)　(43)―(f)　(44)―(h)　(45)―(e)
【2】(46)―(e)　(47)―(c)　(48)―(g)　(49)―(a)　(50)―(h)

【選択言語：イスパニア語】

5　解答

【1】(41)―(a)　(42)―(c)　(43)―(a)　(44)―(d)　(45)―(b)
【2】(46)―(b)　(47)―(d)　(48)―(a)　(49)―(c)　(50)―(a)

【選択言語：ロシア語】

5　解答

【1】(41)―(d)　(42)―(c)　(43)―(d)　(44)―(b)　(45)―(a)
【2】(46)―(d)　(47)―(d)　(48)―(c)　(49)―(b)　(50)―(c)

【選択言語：ポルトガル語】

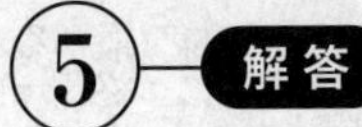

【1】(41)—(d)　(42)—(b)　(43)—(d)　(44)—(b)　(45)—(a)
(46)—(d)　(47)—(b)

【2】(48)—(d)　(49)—(a)　(50)—(b)

「その営みが人間の文化をいかに生み出し、維持し、そして組み変えていくか」（第五段落最終文）、「人間は自らにとって…自らの世界をふくらませ続ける」（第十段落末尾）といった箇所が参考になる。同様に、慣習化された側面の特徴としては、「習得することばの…既存の世界の秩序である」（第十四段落末尾）、「それは逆に…『牢獄』にもなる」（第十六段落第一文）などがある。こうした表現を自分なりの表現に置き直し、説明すればよい。

② 解答

問1　天下
問2　タブー
問3　分化
問4　ことばには、意味づけの体系として慣習化させる側面があり、人間はことばの決まりを習得することで既存の社会の秩序を保とうとするが、捉えて離さない牢獄にもなる。しかし、人間は閉じられた世界に安住できない存在でもあり、ことばに創造的と呼ぶべき側面を見出し、新しい記号によって新しい文化を生み出していく。（一五〇字以内）

解説

《人間が使用する記号としてのことばがもつ二つの側面》

問1　空欄①を含む傍線部は〈一葉落ちて天下の秋を知る〉ということわざ（故事成語）に由来する表現である。このことわざは前漢に著された哲学書に由来するが、ことわざ自体を知っていないと解答が難しい。

問4　問題は「ことばの異なる二つの側面」への説明を最も優先すべきこととして求めているので、本文から〈人間との関係に注目した表現〉を引用しつつ二つの側面それぞれの特徴として説明しながら、一五〇字以内でまとめればよい。

まず、第十一段落には「『創造的』と呼んでよい一面があると同時に、実はもう一つの重要な面がある」という表現があるので、側面の一つは、創造的と呼ぶべき側面であることがわかる。さらにこの表現から、もう一つの側面は主に第十二段落以降に登場することがわかる。第十六段落には、「身につけた意味づけの体系――それが慣習として確立すると…『牢獄』にもなる」とあるので、一方の側面は、意味づけの体系として慣習化され自由を奪う側面ということができる。

さらに、創造的な側面の特徴については、第十一段落以前から人間との関わりを探すこととなり、「新しい『記号』…によって捉えられた新しい内容がわれわれの世界に新たな知見として加えられる。…『言語創造』の営みであ

問3　イエメンはアラビア半島南部に位置するので、ローマ帝国領となったことはない。

問4　①誤文。現在はアラビア語を含めた六言語。

問5　③誤文。カナダの公用語が英語とフランス語であるように、公用語が複数ある国もある。

問6　④誤文。少数民族などには、文字をもたない言語も存在している。

問7　④誤文。ミロのヴィーナスは古代ギリシア（前八～前四世紀頃）の彫刻だが、飛鳥時代は紀元後六世紀末～七世紀初め頃。

問8　コロンブスの第一回航海（一四九二年）後、ヴァスコ＝ダ＝ガマがインドのカリカットに到達したのは、一四九八年。マゼランの部下が世界周航に成功したのは一五二二年であり、ピサロがインカ帝国を滅ぼしたのは一五三三年。よって、正答は③。

問7　③誤文。一七九三年憲法には二一歳以上の男子普通選挙制が盛り込まれていたが、憲法自体が未施行。フランスで世界初の男子普通選挙が実現したのは一七九二年。

問8　④誤文。一九四〇年から創氏改名が強制的に実施されたのは朝鮮。

問9　②誤文。ユーロ導入後も経済格差の問題は解消されていない。

　③誤文。ＥＵ圏外からの移民数は、現在でも大きく減少していない。

　④誤文。欧州石炭鉄鋼共同体（ＥＣＳＣ）発足当初の加盟国は、西ドイツ・フランス・イタリア及びベネルクス三国のみなので、発足当初は第二次世界大戦で戦場となっていないアメリカに鉄鋼生産では及ばなかったと推測できる。

問10　④誤文。二〇二二年の締約国会議（ＣＯＰ27）に、日本の首相は参加していない。

外国語学部

▲外国研究に必要な基礎的知識・日本語の読解力・論理力・思考力を測る試験▼

1 解答

問1　②
問2　③
問3　④
問4　②
問5　④
問6　③
問7　③
問8　④
問9　①
問10　④

解説

《地理・歴史および公民に関する小問集合》

問1　やや難問。②誤り。イランの公用語はペルシア語。

問2　コソボ共和国は二〇〇八年に独立を宣言したが，セルビアやロシアなどは独立を承認しておらず国連未加盟。

一般選抜（学部学科試験・共通テスト併用方式）：総合グローバル学部

問題編

▶試験科目・配点

試験区分	試験教科・科目		配　点
大学入学共通テスト	外国語	『英語（リーディング，リスニング）』，『ドイツ語』，『フランス語』のうちから１科目選択	40 点
	国語	『国語』	40 点
	地理歴史または公民	「日本史Ｂ」，「世界史Ｂ」，「地理Ｂ」，「倫理」，「政治・経済」，『倫理，政治・経済』のうちから１科目選択	40 点
大学独自試験	学部学科適性試験	グローバル化する人間社会について，提示された資料の理解力および思考力を問う試験（英語の設問を含む）	80 点

▶備　考

- 大学入学共通テストの英語の技能別の配点比率は，リーディング 100 点：リスニング 100 点（200 点満点）とする。
- 大学入学共通テストの国語は，古文・漢文を含む。
- 大学入学共通テストの選択科目を指定科目数以上受験した場合は，高得点の科目を合否判定に利用する。第１解答科目・第２解答科目の区別も行わない。
- 大学入学共通テストの得点は，各学科の配点に応じて換算して利用する。
- 任意で提出した CEFR レベル A2 以上の外国語外部検定試験結果は，CEFR レベルごとに得点化し，大学入学共通テストの外国語の得点（200 点満点）に加点する。ただし，加点後の得点は，大学入学共通テストの外国語の満点を上限とする。

総合グローバル学部

◀グローバル化する人間社会について，提示された資料の理解力および思考力を問う試験（英語の設問を含む）▶

(75分)

(注) 記述式の解答は，各解答欄にていねいに記入すること。数字，ローマ字については，1マスに2字とする。

1 下記の文章は2019年9月のコラムです(Butuyan, Joel Ruiz, *Asia News Network,* September 9, 2019)。これを読み，後の問いに答えなさい。

Thirty years ago, the world witnessed the fall of communism in Eastern Europe. It started in 1989 with the historic fall of the Berlin Wall, which led to the collapse of the communist state of East Germany. It was followed by the dramatic dissolution of the communist superpower, the Union of Soviet Socialist Republics (USSR). Then came the domino (1) of the rest of the communist governments of the Eastern Bloc of European countries.

Are we now witnessing next the emerging (2) of democratic governments all over the world?

This question props up because the United States and the United Kingdom—two countries that pride themselves as (3) of the democratic world—are now ruled by leaders who are defying the conventions of democracy, namely US President Donald Trump and UK Prime Minister Boris Johnson.

Similar leaders have either emerged or have grown stronger elsewhere in the world. There's Brazilian President Jair Bolsonaro, Russian President Vladimir Putin, Polish President Andrzej Duda, Hungarian Prime Minister Viktor Orbán, Turkish President Recep Erdogan, Indian Prime Minister Narendra Modi and our very own President Rodrigo Duterte.

In 23 out of the 28 European member countries, political parties that espouse(ア) antidemocratic ideals have won seats in their legislatures. In Asia, authoritarian and (4) regimes continue with their grip on power. In Latin America, analysts observe a resurgence of political rhetoric harking back to the years of fascism and dictatorship in the continent.

These leaders and political parties that have emerged advocating antidemocratic practices of leadership are invariably described as far-right, populist, autocratic, fascist, among others. They're fomenting racial and religious (5). They're destabilizing very important institutions of democracy, like the free press, an (6) judiciary, an independent legislature and thriving opposition parties. Their reigns are punctuated by increased complaints of human rights violations.

Democracy is in a global (7). This is in stark contrast to what happened three decades ago, when the stride of countries emerging from communism was toward democracy.

Why did disillusionment with democracy grow in the past 30 years? There's a myriad of reasons for sure, but from a (8) viewpoint, there may be common whys and wherefores.

One cannot imagine (9) springing from the political freedoms associated with democracy. The disappointment stems from the dysfunctional economic system associated with democracy.

In emerging economies, it's an economic system that breeds generational poverty, because it provides economic advancement only to those who are already materially endowed(イ). Others describe it as the double scourge of corruption by an entrenched political class, and the monopoly of economic opportunities by an ensconced economic class.

The faith of the poor in democracy will continue to be reaffirmed only if their children are given a fresh shot at economic advancement through meaningful access to education, capital and health services.

In developed economies, the discontent stems from the fact that democratic governments lavish more attention on the wellbeing of fictional persons (corporations), compared to their (10) responsiveness to the welfare of real human beings.

The shift in political power in so-called democratic governments is a positive development in the sense that it signals the people's thirst for new leaders, forcing old guards to reinvent themselves to become more responsive to the people. However, it is bad in the sense that, in their desperation, the people are choosing autocratic leaders who are undermining critically important institutions of democracy—a vigorous media, an independent judiciary, an (ウ)autonomous legislature and thriving opposition parties.

Unless the economic dysfunction associated with democracy(問3) is fixed, we will witness the continuing march of world history from communism to democracy to authoritarianism.

問1　文脈上，(1)～(10)の空所に入る最も適切な語，または句をそれぞれ(a)～(d)から一つ選びなさい。

(1) (a) approach (b) downfall (c) cause (d) power

(2) (a) collapse (b) brink (c) success (d) convince

(3) (a) bastions (b) reinstallations
(c) equipments (d) principles

(4) (a) essential (b) totalitarian
(c) ongoing (d) alternative

(5) (a) strobe (b) stride (c) strife (d) strike

(6) (a) implied (b) impaired
(c) imperative (d) impartial

(7) (a) retreat (b) conviviality
(c) loquacity (d) demagoguery

(8) (a) valedictorian's (b) pedestrian's
(c) vulgarian's (d) nonagenarian's

(9) (a) repetition (b) condonation
(c) notoriety (d) disenchantment

(10) (a) canine (b) perspicacious
(c) ingenious (d) nominal

問2　次の語に最も近い意味の言葉をそれぞれ(a)～(d)から一つ選びなさい。

(ア) espouse
(a) inoculate (b) adopt (c) pertain (d) overlook

(イ) endowed
(a) vacillated (b) equipped (c) incarnated (d) adulated

(ウ) autonomous
(a) self-directed (b) fanatic

総合グローバル

(c) identical (d) gullible

問3 the economic dysfunction associated with democracy とは何を意味するのか。文脈から判断して日本語で45字以内で説明しなさい。

問4 以下の(あ)〜(う)の日本語の文に相当するように，与えられた語を一回ずつ使って英文中の空所を埋めた時，＊印の箇所に入る語を選びなさい。なお，文頭に来る単語も小文字で記しているほか，コンマを省略しているケースもある。

(あ) 私たちがこれ以上できないことは，一時しのぎをすることです。先延ばしにしてはいけません。

What we simply cannot do is to temporize any longer. We ( ) ( )(＊)( ) down the road because we've run ( ) ( )( ).

(a) can (b) of (c) kick (d) the
(e) road (f) out (g) can't

(い) 人種差別を考慮した入学選考にどのような見解を持っていようと，学生たちは大学出願プロセスに警戒心を抱いていた。

( ) ( ) ( ) views of race-conscious admissions, students (＊)( )( )( ) college application process —and some thought little would change.

(a) wary (b) matter (c) of (d) the
(e) no (f) were (g) their

(う) ジェームズ・マディソンが『ザ・フェデラリスト』第51篇(1788年)で書いた有名な言葉のとおりに「もし天使が人間を統治するのであれば，政府の外部統制も内部統制も必要ないだろう」。

As James Madison famously wrote in *The Federalist* (1788) No. 51: "If angels (　) (　) (　) (*) (　) (　) (　) (　) internal controls on government would be necessary."

(a) nor　(b) to　(c) men　(d) neither
(e) govern　(f) were　(g) external

2 次の文章を読み，後の問いに答えなさい。

国民国家の編成と再編成は，つねに国境を越える人の移動(1)を伴ってきました。国境という境界を確定し，移動を管理することが主権国家の証であり，そして越境する人々の管理の延長には国民の管理があります。移民の管理は国民の管理と並行して制度化されてきました。

移民の時代であった19世紀は，国民国家という形態での近代国家が西ヨーロッパをはじめとして世界中に浸透した時代であり，国民国家の形成が非ヨーロッパ世界における植民地の形成と並行して進められました。そして20世紀後半から21世紀にかけては，体制としての国民国家の揺らぎと植民地の解体が大規模な人の移動(2)を引き起こしています。

この一方は国民国家の(　あ　)とかかわる移民であり，もう一方は国民国家の(　い　)とかかわる現代の移民です。したがって，両者の差異こそが現代移民を理解するうえで，決定的に重要になるでしょう。しかしながら，(　う　)が大規模な移民の時代であり，また(　え　)の時代がふたたび「移民の時代」と呼ばれてきたのに対して，両者に挟まれた二度の世界戦争とそれに続く時代は，しばしば移民とは無関係，あるいは移民の縮小した時期とみなされてきました。たしかにこの時期は，最大の移民受け入れ国であるアメリカにおいても移民数が激変した時期であり，大規模な移民の終焉した時代だとされてきました。

その一方で，それまで多くの移民を送り出してきた西欧や日本においては，世界戦争の過程で，(3)軍だけでなく民間人を含めた積極的な人の移動が行われました。同時に，この時期に人の移動は国境において厳しく制限されるようになり，国家は女性や少数民族，先住民，そして植民地住民を戦争に動員し，国民として領域のなかに囲い込むようになります。植民地地域からの大規模な移民の流入とその定住化など，(4)戦争への植民地住民の動員が，その後の南から北への人の移動という，戦後の移民や難民にかかわる政策あるいは国境管理政策などの原型にもなったのです。

現代世界が直面している移民・難民問題の淵源が，(　お　)国家と国民形成の過程にあるとするならば，そして他者と国民との厳密な分割になるとするならば，すなわち「移民」として他者を包摂しつつ排除する制度の確立にあるとするならば，じつはその契機はこの時期にあるとみることができます。

現代の移民研究や難民研究のあり方を再考する重要なカギは，この時代にあります。越境する人の移動の管理は国家の主権行為の一つでしたが，出入国にかかわる諸制度が整備され，有効に働くようになったのは20世紀に入ってからのことです。世界最大の移民受け入れ国であるアメリカにおいて，国境の管理が国境警備隊として全国的規模で展開されたのは1920年代，30年代のことでした。さらにパスポートにおいて写真や指紋などの個人認証の技術的な方法が導入され，本人と同定しうるようになったのも，ほぼ同時期のことです。

出入国管理や国籍，さらに国境警備などを含めた移民管理は，人々を個として識別し，国境において人々の移動を管理するシステムとして完成しました。それは，人の移動を個として管理しうる国家的な規模での組織的な制度でした。まさに移民を管理することが国民を管理する方法として制度化されてきたわけです。

アメリカでは，同時期に国境警備や出入国の管理だけでなく，(5)中国人に加えて日本人移民の排斥などアジア人に対する移民規制が行われました。さらに二度の世界大戦によって交戦国であるドイツ移民などは帰国を余儀なくされます。第一次世界大戦前に，年間100万人を超えた移民は10万人台まで減少し，大西洋・太平洋を渡る移民は激減しました。ただし，アメリカは，第二次世界大戦への参戦によって深刻な労働力不足に陥り，メキシコやカリブ地域からの労働力の確保を図ることになります。戦後のラテンアメリカなどからの大規模な移民労働者の流入ルートは，まさにこの時期に形成されたのです。

出典：伊豫谷登士翁『グローバリゼーション：移動から現代を読みとく』筑摩書房，2021年，177-180頁より作成。一部改編。

問１　下線部(1)に関連して，日本に住む外国人の二つの在留資格に関する推移表を確認し，適切なものを以下から一つ選びなさい。

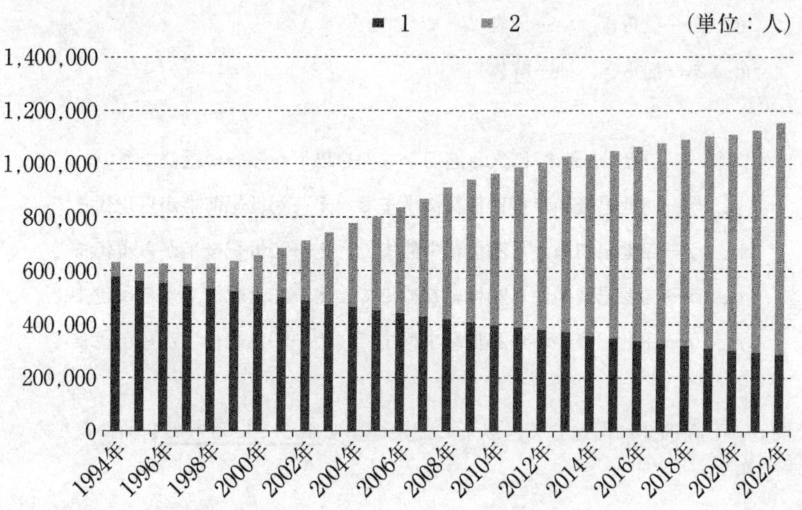

出典：出入国管理庁「出入国管理統計」より作成

a．1―技能実習　　2―特定技能

b．1―特別永住者　2―永住者

c．1―高度専門　　2―技能実習

d．1―永住者　　　2―特別永住者

問２　下線部(2)に関連して，2011年に起きた内戦が10年以上続くことにより，世界で最大規模の難民(国内・国外避難民を合わせて1,000万人以上)を流出している国の正式名称を，カタカナと漢字を交えて記しなさい。

□□□□・□□□□□□□

問3　(　あ　)と(　い　)に入る適切なものを以下から一つ選びなさい。

a．あ―形成　　い―揺らぎ

b．あ―形成　　い―解体

c．あ―揺らぎ　い―形成

d．あ―揺らぎ　い―解体

問4　(　う　)と(　え　)に入る適切なものを以下から一つ選びなさい。

a．う―18世紀後半から19世紀後半まで　え―20世紀前半から現代まで

b．う―19世紀初めから20世紀中盤まで　え―20世紀後半から現代まで

c．う―19世紀後半から20世紀初めまで　え―20世紀後半から現代まで

d．う―18世紀後半から20世紀中盤まで　え―20世紀後半から現代まで

問5　下線部(3)に関連して，以下の記述の中で<u>誤っているもの</u>を一つ選びなさい。

a．1936年，広田弘毅内閣により100万戸移民計画が策定されたが，農業移民のほか，日本内地の数え年16歳から19歳の青少年を対象に，満蒙開拓青少年義勇軍が結成され，ソ連国境地域などに配置された。

b．大日本帝国の崩壊で満洲，樺太，千島などではソ連軍の捕虜となった日本軍将兵や民間人が強制収容所に移送され，重労働が強いられたほか，帰国後も故郷での受け入れが難しく，新たな土地に移住する人々も多かった。

c．1931年の満洲事変以降，1945年の太平洋戦争敗戦までの期間に日本政府の国策によって推進された，満洲，内蒙古，華北，華南に入植した日本人移民は，満洲開拓移民または満蒙開拓団と呼ばれ，14年間に約27万人が移住した。

d．1959年の「未帰還者に関する特別措置法」により，敗戦時に13歳以上で中国人と結婚した「残留婦人」は「自分の意思で中国に残った人」とみなされ，居所不明者として戦時死亡宣告をしたのち，戸籍が抹消された。

問6　下線部(4)に関連して，以下の記述の中で該当しないものを一つ選びなさい。

a．日本統治下の台湾において，総称「高砂族」と呼ばれていた先住民族の若者たちは，太平洋戦争中，日本軍の兵士や軍属として戦地に送られ，密林や山岳地帯などの戦場において日本人を支えて闘った。

b．連合国によるBC級戦犯裁判では，戦後，「日本人」として巣鴨プリズンに収容された朝鮮人元兵士たちが裁かれ，釈放後は「外国人」として補償や援護の対象からはずされたほか，「対日協力者」として祖国に帰ることができなかった。

c．日本の海軍省から海軍航空兵器製造工場建設の協力要請を受け，1943年，座間市，海老名市にまたがって設置された高座海軍工廠と呼ばれた工場には，台湾から動員された12歳から19歳の台湾少年工たち約8,000人が働いていた。

d．日本の委任統治下のミクロネシアにおいては，ドイツの植民地経営が継承されたが，ドイツの地理的・人類学的調査の成果が日本の間接統治にも生かされ，日本の民俗学者，人類学者，植民地学者は，現地調査に派遣される形で動員された。

問7　（　お　）に入る最も適切なものを以下から一つ選びなさい。

a．主権

b．領域

c．国民

d．民主

問8　下線部(5)に関連して，以下の記述の中で誤っているものを一つ選びなさい。

a．アメリカで移民制限が始まったのは，「連邦政府による中国人排斥法が成立した1882年」で，この政策以前のアメリカは開かれていたという解釈が一般的であったが，近年はそれ以前から制限があったことを主張する研究が出始めている。

b．1924年，「ジョンソン・リード法」と呼ばれたアメリカの移民法は，1907年より入国制限がなされていた日本人を完全に排除し，そのほかのアジア系移民と同様に，アメリカへの移住を一切禁止した。

c．20世紀に入って始まった日本人移民排斥運動は，1916年，サンフランシスコ市学務局が市内の公立小学校に在籍する日本人ほかアジア系児童を東洋人学校に転学・隔離するとの決議を行ったことにより，その機運が一挙に高まった。

d．主に独身男性が中心であった日本人移民にむけて考案された「写真花嫁」というシステムは，写真のみでお見合いをし，結婚が決まったら対象の女性が渡航するというものであったが，当時のアメリカ社会には「不道徳」であると受け止められた。

3　以下の文章を読み，後の問いに答えなさい。

ICT (Information and Communication Technology) と経済のグローバル化が現代の富と成長の源泉であるという考えはおおむね受け入れられているといってよいだろう。コロナ禍によって，ソーシャルディスタンシングなど行動変容が進んだ結果，デジタル技術への需要は一段と高まっている。また，貿易の混乱が国内の生産活動に悪影響を与える事態を目の当たりにし，その重要性が改めて認識されるようになった。

同時に新しい技術(1)や経済のグローバル化が分配にもたらす影響についても高い関心が寄せられている。新しい生産技術の導入によって代替される労働者の貧困化は，導入される技術が革新的であればあるほど大きな社会不安に結びつく。歴史的にも19世紀の産業革命を背景にイギリス(2)で起こったラッダイト運動やアメリカ(3)の鉄道敷設労働者ジョン・ヘンリーの伝承など，急速に進む機械化に対する労働者の強い反発を示す例は事欠かない。第二次大戦後急速に進んだ資本蓄積を反映した1961年の『タイム』誌の記事のタイトル「The Automation Jobless」はまるで現代のAI（人工知能）の進化を映しているかのようである。

経済のグローバル化も新技術の導入と類似したところがある。国産の輸入競合品の生産に参加していた労働は，海外の輸入品の生産に参加している労働と間接的に競争することとなる。輸入中間財やサービスの利用もこれと同様である。つまり，貿易や海外アウトソーシングは，あたかも国内の労働市場が海外の労働市場に接合されるようなものとみることができる。仮に新しい技術の導入を「機械(技術)と労働との競争」とみるなら，経済のグローバル化は「外国労働と国内労働との競争」と表現できる。

もちろん「競争」は，技術や経済のグローバル化と労働の関係の一面でしかない。新しい機械(技術)を使うことで労働生産性が改善されるように，機械と労働は「協働」する関係にもある。経済のグローバル化も同様で，例えば，輸入中間財が生産に使われるようになると，代替されなかった国内労働と(輸入中間財に投入されていた)外国の労働とは協働関係に入ることになる。そして，代替される労働と協働関係に入る労働とでは技術導入や経済のグローバル化の影響が反対になり，格差要因となる。

マサチューセッツ工科大のAutor教授らは業務をICTとの代替・補完性とスキルによって分類し，このうち製造，一般事務，会計事務といった定型的な業務はICTによって自動化(オートメーション)されやすく，かつ，それらの業種で求められるスキルの水準は中位に属すると主張する。また，ICTは，非定型の高スキル業務については，補完的に働いて労働生産性を向上させ，雇用を増やすという。つまり，スキル中位の仕事への労働需要を減らし，いわゆる労働の二極化(中抜け)をもたらすと考えられている。

日本についていえば，2000年代前半の給与額別の労働者数は，給与額高位(80万円以上)と低位(16万円未満)の階層で増加，その間のレンジでは減少していたことが池永の研究により明らかになっている。また，平成25年版「労働経済白書」では，2000年代に雇用が拡大したのは，年収400万円未満の層で，それより高い年収では1500万円以上の層を除けば減少していたことが報告されている。そして，雇用が増加した400万円未満の層では医療・福祉部門での雇用の伸びが大きく寄与していた。このように，日本でも二極化傾向は確認されているが，その背景に社会の高齢化に伴う医療・福祉サービスへの需要増があることに注意を払う必要がある。

しかし，製造業に限ってみても雇用の二極化がみられた。製造業の雇用は全体としては大幅に減少したが，減少は300万円から900万円未満の中間的な所得層であり，それより低い所得層と900万円以上の層ではむしろ雇用は増加していた。このような変化を人口動態だけで説明するのは難しいだろう。

貿易が格差要因となりうることは早くから指摘されていたが，実際問題として格差の重要な要因ではないという見方が研究者の間でも長く有力だった。この見方は，国際的なサプライチェーンの発達を受け変化しつつある。

国際サプライチェーンは，主に先進国の多国籍企業が直接投資などを通じて構築してきた。企業は本国の経営資源(技術やノウハウなど)を進出先で利用する。したがって，進出企業が現地で生む雇用は現地からみればベター・ジョブ(より良い仕事)である。例えば，日本企業は組み立てなど最も単純労働集約的な工程から<u>東南アジア</u>(4)や中国に移管してきた。製造は定型業務ではあるが，中位のスキルが必要とされる。進出先ではスキルへの需要が高まる。一方，日本国内に残された機能は，研究開発やマーケティングなどさらにスキル集約度の高い工程に集中する。この結果，進出先と日本の両方でスキル労働への需要が増加し，スキル労働者と単純労働者の賃金差(賃金プレミアム)が拡大する。

しかし，先にみたように，国内製造業で300万円未満の低所得層で雇用が増加していたという事実は，<u>途上国との労働との競合による置き換えではうまく説明できないように思われる</u>(5)。

出典：佐藤仁志「技術革新，経済のグローバル化と所得格差――日本の正規・非正規雇用を巡る考察」『国際問題』No. 703(2021年10月)，35-44頁より作成。一部改編。

問１　下線部(1)の「<u>新しい技術</u>」に関連して，以下の記述の中で<u>誤っているもの</u>を一つ選びなさい。

ａ．20世紀初頭にドイツで開発されたハーバー・ボッシュ法により，窒素と水素を用いたアンモニアの合成が実用化された。これによって肥料の大量生産が可能となり，20世紀の急激な人口増加を支えた。

b．1830年代に発達した電信技術は，瞬時の長距離情報伝達を可能にした。1860年代までには大西洋横断ケーブルでアメリカとイギリスが繋がれ，そのイギリスは19世紀中にはインドやオーストラリアまでつながる長大な有線ケーブルを完成させた。

c．18世紀に入って蒸気機関，そして紡績機，飛び杼，織機などが発明されると，低価格で供給されるイギリス製綿織物の人気が高まった。インドの綿織物製造業は壊滅的な打撃を受け，インドは綿を原材料として輸出するようになった。

d．1946年にはじめて実用的な機械式コンピュータが完成されたあと，70年代のトランジスタおよび集積回路の発明を経て，その電化・小型化が進んだ。このことは90年代以降の世界的なネットワークの拡大と国境を越えた情報の流れの増大をもたらした。

問２　下線部(2)の「イギリス」に関連して，以下の記述の中で誤っているものを一つ選びなさい。

a．紀元43年，ローマ帝国はグレートブリテンに軍を派遣し，都市を建設して支配をはじめた。その後，ハドリアヌス帝やマルクス・アウレリウス・アントニヌス帝は長城を築き支配を強めようとした。

b．三十年戦争の時期に強権的な姿勢で課税を強化しようとしたチャールズ１世は，議会の激しい反対にあい，内紛を経て1649年に処刑された。

c．イギリス本国で自由主義的な貿易政策がとられるようになると，東インド会社に与えられた独占権に対する批判が高まった。1857年に東インド会社が解散させられると，職を失ったインド人傭兵シパーヒーによる大反乱が発生した。

d．1920年代にアイルランド南部がイギリスから分離され，後に独立した一方，北部６州はイギリスに残留した。この北部のイギリスからの独立を目指すIRAが武装闘争を展開し紛争が続いていたが，1998年に和平合意が成立した。

問3　下線部(3)の「アメリカ」に関連して，以下の記述の中で誤っているものを一つ選びなさい。

a．ニューヨークは，オランダが西インド会社を設置してニューアムステルダムとして統治していたが，1664年にイギリスに武力で奪取された。これをきっかけに第二次英蘭戦争が勃発し，その講和条約によって正式にイギリス領となった。

b．18世紀末から進んだアメリカの工業化は，保護貿易的な政策を求める北部の産業資本家と，自治を重んじ自由貿易を求める南部の農園主の間の利害対立を先鋭化させ，1861年から始まる南北戦争の背景となった。

c．人種差別的な規定や州法の撤廃を求めたアメリカ公民権運動は，リチャード・ニクソン政権下における1964年公民権法，1965年投票権法などの一連の立法につながった。

d．サダム・フセイン率いるイラクが1990年にクウェートに侵攻すると，アメリカとソ連は共にイラクを非難し，国連安全保障理事会で武力行使を容認する決議を採択し，多国籍軍によるイラク攻撃に正当性を与えた。

問4　下線部(4)の「東南アジア」について，以下の説明に該当する国の場所を次の地図中から探し答えなさい。

(1)　この国は，太平洋戦争での日本の降伏後，オランダとの武力衝突を経て1949年に独立を達成した。現在の東ティモールは，長年にわたる紛争を経たのち2002年にこの国から独立した。

(2)　アメリカから独立したこの国の南部では分離独立運動を背景とした内戦が40年以上にわたって続いていたが，2014年についに包括的な和平合意が達せられ，2019年には暫定自治政府が樹立された。

(3)　この国は，1986年から社会主義型市場経済を目指してドイモイとよばれる開放政策をとった。優遇策を提示して外国企業を誘致し，加工貿易を主とした輸出主導型の経済成長を実現してきた。

(4)　アンダマン海に面するこの国は，軍事政権による民主派の抑圧などを理由に，欧米によって経済制裁の対象とされてきた。2021年２月には，再び国軍によるクーデターが発生し，新たな制裁が科せられている。

(5)　この国は，集権的な体制によって産業インフラの整備を集中的に進め，外国企業を誘致して高い経済成長を達成してきた。現在では，東南アジアの金融センターとしての地位を不動のものとしている。

(6)　この国は，独立後もクーデター，近隣諸国からの侵攻，原始共産制を標榜する政権による弾圧と虐殺，さらには内戦を経験した。1991年のパリ平和協定によって内戦が終結し，国連の監視下で総選挙が行われた。

(7)　この国は，大国間のバランスをとる外交によって欧米による植民地化を巧みに回避してきた。1980年代から90年代にかけて民主化が進展したが，国内の政治対立は深刻で，以前からクーデターが繰り返されている。

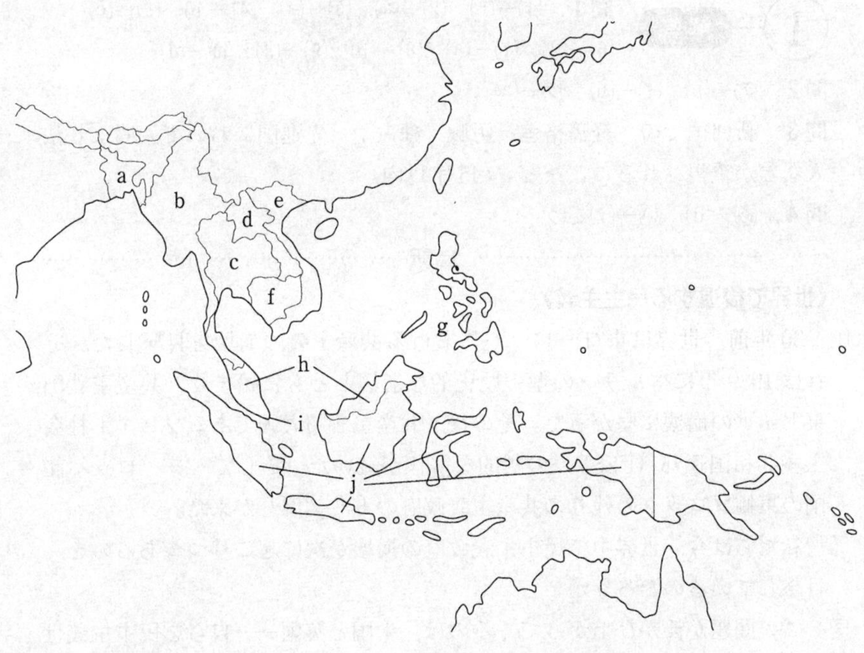

問５　下線部(5)で，筆者は日本の製造業の雇用の変化を途上国との競合のみから説明するのは難しいとしている。その根拠を，60字以内で説明しなさい。

解答編

総合グローバル学部

◀グローバル化する人間社会について，提示された資料の理解力および思考力を問う試験（英語の設問を含む）▶

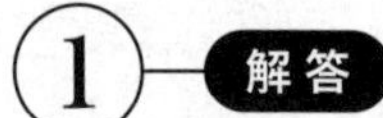

問1．(1)—(b) (2)—(a) (3)—(a) (4)—(b) (5)—(c) (6)—(d) (7)—(a) (8)—(b) (9)—(d) (10)—(d)

問2．(ア)—(b) (イ)—(b) (ウ)—(a)

問3．新興国での，経済格差，汚職，独占や，先進国において人間より法人などが重視されることなど。(45字以内)

問4．(あ)—(d) (い)—(f) (う)—(c)

全訳

《世界で後退する民主主義》

[1] 30年前，世界は東ヨーロッパにおける共産主義の崩壊を目撃した。それは1989年にベルリンの壁の歴史的な崩壊とともに始まり，共産主義国東ドイツの崩壊に繋がった。その後，共産主義超大国であるソビエト社会主義共和国連邦（USSR）の劇的な解体が続いた。そして，ヨーロッパ諸国の東側ブロックの残りの共産主義政府のドミノ倒しが来た。

[2] 私たちは今，世界中で民主主義政府の崩壊が次に起こりつつあるのを，目撃しているのだろうか？

[3] この問題が浮かび上がってくるのは，米国と英国――自らを民主主義世界の砦だとして誇っている2つの国――が，今や民主主義の慣習に背く指導者，つまり米国大統領ドナルド=トランプと英国首相ボリス=ジョンソンによって統治されているからである。

[4] 同様の指導者たちが，世界の他の場所でも出現したか，より強力になっ

てきている。ブラジル大統領ジャイール=ボルソナーロ，ロシア大統領ウラジーミル=プーチン，ポーランド大統領アンジェイ=ドゥダ，ハンガリーのヴィクトル=オルバーン首相，トルコ大統領レジェップ=エルドアン，インドのナレンドラ=モディ首相，そしてまさに我が国の大統領ロドリゴ=ドゥテルテである。

5　欧州の28カ国のうち23カ国で，反民主主義的な理想を支持する政党が，議会の議席を獲得している。アジアでは，権威主義で全体主義の政治制度が権力を掌握し続けている。ラテンアメリカでは，アナリストが観察しているのは，大陸での長年のファシズムと独裁政権を思い起こさせる政治的レトリックの復活である。

6　リーダーシップの反民主主義的な実践を主張して出てきたこれらの指導者や政党は，例外なく極右，ポピュリスト，独裁的，ファシストなどと言われる。彼らは人種的，宗教的衝突を扇動している。彼らは，報道の自由，公平な司法制度，独立した立法府，そして活発な野党のような，民主主義の非常に重要な制度を不安定化させている。彼らの統治は，人権侵害に対する苦情の増加によって中断されている。

7　民主主義は世界的に後退している。これは30年前に起こったこととは全く対照的である。それは，共産主義から抜け出してきた国々の足取りが，民主主義に向かっていた時である。

8　過去30年間に民主主義に対する幻滅が増大したのは何故なのか？　確かに理由は無数にあるが，凡人の立場からすれば，一般的な理由と原因があるのかもしれない。

9　人は，民主主義に関連した政治的自由から，幻滅が生じるとは想像できない。失望は，民主主義に関連した経済システムの機能不全から生じる。

10　新興経済国では，世代間の貧困を生み出すものは経済システムである。なぜなら，それは，既に物質的に与えられている人々にのみ経済的発展を提供するからである。これを，強固な政治階級による汚職と，安定した経済階級による経済的機会の独占という二重の災難と表現する人々もいる。

11　貧しい人々の民主主義に対する信頼は，彼らの子供たちが，教育，資本，医療サービスへの有意義なアクセスを通じて，経済発展への新しい機会を与えられる場合にのみ，再確認され続けるだろう。

12　先進国での不満は，民主的な政府が，現実の人間の福祉に対する名ばかりの反応と比較して，より多くの配慮を虚構の人物（法人）の幸福に払っているという事実から生じる。

13 いわゆる民主的政府における政治権力の移行は，新しい指導者に対する国民の渇望を示すという意味で前向きな発展であり，保守派に対して国民にもっと敏感になるために自らを改革することを余儀なくさせる。しかし，国民が自暴自棄になって，民主主義の極めて重要な制度――力強いメディア，独立した司法制度，独立した立法府，そして活発な野党――を徐々にだめにする独裁的な指導者を選んでいるという意味では，悪いことである。

14 民主主義に関連した経済の機能不全が解決されない限り，我々は世界の歴史が，共産主義から民主主義，そして権威主義へと進み続けるのを目撃することになるであろう。

出典追記：Democracy in retreat, The Philippine Daily Inquirer on September 9, 2019 by Joel Ruiz Butuyan

解説

問1．(1) 空所の前文（It was followed…）には「共産主義超大国の劇的な解体」とあり，空所を含む文では「そして，残りの共産主義政府のドミノ（ 1 ）」と続く。domino は「ドミノ牌」のことであるが，「ドミノ倒し」の表現は馴染みがあるであろう。ここでは，共産主義国の「ドミノ倒し」の意で使われていることが明白であるので，選択肢から「倒れる」に相当する言葉を選ぶ。(b)「崩落」が適切である。なお，came the domino ～は the domino ～ came の倒置であることに注意。(a)「接近」(c)「原因」(d)「力」

(2) 第1段第1文（Thirty years ago,…）に「世界は東ヨーロッパにおける共産主義の崩壊を目撃した」とある。空所を含む文では，同じ witness「～を目撃する」という動詞を使っていることに注意。共産主義の崩壊の次に目撃するのは，「民主主義政府」の(a)「崩壊」が適切である。(b)「瀬戸際」(c)「成功」(d)「～を納得させる」

(3) 空所前の内容より，「米国と英国が自らを誇っているのは，民主主義世界の」何であるか，歴史的に考える。(a)「砦」が適切である。(b)「再設置」(c)「装置」(d)「信念」

(4) 空所前の「アジアで，権力を掌握し続けているのは権威主義的で」に続く形で，どのような政治制度なのかを考える。and で結ぶ内容は同等なものが来るので,「権威主義の」と同等な選択肢, (b)「全体主義の」が適切である。(a)「必要不可欠な」 (c)「進行中の」 (d)「代わりの」

(5) 空所前の「彼ら（反民主主義的な指導者など）が扇動しているのは,人種的, 宗教的な」に続くのは, (c)「衝突」が適切である。(a)「ストロボ」 (b)「闊歩する」 (d)「打撃」

(6) 空所を含む文では「民主主義の制度として, 報道の自由,（ 6 ）司法制度, 独立した立法府, そして活発な野党」を挙げている。ゆえに, judiciary「司法制度」には(d)「公平な」が適切である。(a)「暗黙の」 (b)「障害のある」 (c)「緊急の」

(7) 空所の次の文（This is in…）では「30年前に共産主義国が, 民主主義に向かっていたのとは全く対照的」とある。ゆえに, 空所を含む文では「民主主義は世界的に」とあるので, (a)「後退」が適切である。be in retreat「撤退する」も覚えよう。(b)「陽気な言動」 (c)「多弁さ」 (d)「扇動行為」

(8) 空所の前文（Why did disillusionment…）には「過去30年間の民主主義への幻滅の増大」とある。空所を含む文で「一般的な理由と原因」を実感しているのは, どの立場かを類推する。(a)「卒業生代表の」, (c)「粗野な人の」, (d)「90歳代の」は特定のカテゴリーの人々であり, 不適。(b)「歩行者の, 凡人の」は「一般人」の代表と考えられるので適切である。

(9) 第8段第1文（Why did disillusionment…）に「民主主義に対する幻滅が増大したのは何故か」とある。ゆえに, 空所を含む文の「民主主義に関連した政治的自由」から人々が「生じるとは想像できない」ものは, (d)「幻滅」が適切である。(a)「反復」 (b)「容赦」 (c)「悪評」

(10) 空所を含む文では, 民主主義政府は,「より多くの注意を法人の幸福に払っている」とある。一方, compared to ～「～と比較して」と対比されている「現実の人間の福祉」にはどんな反応なのかを考える。(d)「名ばかりの」が適切である。(a)「犬の」 (b)「洞察力のある」 (c)「独創的な」

問2. (ア) espouse「（主義・思想など）を支持する, 擁護する」の意である。ゆえに, (b)「～を採用する」が最も近い。(a)「～に予防接種をする」 (c)「存在する」 (d)「～を見落とす」

(イ) endowed「授けられた, 賦与された」の意である。ゆえに, (b)「備えられた」が最も近い。(a)「ためらった」 (c)「具現化された」 (d)「絶賛された」

(ウ) autonomous「自治権のある，独立した」の意である。ゆえに，(a)「自分で決定できる」が最も近い。(b)「狂信者」(c)「一致する」(d)「騙されやすい」

問3． 下線部は「民主主義に関連した経済の機能不全」の意である。第9段第2文（The disappointment stems…）に「民主主義に関連した経済システムの機能不全から，失望は生じる」とある。その原因としては，第10段第1文（In emerging economies,…）に「新興国では，経済システムは貧困を生み出し，富裕層にのみ経済的発展を提供」，および同段第2文（Others describe it…）に「政治階級による汚職と，安定した経済階級の経済の独占という二重の災難」とある。また，第12段（In developed economies,…）に「先進国での不満は，民主的な政府が，多くの配慮を人間よりも法人に払っているという事実から生じる」とある。これらをまとめればよい。

問4． (あ) 助動詞canが2つあると思うかもしれないが，1つは名詞「缶」である。それを用いてkick the can down the road「問題を先送りにする」のイディオムができる。またrun out of roadは「前方に道やスペースがなくなる」また，「(継続するための勢い，援助など) がなくなる」の意である。ゆえに，(We) can't kick <u>the</u> can (down the road because we've run) out of road (.) となる。

(い) 「(たとえ) どのような～でも」はno matter what～などが思い浮かぶが，no matterの後に疑問詞でなく名詞句を伴う場合があり，冒頭ではこれを利用する。waryはbe wary of～「～に用心する，警戒する」である。ゆえに，No matter their (views of race-conscious admissions, students) <u>were</u> wary of the (college application process—and some thought little would change.) となる。

(う) 日本語の文には「もし天使が…」とあるので，実現性の低い仮定法の公式 if S were to *do* をそのまま当てはめる。また，選択肢のneitherはneither *A* nor *B*「*A*も*B*も～ない」と用いる。ゆえに，("If angels) were to govern <u>men</u> neither external nor (internal controls on government would be necessary.") となる。

② 解答

問1. b　**問2.** シリア・アラブ共和国　**問3.** a
問4. c　**問5.** c　**問6.** d　**問7.** b　**問8.** c

解説

《国境を越える人々の移動》

問1. bが正解。日本に住む外国人の在留資格は29種類あり，活動制限の少ない身分または地位にもとづく居住資格と，活動内容や在留期間などの制限がある活動資格に分けられる。選択肢中の「技能実習」「特定技能」「高度専門」は活動資格，「永住者」は居住資格にあたる。「特別永住者」とは1991年に施行された入管特例法に定められた在留資格をもつ外国人のことであり，日本の占領下で日本国民とみなされたが，日本の敗戦によって日本国籍を失った在日の朝鮮，台湾などの人々からなる。特別永住者は日本国籍の取得や少子高齢化を背景に継続的な減少傾向にある。一方，永住者はグローバル化の進展などを背景に2000年頃から大幅に増加した。

問3. aが正解。まず，リード文中の「この一方」とは，一つ前の段落の前半にある，19世紀に並行して進んだ国民国家の形成と植民地の形成のことを指しているため，（　あ　）には「形成」が入る。「もう一方」とは，一つ前の段落の後半にある，20世紀後半から21世紀にかけての国民国家の揺らぎと植民地の解体による大規模な人の移動のことを指しているため，（　い　）には「揺らぎ」が入る。

問4. cが正解。リード文から（　う　）と（　え　）には第一次世界大戦（1914～1918年）および第二次世界大戦（1939～1945年）を挟む年代が入ると推測できる。したがって，（　う　）には「19世紀後半から20世紀初めまで」，（　え　）には「20世紀後半から現代まで」が入る。また，第2段落中に「移民の時代であった19世紀」「20世紀後半から21世紀にかけては…大規模な人の移動」とあることを手がかりとして判断することもできる。

問5. cが誤文。「満洲開拓移民または満蒙開拓団」とは，1931年の満州事変以降，1945年の太平洋戦争敗戦までの間に日本から大陸へと移住した人々を指すが，その移住先は満洲・内蒙古・華北であり，華南は含まれない。

問6. dが不適。dは，委任統治を行う側の日本人が委任統治下のミクロネシアに移動する内容であり，本問で問われている「戦争への植民地住民の動員」の事例にはあたらない。なお，aは日本の統治下にあった台湾の先住民族の若者の動員，bは日本の植民地であった朝鮮の人々の動員，cは台湾からの少年工の動員についての説明である。

問7． bが正解。リード文では「(　お　) 国家と国民形成の過程」に関して，国民と他者（移民・難民）を分割し，それらを管理する制度が確立されたことが説明されている。したがって，国民と他者（移民・難民）を分割する国境や，国境によって区切られた領土をもつ国家の存在を前提としていると考え，(　お　) には「領域」が入ると判断できる。

問8． cが誤文。cの「サンフランシスコ市学務局が市内の公立小学校に在籍する日本人ほかアジア系児童を東洋人学校に転学・隔離するとの決議を行った」のは，1916年ではなく，1906年のことである。

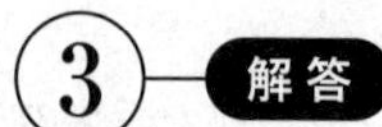

問1． d　**問2．** c　**問3．** c
問4． **(1)**— j　**(2)**— g　**(3)**— e　**(4)**— b　**(5)**— i　**(6)**— f　**(7)**— c

問5． 最も単純労働集約的な工程を日本から途上国へと移管した場合に国内で減少するはずの，低所得層の雇用の増加がみられるため。(60字以内)

解説

《技術革新と経済のグローバル化をめぐる諸問題》

問1． dが誤文。トランジスタおよび集積回路が発明されたのは1970年代ではない。トランジスタは1940年代，集積回路は1950年代の発明とされる。

問2． cが誤文。東インド会社の解散は，「インド人傭兵シパーヒーによる大反乱」の原因ではなく，大反乱の結果生じた出来事である。

問3． cが誤文。1964年公民権法，1965年投票権法は，「リチャード・ニクソン政権下」ではなく，ジョンソン政権下で成立した。人種差別的な規定や州法の撤廃を求めたアメリカ公民権運動はケネディ政権下の1960年代に活発化し，ケネディ政権の跡を継いだジョンソン政権下で一連の立法に至った。

問4． **(1)**　jが正解。「オランダとの武力衝突を経て1949年に独立」とあることから，旧オランダ領のインドネシアが該当する。

⑵　g が正解。「アメリカから独立」とあることから，16 世紀前半にスペイン領となったのち，1898 年の米西戦争を経て，アメリカ領となったフィリピンが該当する。

⑶　e が正解。「1986 年から社会主義型市場経済…ドイモイとよばれる開放政策」とあることから，中国と同様に，社会主義国家でありながら市場経済（資本主義経済）を導入しているベトナムが該当する。

⑷　b が正解。「軍事政権による民主派の抑圧」「2021 年 2 月には，再び国軍によるクーデターが発生」とあることから，ミャンマーが該当する。

⑸　i が正解。「東南アジアの金融センター」とあることから，シンガポールが該当する。20 世紀後半，リー=クアンユー政権下で，「集権的な体制によって産業インフラの整備を集中的に進め，外国企業を誘致」する政策（開発独裁政策）が実施され，韓国・台湾・香港とあわせて NIEs（新興工業経済地域）とよばれるようになった。

⑹　f が正解。「独立後もクーデター，近隣諸国からの侵攻，原始共産制を標榜する政権による弾圧と虐殺，さらには内戦を経験」「1991年…内戦が終結」とあることから，カンボジアが該当する。

⑺　c が正解。「欧米による植民地化を巧みに回避」とあることから，東南アジアで唯一独立を維持したタイが該当する。

問 5. リード文中にあるように，日本の製造業の雇用の変化とは，日本の製造業における雇用の二極化，つまり給与額が 300 万円から 900 万円未満の中間的な所得層の雇用が減少し，300 万円未満の低所得層と 900 万円以上の高所得層の雇用が増加したという変化を指している。「組み立てなど最も単純労働集約的な工程」は日本国内では低所得層によって担われてきたが，これを途上国へ移管して現地の労働者を雇用した場合，これまで組み立て作業などに従事していた国内の単純労働者需要は減少し，一方でスキル労働者需要は増加すると予想される。しかし，実際には低所得層の雇用も増加しているので，国内の製造業の雇用の変化を途上国との労働の競合だけで説明することはできない。

////////////////////// · memo · //////////////////////

2023年度

問題と解答

■一般選抜（学部学科試験・共通テスト併用方式）：外国語学部

問題編

▶試験科目・配点

学科	試験区分	試験教科・科目		配　点
英語	大学入学共通テスト	外国語	『英語（リーディング，リスニング）』	40点
英語	大学入学共通テスト	国語	『国語』	40点
英語	大学入学共通テスト	地理歴史または公民または数学	「日本史Ｂ」，「世界史Ｂ」，「地理Ｂ」，「倫理」，「政治・経済」，『倫理，政治・経済』，『数学Ⅰ・数学Ａ』のうちから１科目選択	40点
英語	大学独自試験	学部学科適性試験	【学部共通試験】 ①高度なレベルの外国語学習に対する適性を測る試験 ※出題はおもに英語とし，一部の問題を英語・ドイツ語・フランス語・イスパニア語・ロシア語・ポルトガル語から試験場で選択する	50点
英語	大学独自試験	学部学科適性試験	【学部共通試験】 ②外国研究に必要な基礎的知識・日本語の読解力・論理力・思考力を測る試験	50点
英語以外	大学入学共通テスト	外国語	『英語（リーディング，リスニング）』，『ドイツ語』，『フランス語』のうちから１科目選択	40点
英語以外	大学入学共通テスト	国語	『国語』	40点
英語以外	大学入学共通テスト	地理歴史または公民または数学	「日本史Ｂ」，「世界史Ｂ」，「地理Ｂ」，「倫理」，「政治・経済」，『倫理，政治・経済』，『数学Ⅰ・数学Ａ』のうちから１科目選択	40点
英語以外	大学独自試験	学部学科適性試験	【学部共通試験】 ①高度なレベルの外国語学習に対する適性を測る試験 ※出題はおもに英語とし，一部の問題を英語・ドイツ語・フランス語・イスパニア語・ロシア語・ポルトガル語から試験場で選択する	50点
英語以外	大学独自試験	学部学科適性試験	【学部共通試験】 ②外国研究に必要な基礎的知識・日本語の読解力・論理力・思考力を測る試験	50点

▶備　考

- 大学入学共通テストの英語の技能別の配点比率は，リーディング 100 点：リスニング 100 点（200 点満点）とする。
- 大学入学共通テストの国語は，古文，漢文を含む。
- 大学入学共通テストの選択科目を指定科目数以上受験した場合は，高得点の科目を合否判定に利用する。第 1 解答科目・第 2 解答科目の区別も行わない。
- 大学入学共通テストの得点は，各学科の配点に応じて換算して利用する。
- 任意で提出した外国語外部検定試験結果は，CEFR レベル（A2 以上）ごとに得点化し，大学入学共通テストの外国語の得点（200 点満点）に上限付きで加点される。

■外国語学部■

◀高度なレベルの外国語学習に対する適性を測る試験▶

(60 分)

1 次の英文を読み，(1)～(10)にあてはまる語句として最も適切なものをそれぞれ(a)～(d)から選びなさい。大文字で始まる場合でも選択肢は全て小文字で記してある。

Recently, the family of the well-known actor Bruce Willis announced that he would be stepping away from acting due to a condition known as aphasia. Aphasia is a communication disorder which can affect spoken and written language abilities in a variety of ways. Though it is (1), many do not know much about it.

Aphasia results from damage to the parts of the brain (2) language processing, making communication difficult and often frustrating for both those affected and their loved ones. The most common cause of aphasia is a stroke, traumatic injury, a brain tumor, or infection. How exactly language is affected depends, (3), on where the brain has been damaged and on how severe the damage is.

There are several different types of aphasia, each associated with different language deficits. The two most often discussed are Broca's aphasia and Wernicke's aphasia. Broca's aphasia, identified in the 1860s by the French surgeon Paul Broca, occurs when there is damage to the part of the brain (4) the production of speech. People with this form of aphasia are generally thought to be able to understand but not able to produce speech well. This type of aphasia is often referred to as non-fluent aphasia, as patients struggle to get out what they want to say, (5) knowing what they want to express. As a result, their speech is sometimes described as sounding like a telegram, without the ability to use function words such as "the" and "it's," or grammatical endings like "-ing" or "-ed." (6), they might say "John... house," with a long pause in between, for "John is going to the house."

(7) Broca's aphasia, Wernicke's aphasia, named after the German physician Carl Wernicke who identified it in 1874, occurs when the area of the brain that deals with comprehension of meaning is affected. In this type of aphasia, (8) as fluent aphasia, patients speak smoothly, but what they say (9). An example of a sentence that a Wernicke's patient might produce would be something that sounds almost random or that is not related to what was said before. Patients with Wernicke's aphasia have difficulty comprehending what others say, (10) producing sentences that are sensible to others.

(Adapted from "Bruce Willis Is Retiring From Acting Due to Aphasia. What Is Aphasia?" By Valerie Fridland, *Psychology Today*, April 1, 2022. <https://www.psychologytoday.com/intl/blog/language-in-the-wild/202204/bruce-willis-is-retiring-acting-due-aphasia-what-is-aphasia>)

(1) (a) not outstanding (b) not uncommon
(c) outstanding (d) uncommon

(2) (a) involved in (b) involving in
(c) strained in (d) straining in

(3) (a) in chronic cases (b) in contrast
(c) in large part (d) in rare diseases

(4) (a) considered to require　(b) considering to require
(c) thinking to control　(d) thought to control

(5) (a) as　(b) despite　(c) since　(d) unlike

(6) (a) although　(b) besides
(c) even though　(d) for instance

(7) (a) except for　(b) in contrast to
(c) in terms of　(d) regardless of

(8) (a) also known　(b) differently seen
(c) if not treated　(d) often received

(9) (a) contains obvious lies　(b) does not make sense
(c) flows coherently　(d) is excessively dull

(10) (a) for example　(b) as well as
(c) no fewer than　(d) resulting in

2　次の文を読み，文章の内容に照らして⑾～⒇の問いの最も適切な答えを(a)～(d)から一つ選びなさい。

About a year into the pandemic, Marcela Rafea began waking up consistently at 3 a.m., her mind racing. She would get out of bed and walk into the living room, where she would try a few yoga poses and open the window to hear the cars rush by and the dogs bark. Then, at 6 a.m., she would crawl back into bed and would sleep again until her youngest child woke her for the day at 7 a.m. "I needed that night wakefulness to make up for the time that I didn't have for myself," said Rafea.

Without being aware of it, Rafea had naturally gone back to a "segmented" sleep cycle that was believed to be standard in multiple cultures in the late Middle Ages through the early 19th century. During that time, many people went to sleep around sundown and woke three to four hours later. They socialized, read books, and had small meals for the next hour or two before sleeping again for another three to four hours. It was only when artificial light was introduced that people began forcing themselves to sleep through the night, said A. Roger Ekirch, a professor of history at Virginia Tech.

Now that many people during the pandemic are making their own schedules, working from home and focusing more on self-care, there has been a return for some to the idea of a segmented sleep cycle, that is, the practice of dividing sleep at night into two parts, with a period of waking in between. For some, the return to this sleep cycle is voluntary and for others, given the stress levels of the last few years, it is not.

So, are we simply going back to our long forgotten, natural sleep cycle? And could this be the cure for those deemed middle-of-the-night *insomniacs? "The phenomenon went by different names in different places," said Benjamin Reiss, a professor of English at Emory University. He added that rather than being a choice at the time, this was simply something that people did, as it fit labor patterns of craftwork and agriculture. There was no pressure to get to the factory floor on time, to catch a train or to send children off to school, as most work was done in or near the home, Reiss said. Sleep wasn't governed by the clock, but by the rhythms of night and day, as well as by changes in the season.

There were negative reasons for segmented sleep as well. "Sleeping surfaces—often a sack stuffed with grass, or if you were lucky, wool or horsehair—made it harder than it is today to sleep for a long stretch without interruption," Reiss said. And there were, of course, health issues. For example, "without modern dentistry, a tooth might start aching in the middle of the night." Everything changed with the Industrial Revolution, emphasizing profit and productivity; the belief was that people who confined their sleep to a single period of time gained an advantage.

Fast forward a couple of hundred years, and we've grown accustomed to sleeping through the night. Well, some of us have. Twenty five percent of adults suffer from insomnia, according to a study by researchers at the University of Pennsylvania. For some people, the pandemic has spurred more flexible schedules, which has led to experiments with the old-fashioned sleep method.

That's the case for Mark Hadley. In the past 20 years, Hadley said he doesn't remember a time when he slept completely through the night. "I always woke up halfway through the night and just lay there," he said. "Physically, I wanted to get up, but I needed more sleep." Mr. Hadley didn't have a choice. He had heard of segmented sleep, but didn't have time to try it until his job went mainly remote during the pandemic. In August 2021, Hadley started segmented sleeping, going to bed at 10 p.m. and waking up naturally at 2 a.m. He gets up for one and a half to two hours to read and to pray. Then he goes back to bed around 3:30 or 4 a.m. and sleeps until 6:30 or 7 a.m.

Doctors are unsure about how healthy segmented sleep is, however. It may make some people feel more fatigued throughout the day, said Nicole Avena, a health psychologist. Also, Avena said, segmented sleep requires individuals to go to bed earlier, which may not work with many schedules. In cases of anxiety around insomnia, segmented sleep is often an ideal solution, said Alex Savy, a sleep science coach in Toronto. But returning to sleep patterns from the Middle Ages isn't for everyone, Avena said, suggesting that segmented sleep should be tried only by those who are already having sleep issues.

Glossary

*Insomniacs: People who struggle to go to sleep or stay asleep

(Adapted from "Meet Me at 3 A.M. for a Cup of Coffee." By Danielle Braff, *The New York Times*. February 12, 2022.)

(11) Which of the following is true about Marcela Rafea?

(a) Concerns about work interrupt her sleep every night.

(b) She finds it important to have time awake before 6 a.m.

(c) She sleeps until her oldest child crawls into her bed every morning.

(d) The noise from cars and dogs outside wakes her at 3 a.m.

(12) In earlier periods of history, what is one activity people did when they got up in the middle of the night?

(a) They interacted with other people.

(b) They prepared small meals for the next evening.

(c) They read books to their children.

(d) They stayed awake for three to four hours.

(13) What nighttime behavior changed after the creation of man-made light sources?

(a) People stayed awake longer when they woke in the middle of the night.

(b) People transformed themselves into night workers.

(c) People tried hard to stay asleep and not wake up until morning.

(d) People went to sleep at sundown and woke up at sunrise.

(14) Why are some people now returning to the practice of 'segmented sleep'?

(a) Caring for others during the pandemic required a shift to segmented sleep.

(b) Segmented sleep was recently proved to be a successful cure for people who don't have time to sleep.

(c) Less stress and shorter office hours allowed people to lengthen their sleep time.

(d) Pandemic-related lifestyle changes have led a group of people to alter their sleep patterns.

(15) What is one reason mentioned by Professor Benjamin Reiss for why 'segmented sleep' was more common in the past?

(a) Children worked in the fields and didn't need to get up for school.

(b) Factories were less strict and changed working hours depending on the time of the year.

(c) It went along with the natural schedule of farming and other types of work.

(d) Workers ignored the clocks because they were slow and were not in rhythm with daily life.

(16) What is one reason why people before the Industrial Revolution had difficulty sleeping through the night?

(a) People felt pressure to get up early to work at home or on their farms.

(b) Sleeping spaces were short and narrow, and people couldn't stretch out.

(c) The pain from dental treatments was intense and always got worse at night.

(d) What people slept on was uncomfortable and made of rough materials.

(17) Which best describes beliefs about sleep after the Industrial Revolution?

(a) A night of uninterrupted sleep benefitted the worker.

(b) Segmented sleep made people more productive.

(c) Short naps during working hours led to more profit.

(d) Workers who slept confined in dormitories gained an advantage.

(18) What is true about Mark Hadley?

(a) Before the pandemic, he struggled to stay asleep.

(b) He couldn't get up and often stayed in bed for half of the day.

(c) He spent the last twenty years trying segmented sleep.

(d) The pandemic allowed him to sleep late each morning.

(19) What is one problem associated with 'segmented sleep'?

(a) It can cause an increase in anxiety.

(b) It makes people sleep for longer periods of time.

(c) People may feel more fatigued at night.

(d) People must go to sleep before their usual time.

(20) Who should try 'segmented sleep'?

(a) Those who already sleep well and have flexible schedules.

(b) Those who are open to consulting with a sleep science coach.

(c) Those who currently struggle to sleep through the night.

(d) Those who want to prevent future sleeping problems.

3 次の英文を読み，(21)〜(30)にあてはまる語句として最も適切なものをそれぞれ(a)〜(d)から選びなさい。

In a small town in Texas in the 1930s, brothers GEORGE and LEONARD discuss local elections, future plans, and family business with their mother, Mrs. TOLLIVER.

GEORGE: Lewis Hart is not running for *County Attorney again.

LEONARD: I know.

GEORGE: I'm thinking about ＿＿(21)＿＿.

LEONARD: Do you realize, Brother, that there are at least three other young lawyers here thinking of running for County Attorney? I know Billy Dalton is planning to run, and if you do, that will make it very embarrassing for me. Billy asked for my support last week if he made it to the race, and I promised I would ＿＿(22)＿＿.

Mrs. TOLLIVER: Can't you tell him you didn't know what George's plans ＿＿(23)＿＿? I'm sure he would understand.

LEONARD: I won't do that, Mother. That's not fair to Billy. He discussed his plans with me before resigning his job. Brother doesn't discuss his plans with me anymore.

GEORGE: I don't discuss my plans with you because it occurs to me that everything I want to do on my own you ＿＿(24)＿＿. I know in advance what your reaction will be. Anyway, I am going to run for County Attorney, and if I lose, I will continue to practice law.

LEONARD: But where will you ＿＿(25)＿＿ for your County Attorney race?

GEORGE: I want to divide the farm so I can sell my half.

Mrs. TOLLIVER: Oh, George. Do you know what you're doing? I won't let you do this.

GEORGE: (26)__________, Mama.

Mrs. TOLLIVER: True. But once that's gone, honey, you'll have nothing.

GEORGE: I'm going to do it, Mama.

LEONARD: If you're going to sell, I want to buy your part.

GEORGE: What will you offer me?

LEONARD: A hundred and fifty dollars an acre.

GEORGE: (27)__________.

LEONARD: I guess you would, but I don't think I should be penalized because I have to keep this land together. I asked six months ago for your permission to develop the farm, and you said go ahead. You had no right to let me go ahead and invest all this money if this is what you were planning to do.

GEORGE: I didn't (28)__________.

LEONARD: Well, then I'm sorry. You have to sell to me now at a price I can afford. If you insist on a high price, I'll borrow the money and find some way.

GEORGE: I don't want you to do that.

Mrs. TOLLIVER: Why don't you try borrowing the money for your County Attorney race, George, and not selling your land?

GEORGE: I went to the bank, Mother, and they (29)__________.

LEONARD: I'll loan you some money.

GEORGE: I don't want to borrow from you. I don't want to owe you anything ever again.

Mrs. TOLLIVER: Leonard. George. Please stop this (30)__________.

Glossary

*County Attorney: An elected official who is the legal advisor in court cases involving the town or county.

(Adapted from *The Habitation of Dragons*, By Horton Foote, *Smith & Krauss*, 1993.)

(21) (a) celebrating it (b) challenging him
(c) training him (d) trying for it

(22) (a) give back to you (b) give in to you
(c) give it to him (d) give up to him

(23) (a) are at the moment (b) are still undecided
(c) were at the time (d) were likely to change

(24) (a) always compliment (b) immediately oppose
(c) never copy (d) often push me

(25) (a) buy the education needed (b) gain the experience needed
(c) get the money needed (d) win the votes needed

(26) (a) Don't try to stop me (b) It belongs to me
(c) It's wrong of him (d) You told me to

(27) (a) I'd like more than that (b) I'll buy your half
(c) I should agree now (d) It's worth twice that

(28) (a) know it then (b) need it now
(c) own it then (d) see it now

(29) (a) asked me when (b) bought me out
(c) made me an offer (d) turned me down

(30) (a) agreeing (b) conspiring (c) praying (d) quarreling

4 次の文を読み，文章の内容に照らして(31)～(40)の問いの最も適切な答えを(a)～(d)から一つ選びなさい。

In the spring of 2020, as New York City hesitated to close its schools during the first COVID-19 wave, a hospital doctor named Dylan Smith watched in horror. At that time, although companies were introducing work from home policies, many teachers were worried how children would adapt to online learning. Despite these concerns, Smith believed that closing schools was the most important way to protect the public. "There were a lot of suggestions that kids would be super-spreaders," he says, "who would come home and give it to Mom and Dad and Grandma and Grandpa."

Now, three years later, Smith has changed his mind. He thinks schools should have reopened much sooner—by early 2021 at the latest. Not everyone will agree with him. But maybe we can learn something from his willingness to reassess his beliefs.

Many of us have updated our beliefs about COVID. When the virus first emerged, some scientists predicted that it would not be particularly deadly, and others thought it would be unlikely to spread beyond the regions where it emerged: opinions that were quickly dropped as the evidence changed. Others worried that the coronavirus was easily transmitted via surfaces, then discarded that fear upon further evidence.

But confessing that we have changed our opinion is hard, and not only because we don't like feeling stupid, or being criticized on Twitter. We are all attached to our opinions: even incorrect beliefs become part of our identity. In addition, if I admit I'm wrong, I'm admitting that my judgement about the world is often incorrect. That makes the world a little bit scarier to live in.

In frightening and unpredictable situations, we may cling onto practices that are no longer supported by evidence. The restaurants that are still using QR code menus rather than paper menus—despite indications that the virus does not transmit easily via surfaces—are trying to cut costs, to be sure, but they are also trying to manage our fears.

But COVID offers a chance for us to practice intellectual humility (36), defined as the recognition that we have imperfect information and thus our beliefs might be wrong. Humility is harder to achieve when you're active in internet debates, or when you're operating in a cut-throat workplace. That is why it pains me—a regular Twitter commentator, working in the very competitive culture of journalism—to say that I was incredibly wrong about COVID at first.

In February 2020, as people in Italy were isolating at home, my mom called to ask if I was worried about "this new coronavirus thing." "No!" I said. I added that I had covered a new type of flu, which wasn't very deadly, and previous coronaviruses like SARS and MERS, which didn't spread very far. Then, a few weeks later, a friend asked me if she should go ahead with preparations for her wedding, which was scheduled for October 2020. "For sure!" I said. "They will have figured out a vaccine by then." The wedding finally took place in spring 2022.

According to Smith, the best way to keep an open mind in an unclear situation is to "think like a scientist," by committing to the possibility that you might be wrong. Decide your opinions based on the current state of the evidence—and then decide what it would take for you to change your mind. Smith's approach is an attitude born of the emergency room (38), where you don't always have a patient's full test results before you have to treat them.

What would this mean in practice? It might mean that we lose our masks one month and wear them again the next. It might mean supporting strict lockdowns in the spring of 2020 but not in 2022. We should think of masks and other COVID precautions not as fixed practices but like umbrellas. There's no sense in being "for" or "against" umbrellas. You just take them out when it's raining.

People who change their minds are often mocked as hypocrites, but it can be a mark of integrity. It's a sign that you're thinking like a scientist. When Smith posted a tweet calling for schools in New York to reopen, his wife challenged him. "I remember when you said that keeping schools open was foolish," she told him. "Yeah," he said. "I changed my mind."

(Adapted from "You Were Right About COVID, and Then You Weren't." By Olga Khazan, *The Atlantic*, May 3, 2022. <https://www.theatlantic.com/politics/archive/2022/05/covid-opinions-school-closures/629736/>)

(31) Why did Dylan Smith support closing New York City schools in the spring of 2020?

(a) Because he thought that children's lives were more important to save than adults.

(b) Because he thought that children would transmit the virus more than adults.

(c) Because he thought that it was unfair that only adults were allowed to work from home.

(d) Because he thought that online learning was as effective as in-person learning at school.

(32) Which of these statements best describes Smith's current opinion about closing schools?

(a) He believes that the city closed the schools for too long.

(b) He feels that priority should still be placed on closing schools to contain infections.

(c) He is proud of the accuracy of his earlier predictions that the schools would have to be closed.

(d) He thinks that the decision to close schools in 2020 was a mistake.

(33) Which of these is <u>NOT</u> mentioned in the third paragraph as an example of an opinion about coronavirus that some people have changed their mind about?

(a) The belief that face masks offer protection against the virus.

(b) The belief that the virus would not kill many people.

(c) The belief that the virus would not spread around the world.

(d) The belief that touching surfaces would easily spread the virus.

(34) Which of these is <u>NOT</u> mentioned as a reason that it is difficult to change one's opinion?

(a) Admitting that we are wrong may make us lose faith in our judgment.

(b) Our beliefs are connected to our self-identity.

(c) We can cling onto beliefs more tightly if other people criticise us.

(d) We can face criticism on social media for changing our minds.

(35) According to the article, what is a possible reason that many restaurants are using QR code menus?

(a) QR code menus are more environmentally friendly.

(b) QR code menus are recommended by health experts.

(c) QR code menus help to reassure anxious customers.

(d) QR code menus persuade customers to spend more.

(36) Which of these is mentioned as a reason why it was difficult for the author to practice (36)"intellectual humility"?

(a) Because friends and family rarely ask for her advice.

(b) Because her articles are not read by many people.

(c) Because journalists are good at keeping an open mind.

(d) Because she often expresses her opinions online.

(37) What was one opinion that the author expressed to friends or family about coronavirus?

(a) That it would be different from previous respiratory diseases.

(b) That it would be likely to spread from one country to another.

(c) That it would be necessary to isolate at home.

(d) That it would be possible to hold in-person events by the fall of 2020.

(38) Why does the article say that Dylan Smith's attitude to coronavirus is (38)"born of the emergency room"?

(a) Because, in an emergency room, it is accepted that not all patients can be saved.

(b) Because, in an emergency room, it is common for doctors to admit that they were wrong.

(c) Because, in an emergency room, it is often necessary to act without having all the information.

(d) Because, in an emergency room, it is simpler to test scientific hypotheses.

(39) In what ways are masks and other COVID precautions compared to umbrellas?

(a) Like an umbrella, a mask is merely a tool, to be used when necessary.

(b) Like an umbrella protecting against rain, a mask protects against virus droplets.

(c) Unlike masks, umbrellas have to be either used or not used, with no middle way.

(d) Unlike umbrellas, masks evoke strong sentiments, either for or against.

(40) Which of these statements is closest to the main message of the article?

(a) Although it is hard to admit we have changed our minds, we should be willing to embrace new opinions about coronavirus, if the evidence changes.

(b) Most people will never change their mistaken opinions about coronavirus, because they are incapable of scientific thought.

(c) People should be careful what they say publicly about coronavirus, because they will be mocked if they change their opinions later.

(d) Thinking like a scientist helps us to see that New York's decision to close schools in 2020 was mistaken.

ここから選択問題

5 については，英語，ドイツ語，フランス語，イスパニア語，ロシア語，ポルトガル語の問題から一つ選択して解答しなさい。また，選択した言語を，解答用紙の選択問題言語マーク欄に必ずマークしなさい。

【選択言語：英語】

5 次の英文を読み，(41)〜(50)にあてはまる語句として最も適切なものをそれぞれ(a)〜(d)から選びなさい。

An apartment. A young man, MASON, is preparing to leave home to begin college. He is packing a box, in mid-conversation with his mom, who is seated in another room.

MASON: They already assigned my roommate using a new online questionnaire. Isn't that kind of crazy, though, that a computer can (41)________ from just twenty questions off a form? I guess there are really only like eight types of people in the world.

Mom goes to the kitchen and pours coffee into a mug.

MASON: I mean there are subsets, like introverted and extroverted, but apparently we're not as (42)________ as we want to think we are.

MOM: Have you even talked to this guy yet?

MASON: No, but we've been trading emails. He seems pretty cool. He's studying literature, and, uh, anthropology, and he's way into "Bright Eyes"... so I guess we have similar (43)________ in music. But anyway, he was telling me about how this system for assigning roommates is so good it's kind of scary. Like, the freshmen satisfaction rate for new roommates used to be like 60%, and now it's 100%. Just because of the (44)________.

MOM: Well. Sounds like he'll be a good roommate, then.

MASON: Yeah. But we've pretty much decided that soon they (45)________ the questionnaire. Because instead they'll just let the *NSA scan your online profile, and they'll tell you who your roommate is, based on everything you've ever said, written, or clicked.

Mason walks back into the living room, carrying a box. He holds up a framed photograph.

MASON: Did you—Did you put this in here again?

Mom laughs.

MASON: I don't want it.

MOM: Come on, it's the first picture you ever took.

MASON: Well, I mean, all the more reason to (46)__________, right?

Mason goes to put the picture back in his room, while Mom suddenly starts to cry. He comes back out, wearing a backpack, and notices Mom.

MASON: What?

MOM: Nothing (*crying*).

MASON: No, what is it?

MOM: This is the worst day of my life.

MASON: What are you talking about?

MOM: I knew (47)__________. I knew you'd leave. But I just—I didn't (48)__________ so happy to be leaving.

MASON: I mean, it's not that I'm that happy. What do you—what do you expect?

MOM: You know what I'm realizing? My life is just gonna go, like that! This series of major (49)__________. Getting married, having kids, getting divorced, the time that we thought you had cancer, when I taught you how to ride a bike, getting divorced again, getting my master's degree, finally getting the job I wanted, sending your sister off to college, sending you off to college... You know what'll be next? Huh? My funeral!

Stunned, Mason doesn't know what to say.

MASON: Aren't you (50)__________ ahead by like, forty years or something?

MOM: I just thought there would be more.

She sits at the table crying. Mason does not know how to comfort her.

Glossary

*NSA = National Security Agency: US government spy agency which collects online data.

(Adapted from *Boyhood* [movie script]. By Richard Linklater, 2014. <https://images.amcnetworks.com/ifcfilmsawards.com/wp-content/uploads/2014/11/Boyhood-screenplay-11-14-FINAL.pdf>)

(41) (a) give you space to choose　(b) predict what you will do
(c) tell you where to go　(d) work out who you are

(42) (a) clever　(b) hard-working
(c) similar　(d) unique

(43) (a) beliefs　(b) feelings　(c) taste　(d) persuasion

(44) (a) band　(b) computer　(c) emails　(d) teaching

(45) (a) can choose based on the　(b) should be able to improve
(c) will know everything in　(d) won't even need to use

(46) (a) leave it behind　(b) look after it for you
(c) take it with me　(d) treasure it

(47) (a) how much you'd miss me　(b) this day was coming
(c) this would be harder on you　(d) you'd change your mind

(48) (a) doubt I would be　(b) doubt you would be
(c) imagine I would be　(d) imagine you would be

(49) (a) events　(b) joys　(c) losses　(d) questions

(50) (a) exaggerating　(b) falling
(c) jumping　(d) panicking

【選択言語：ドイツ語】

5 以下の問いに答えなさい。

【1】 次の(41)～(45)の(　　)内に入れるのに最も適切なものを，それぞれ選択肢(a)～(d)から一つ選びなさい。

(41) Ich höre dich nicht. Bitte (　　) lauter!
(a) spreche　(b) sprecht　(c) sprich　(d) sprichst

(42) Herr Müller muss noch lange arbeiten, (　　) er schon müde ist.
(a) aber　(b) jedoch　(c) obwohl　(d) und

(43) Siehst du? Aus (　　) Museum kommen viele Leute.
(a) das　(b) dem　(c) des　(d) die

(44) Dieser Tee ist zu heiß. Ich trinke (　　) nicht.
(a) er　(b) es　(c) ihm　(d) ihn

(45) Was machst du hier? ― Ich warte (　　) meine Frau. Sie ist gleich da.

(a) auf　(b) für　(c) mit　(d) nach

【2】 以下は，デパートでの店員と客との会話です。会話文が完成するように，空所(46)～(50)に入れるのに最も適切なものを，選択肢(a)～(j)から一つずつ選びなさい。なお，選択肢はそれぞれ一回だけ用いるものとする。

Verkäufer: Kann ich Ihnen helfen?

Kunde: Ja, ich suche Sportschuhe für meinen Sohn. (46)

Verkäufer: Welche Schuhgröße hat Ihr Sohn?

Kunde: (47)

Verkäufer: Aha. Wir haben diese schwarzen Schuhe in 27. Sie kosten nur 30 Euro.

Kunde: Oh! (48) Aber mein Sohn mag wahrscheinlich kein Schwarz. (49)

Verkäufer: Ja. Wie finden Sie die blauen hier?

Kunde: Gut. Die nehme ich. (50)

Verkäufer: Um die Ecke. Bitte kommen Sie mit!

(a) Gibt es die Schuhe in anderen Farben?

(b) Haben Sie eine andere Größe?

(c) Wo ist die Kasse?

(d) Wann kann ich bezahlen?

(e) 27 Jahre.

(f) Er hat Größe 27.

(g) Das ist sehr günstig.

(h) Das kostet zu viel.

(i) Er liest gerne zu Hause.

(j) Er läuft sehr gerne.

【選択言語：フランス語】

5 以下の問いに答えなさい。

【1】 次の(41)～(45)の（　　）内に入れるのに最も適切なものを，選択肢(a)～(h)から一つ選びなさい。なお，選択肢はそれぞれ一回だけ用いるものとする。

(41) Quand on marche (　　) les rues des villes au Japon, on trouve beaucoup de mots français autour de soi.

(42) Par exemple, (　　) des mots français sur les boutiques, les sacs ou les vêtements des passants.

(43) Naturellement, (　　) la cuisine française est assez populaire, on trouve pas mal de restaurants avec des noms français.

(44) Sur les sacs ou les vêtements, (　　) de quelques mots, on peut parfois lire une phrase entière.

(45) Parfois ce n'est pas toujours très clair (　　) la phrase a vraiment du sens.

(a) au lieu
(b) comme
(c) dans
(d) il y a
(e) par contre
(f) pourquoi
(g) si
(h) sur

【2】 次の会話文を読み，(46)～(50)に入れるのに最も適切なものを，選択肢(a)～(h)から一つ選びなさい。なお，選択肢はそれぞれ一回だけ用いるものとする。

Raphaël : Tu as acheté un nouvel ordinateur, n'est-ce pas ?

Emma : (46). Mon ancien ordinateur ne marchait plus très bien, il était trop lent. J'avais besoin de le changer.

Raphaël : Tu l'utilises souvent ?

Emma : Presque tout le temps. Je (47) avec en cours. Mais pour les mails, je continue d'utiliser mon téléphone portable.

Raphaël : Et il n'est pas trop lourd ?

Emma : (48). Il est plus léger qu'avant. Je peux le mettre dans mon sac (49) problème.

Raphaël : Tu peux me le prêter une seconde pour que je (50) sur Internet…

(a) Au contraire
(b) regarde quelque chose
(c) En effet
(d) Je suis d'accord
(e) prends des notes
(f) réponds à un mail
(g) sans
(h) sauf

【選択言語：イスパニア語】

5 以下の問いに答えなさい。

【1】 次の(41)〜(45)のそれぞれについて，選択肢(a)〜(d)から最も適切なものを一つ選び，文を完成させなさい。

⑷1 - ¿ ((a) Cuál (b) Dónde (c) Qué (d) Cómo) es la capital de República Dominicana?

- Es Santo Domingo.

⑷2 ¿A ti te ((a) gustan (b) gusta (c) gusto (d) gustas) cantar y bailar?

⑷3 - ¿Has comprado algún regalo a Pedro y a María?

- Sí, ((a) los (b) les (c) se (d) le) he comprado regalos a todos mis amigos.

⑷4 - ¿Cuántos años tiene tu hermana?

- Tiene dos años más ((a) a (b) tan (c) que (d) de) tú.

⑷5 - ¿Quién ha venido hoy a clase?

- No ha venido ((a) nadie (b) ningún (c) algún (d) alguno).

【2】 次の文章を読んで，⑷6〜⑸0のそれぞれについて，最も適切なものを選択肢(a)〜(d)から一つ選びなさい。

Hola, Atsuko:

Quiero explicarte algunas de mis experiencias como estudiante de intercambio en Japón. Todos los días estudio mucho (⑷6 (a) para (b) porque (c) por (d) para que) quiero aprender japonés. Tengo muchos amigos japoneses, (⑷7 (a) es que (b) cuando (c) aunque (d) así que) puedo practicar japonés casi todos los días. Vivo un poco lejos de la universidad, y tengo que viajar (⑷8 (a) por (b) de (c) desde (d) en) tren todos los días. Ahora, en verano, aquí hace (⑷9 (a) muy (b) mucho (c) un poco (d) tan) calor, y a veces llueve mucho. Cuando llego a casa después de las clases, ceno, (⑸0 (a) me lavo (b) lavo (c) lavado (d) lavando) los dientes y me voy a la cama. ¿Cómo son tus experiencias como estudiante de intercambio en España?

Un saludo,

Juan

【選択言語：ロシア語】

5 以下の問いに答えなさい。

【1】 次の(41)〜(45)の（　　　）内に入れるのに最も適切なものを，選択肢(a)〜(d)から一つ選びなさい。

(41) Каждый день я (　　　) в шесть часов.

(a) вставаю　(b) встаёт　(c) встанут　(d) вставала

(42) Иван свободно владеет (　　　).

(a) японскую язык　(b) японском языке
(c) японским языком　(d) японский язык

(43) Ей очень идёт (　　　).

(a) красной юбке　(b) белую юбку
(c) красному юбкой　(d) белая юбка

(44) (　　　) вам нравится?

(a) Какую музыку　(b) Какая музыка
(c) Какой музыка　(d) Какой музыке

(45) Алексей очень хочет купить (　　　).

(a) хорошую словарь　(b) хорошего словаря
(c) холошей словари　(d) хороший словарь

【2】 次の会話文を読み，(46)〜(50)の問いに答えなさい。

—Андрей, сегодня (46) Сергей, муж Кати, приглашал нас на

новоселье. Они купили новую квартиру.

—Я знаю. Сегодня Катя говорила мне об этом.

—Знаешь, (　47　) они купили для (　48　)? Сергей говорит, что в комнате Кати они поставили большой шкаф, стол, диван и два больших кресла. А в кухню заказали комплект: стол, шкафы, полки.

—А что мы подарим им на новоселье?

—Надо (　49　).

С.А. Хавронина. «Говорите по-русски» Москва: «Русский язык. Курсы», 2019.(一部改変)

(46) 空所に入る最も適切なものを以下の選択肢(a)〜(d)から一つ選びなさい。

(a) звонят　(b) звонил　(c) позвонит　(d) звони

(47) 空所に入る最も適切なものを以下の選択肢(a)〜(d)から一つ選びなさい。

(a) какой мебель　(b) какую мебелю

(c) какого мебеля　(d) какую мебель

(48) 空所に入る最も適切なものを以下の選択肢(a)〜(d)から一つ選びなさい。

(a) нового квартира　(b) новой квартиры

(c) новая квартира　(d) новый квартирой

(49) 空所に入る最も適切なものを以下の選択肢(a)〜(d)から一つ選びなさい。

(a) подумаем　(b) подумай　(c) подумать　(d) подумаешь

(50) 以下の選択肢(a)〜(d)のうち，本文の内容に照らして正しいものを一つ選びなさい。

(a) アンドレイとカーチャは新しいマンションを買った。

(b) カーチャの部屋にはテーブルが二つある。

(c) アンドレイたちは引っ越し祝いに何をプレゼントするかもう決めている。

(d) セルゲイは結婚している。

【選択言語：ポルトガル語】

5 以下の問いに答えなさい。

【1】 次の(41)〜(47)の(　　　)内に入れるのに最も適切なものを，それぞれ選択肢(a)〜(d)から一つ選びなさい。

(41) Como (　　　) muito frio lá fora, a gente decidiu ficar em casa hoje.

(a) era　(b) foi　(c) esteve　(d) estava

(42) Comprei uma casa para pagar em 30 anos. Em 2050, eu ainda (　　　) pagando.

(a) estava　(b) estarei　(c) estaria　(d) estive

(43) (　　　) dez horas da noite quando a minha mãe voltou do trabalho.

(a) Eram　(b) Foram　(c) Foi　(d) Era

(44) Ultimamente, eu não tenho (　　　) muito porque não posso sair de casa.

(a) andando　(b) andei　(c) andido　(d) andado

(45) O João e a Maria (　　　) falam pelo telefone todos os dias.

(a) se　(b) os　(c) as　(d) ses

(46) Talvez nós (　　　) terminar o trabalho até amanhã.

(a) conseguem　(b) conseguirmos

(c) consigamos (d) conseguiríamos

(47) É necessário que todos os alunos ( ) os textos para esta aula com muita atenção.

(a) leem (b) leio (c) leiam (d) lessem

【2】 次の文章を読んで，(48)〜(50)のそれぞれについて，最も適切なものを選択肢(a)〜(d)から一つ選びなさい。

Sobre a língua portuguesa

Os livros especializados em português dizem que esta língua nasceu na parte noroeste da Península Ibérica, que hoje corresponderia à região da Galiza, na Espanha, e à região do Minho, em Portugal. Por razões políticas, essa língua dividiu-se, posteriormente, em duas línguas distintas: o galego e o português. O português, com o progresso da Reconquista, começou a se expandir para o sentido sul e chegou até o atual território de Portugal.

O destino do português mudou muito com o início da Era dos Descobrimentos, em que as embarcações portuguesas navegaram pelo mundo. Os portugueses chegaram às terras desconhecidas e lá desenvolveram o comércio com os habitantes locais. O português difundiu-se o suficiente para servir de língua de comunicação entre diferentes povos de várias partes do mundo.

Mas, na verdade, foi só recentemente que a língua portuguesa começou a ter o estatuto de uma língua internacional. Foi a partir da segunda metade do Século XVIII que o português iniciou a sua difusão em todo o território do Brasil. Em países africanos de língua oficial portuguesa, como Angola e Moçambique, o português permaneceu durante um longo período como a língua das elites locais e, somente depois, cada governo se empenhou na política de difusão da língua. Timor-Leste conseguiu conquistar a sua independência e se tornou o mais jovem país de língua oficial portuguesa, no século XXI.

Por fim, citando algumas estatísticas atuais, o português é falado por cerca de duzentos e sessenta milhões de pessoas no planeta e talvez seja a sexta língua mais falada do mundo! 9 países têm o português como língua oficial do estado e constituem a Comunidade dos Países de Língua Oficial Portuguesa (CPLP). Esta organização internacional tem como um dos objetivos promover a difusão da língua portuguesa no mundo e espera-se mais esforço nesse sentido.

(48) Segundo o texto, pensa-se que o português foi formado:
(a) no sul da Península Ibérica.
(b) na parte noroeste da Península Ibérica.
(c) na parte nordeste da Península Ibérica.
(d) na região centro de Portugal.

(49) Segundo o texto, o destino do português mudou completamente na Era dos Descobrimentos:
(a) porque se expandiu por toda a Europa.
(b) porque os navegadores portugueses chegaram até o Japão.
(c) porque o primeiro documento foi escrito em português.
(d) porque serviu de língua de comunicação entre diferentes povos.

(50) Segundo o texto, antes da independência, o português na África era falado apenas por poucos portugueses e:
(a) pelas elites locais.
(b) por residentes estrangeiros não portugueses.
(c) por exploradores estrangeiros.
(d) por agricultores rurais.

問4 本文の著者は、私たちがニセ科学を信じてしまう理由を脳と心の観点からどう分析し、ニセ科学に騙されないためにはどうする必要があると主張していますか。本文中の内容に基づき、一五〇字以内で述べなさい。

じ、ある人が「雨男」だという考えを持つと、その人がいるときに雨が降っていたという事実のみが強く印象に残り、雨が降らなかったときには注意を引かずに忘れられるのです。

確証バイアスが働いているときにでも人は、自分は合理的にしっかり考えていると思い込んでいます。しかし、私たちの思考は完全ではありません。確証バイアスのような認知バイアスは誰にでもあるのです。科学的に考えるということは、ひとつのことをいろいろな角度から柔軟に考えることができる頭を持つことでもあります。ですから自分の考えへの批判的な意見も意識的に探して、場合によっては自分の考えを修正することも必要です。

左巻健男『暮らしのなかのニセ科学』平凡社新書、二〇一七年、二五～三二頁。

（ただし、原文にある小見出しは省略した）

問1　空欄①に入る、「新人」の学名をカタカナで書きなさい。

問2　空欄②・③には人類が農耕を開始する以前からの生活手段であり、農耕と対比的に用いられる言葉が入ります。②は陸上動物に対するもの、③は植物に対するものです。それらをいずれも漢字二文字ずつで書きなさい。

問3　空欄④に漢字二文字を入れることにより、「バイアス」に最も近い意味になる言葉を書きなさい。

「2　人の基本的な動機づけ」は、新しい未知の出来事に対して興味を持ち、「説明をつけたい」という気持ち(動機付け)を持っていることです。また、「科学的な正しさ」よりも「環境をよくしたい」などの善意への傾斜も見られます。

「3　見かけの実用性」は、たとえ科学的に誤っていても、見かけ上実用的な価値がある場合が多いということです。たとえば血液型性格学はコミュニケーションなどに役立つ面があります。

「4　具体的な体験」は、自分自身や身近な人による直接・間接の体験です。その直接・間接の体験から自分の考えに合った事実だけを切り取り、不都合なことは無視する認知バイアスの影響下で自分の考えを強めてしまいます。

「認知バイアス」とは「私たちの認知の中にある思考の偏り(傾向)」です。認知は認識とも言い、事物や事象について知ること、あるいはその過程を意味します。バイアスは、偏り、偏見、 ④ 観の意味です。

右のような心理的な要因が、ニセ科学を信じてしまう背景にあります。「多くの人がニセ科学を信じてしまうのは、科学知識が不足していたり、理科教育(科学教育)の力が弱かったりするからだ」というだけでは、ニセ科学を信じてしまう理由は説明できないのです。私たちが思考するときには、常に認知バイアスが働いています。その結果、ニセ科学を受け入れてしまうことも起こりえます。

人間は、自分の信じていることと矛盾する証拠を無視したり、曲解する傾向があるだけではなく、自分の信じていることを裏付ける証拠や議論ばかりに目を向け、認知する心的傾向があります。これを確証バイアスと言います。

確証バイアスとは、一言で言えば「自分に都合のよい事実だけしか見ない、集めない」ということです。自分に都合の悪い事実は無視したり、探す努力を怠ったりします。このため、最初に自分が信じた考えを補強する情報ばかりを集め、「自分の考えは間違っていない」と思い込んでしまうのです。

簡単な例を出すと、一緒に出かけると必ず雨が降る「雨男・雨女」と言われる人たちがいます。雨男や雨女が存在すると信ができるとも言えるのです。

人類の祖先が、野生の動植物を［②］・［③］したり、天敵に襲われるのを避けるときを考えてみましょう。たとえば藪の中で目立たないように潜んでいる鳥やウサギを捕まえるためには、見えているばらばらの点をつなぎ合わせたり、一定のパターンを探し出して獲物を見つけることが必要になります。隠れてこちらを狙っている捕食者を見つけるときも同じです。

一定のパターンを見つけ出してしまう脳の力は、現代の私たちも日常生活で活用しています。物事のパターンを見出すことにより、行動の能率を上げたり、危険を回避しているのです。

しかし、この脳の力は、まかり間違えば関係のないものまで関連づけてしまう危険性もはらんでいます。「実在しないものがそこにある」と信じ込んでしまう原因にもなりうるのです。

人は、たとえ正確な情報や知識を得ていたとしても、ときには自分の利害や希望に沿う方向で考えてしまったり、対象の目立ちやすい特徴に引きずられて他の特徴を見失ったりして、自らの情報を歪め、あえて誤認識してしまったりします。この過程は認知バイアスとも呼ばれ、人が「自分で自分をだます」仕組みを備えていることを意味します。ニセ科学を考えるときには、この心の働きを念頭に置いておく必要があります。

菊池聡さんは、ニセ科学を受け入れてしまう心理的要因は、「1　社会的な情報の（無批判な）受容」「2　人の基本的な動機づけ」「3　見かけの実用性」「4　具体的な体験」だと指摘しています。

「1　社会的な情報の（無批判な）受容」は、「権威ある」と思われる情報源（テレビ、本や雑誌などのマスコミや、信頼できそうな肩書きの「専門家」の言うこと）を信頼して受け入れる思考傾向です。あらゆる情報を疑ってかかることはできないので、この思考傾向は自然なことです。

では、なぜそのような心理システムが人間には必要だったのでしょうか。ガイ・P・ハリソン『Think疑え!』(松本剛史訳、集英社インターナショナル、2014年)からそのあたりのことを紹介しましょう。

脳は「事実」と「フィクション」を区別することが非常に苦手です。あることについての記憶も、脳がつくり出している「過去をめぐるストーリー」の集積です。「見たこと聞いたことなどをすべて脳の中にそっくり記録している」のが記憶だと思われがちですが、実際には、脳が重要ではないと感じた話の一部を省略したり、別の過去を混ぜ合わせたり、まったく架空の出来事をつなぎ合わせたり、事実や登場人物をシャッフルしたりするなど、脳内でなめらかに編集されているのです。

自分の人生の中で重要かつ劇的な瞬間は、いつまでも記憶に焼きついていると考えがちですが、残念ながらそうではありません。実際にあった出来事が、ウソの記憶によって簡単につくり替えられてしまうのです。また、人の記憶はごく簡単に操作できることもわかってきました。

そして、本書にとって重要な点、それは脳が「信じたがる」習性を持っているということです。菊池さんが述べる「人はだまされるようにできている」、つまり「だまされる」脳を持っているということです。どういうことでしょうか。

私たちが「見る」ことを行っているとき、目に入った光は、網膜で電気信号に変換され、視神経を通して脳に送られます。すなわち、われわれが「あるものを見た」と思っている現象は、鏡やカメラのように実物を映しているわけではなく、脳によって大きく変更・編集された情報なのです。いわば、実際の出来事を元に、映画のようなものをつくり出しているのです。そのとき、とらえ切れていない(欠けている)部分を、現実にはない映像で埋めてしまおうとします。また、ばらばらの点をつなぎ合わせたり、一定のパターンを見つけ出そうともします。

脳が現実ではないことを「捏造」しているとも言えるこの現象、しかしこのような脳だからこそ、私たちは「生き延びる」行動と考える方が適切ですよ」と。

菊池さんは、「普通ならば常識ある人は騙されないはずだという暗黙の前提があるようですが、それはおそらく逆で、事実でないことでも事実のように信じてしまう思考傾向は、もともと人の心理システムに組み込まれており、簡単には騙されない思考こそ、そのシステムに逆らっているととらえる方が、より適切で建設的だと考えられる」と言うのです。

このような心理システムは、人類が進化の中で獲得したものです。

拙著『面白くて眠れなくなる人類進化』（ＰＨＰ研究所、２０１５年）から、猿人から現在の新人に至る道筋をざっと見てみましょう。

われわれの祖先は、もともと樹上に暮らしていました。その先祖が木から降りて地上に住むようになった結果、初期猿人、猿人、原人、旧人、新人という段階を経て進化してきたと考えられています。

約20万年前から現在までが新人の時代です。アフリカで ① が誕生し、約6万年前にアフリカから ① （一部混血）が世界中に拡散しました。そして、約1万年前には農耕と牧畜を開始しました。

いつから今のような心理システムになったかは、現代人のような言語能力の開始と関係があることでしょう。これは、約4万年前の芸術や宗教などの抽象的な思考の発達と関連して考える研究者が多いようです。当時のヒトが描いたと思われる壁画を見ると、彼らが言語能力をともなう創造力を通して、大自然にふれ、それについて考えていたことが想像できます。

つまり、人類が現代人のような心理システムを持つようになってから数万年程度しか経っていないのです。このころに獲得した「生き延びる」ための行動の習性は、脳に蓄積されていきました。この中に、理屈に合わないことでも簡単に信じてしまう心理システムもありました。

問10　沖縄の歴史について、正しいものを選びなさい。

①　琉球王国は江戸時代には清にも朝貢を続けていたが、一八七一年の廃藩置県で沖縄県とされた。
②　沖縄県は、日米安全保障条約によってアメリカ合衆国の施政権下に置かれたが、一九七二年に日本に返還された。
③　琉球王国は東シナ海での中継貿易で栄えていたが、一八世紀初頭に江戸幕府の承認の下で薩摩藩が侵攻し、それに服属することになった。
④　日本への返還後も沖縄県には米軍基地が残り、今日でも在日米軍施設の面積比およそ七割が沖縄県に集中している。

2

次の文章を読んで設問に答えなさい。**解答は縦書きで記入すること。**

認知心理学の研究者である菊池聡さん(信州大学人文学部教授)は、「ニセ科学を信じてしまう心のしくみ」という論説(「Rika Tan(理科の探検)」２０１４年春号)を次の言葉から始めています。

「なぜこんなものに騙されてしまうんでしょうかね？」

ニセ科学を小道具にした問題商法が報じられると、ため息まじりにこう尋ねられることがあります。もっともな疑問だと思います。よい言葉をかけると水がきれいに結晶するとか、細菌が放射能を消滅させるとかいう話は、ごく常識的な科学知識があれば、ひっかかりようのない話だと思いませんか。

しかし、こんな時に私はたいていこう答えます。「なぜ騙されてしまうのか、と問うより、なぜ騙されない人がいるのか同国初のアフリカ系の大統領となった。

問8 書名—著作者—執筆言語の組み合わせのうち、正しいものを選びなさい。

① 『誰がために鐘は鳴る』—ヘミングウェイ—スペイン語
② 『資本論』—マルクス—ロシア語
③ 『枕草子』—紫式部—日本語
④ 『社会契約論』—ルソー—フランス語

問9 現在の日本におけるダイバーシティについて、誤っているものを選びなさい。

① 選択的夫婦別姓とは、希望する場合には、結婚後も夫婦がそれぞれの名字を維持することを可能にするという考え方であり、夫婦同姓の権利を否定するものではない。
② 日本での永住権を取得した外国人には、国政選挙での参政権は認められていないが、地方自治体選挙での参政権は認められている。
③ 一九八六年に制定された男女雇用機会均等法によって、就業に際して性別によって差別することや、結婚・出産を理由として女性労働者を解雇することが禁止された。
④ ＬＧＢＴＱは性的マイノリティの総称として日本でも用いられているが、実際には性的マイノリティと位置づけられている人々の自己認識はさらに多様な場合もある。

② 一九六七年の「バンコク宣言」によって設立された。
③ 原加盟国は五か国で、現在は一〇か国から構成されている。
④ ASEAN+3はASEAN諸国と日本・中国・韓国による協議の枠組みである。

問6　BRICSについて、正しいものを選びなさい。
① BRICS首脳会議に初めて南アフリカ共和国が参加したのは二〇一一年である。
② 最も広い国土面積を持つのは中国である。
③ 南半球に位置しているのはインドとブラジルである。
④ 南アフリカ共和国は日本、ドイツ、インドとともに国連安全保障理事会の常任理事国入りを目指している。

問7　アフリカ諸国について、正しいものを選びなさい。
① 一九六〇年代に独立したアフリカ諸国はその直後にアフリカ連合（AU）を結成し、政治的・経済的に自立するための協力体制を整えた。
② 地中海に面しているチュニジアとアルジェリアはイタリアによって植民地化されたが、住民の多くはイスラーム教の信仰を守っていた。
③ 西アフリカのナイジェリアは産油国として経済成長を遂げ、現在では南アフリカ共和国とともにG20に参加している。
④ 南アフリカ共和国のアパルトヘイト（人種隔離政策）に抵抗を続けたネルソン・マンデラはノーベル平和賞を受賞し、

②　ポルトガル―東ティモール

③　フランス―ケニア

④　アメリカ合衆国―フィリピン

問３　次の沿岸諸国と、その国が面している海の組み合わせとして誤っているものを選びなさい。

①　リトアニア―バルト海

②　カザフスタン―カスピ海

③　ウクライナ―黒海

④　ブルガリア―地中海

問４　北大西洋条約機構（ＮＡＴＯ）について、正しいものを選びなさい。

①　冷戦終焉後、欧州連合とは異なり、ＮＡＴＯは東方へ拡大しなかった。

②　ＮＡＴＯ首脳会合に日本の総理大臣が参加したことはこれまで一度もない。

③　ＮＡＴＯは冷戦期のワルシャワ条約機構（ＷＴＯ）に対抗する組織として設立された。

④　ＮＡＴＯは加盟国間の集団防衛のための軍事機構である。

問５　東南アジア諸国連合（ＡＳＥＡＮ）について、誤っているものを選びなさい。

①　ＡＳＥＡＮは将来的な単一通貨の導入に合意している。

■外国語学部■

▲外国研究に必要な基礎的知識・日本語の読解力・論理力・思考力を測る試験▼

（六〇分）

1 以下の問題について、該当するものを一つ選びなさい。

問1　スラヴ系言語に属しているものを選びなさい。

①　ルーマニア語
②　ハンガリー語
③　チェコ語
④　アルバニア語

問2　植民地時代、一度でも宗主国と植民地の関係にあった国の組み合わせとして誤っているものを選びなさい。

①　イタリア―リビア

解答編

外国語学部

◀高度なレベルの外国語学習に対する適性を測る試験▶

1 **解答** (1)—(b)　(2)—(a)　(3)—(c)　(4)—(d)　(5)—(b)　(6)—(d)
(7)—(b)　(8)—(a)　(9)—(b)　(10)—(b)

◆全　訳◆

≪失語症とは何か≫

最近，有名な俳優ブルース＝ウィリスの家族は，彼が失語症として知られる状態のため，演技から離れると発表した。失語症は，話し言葉や書き言葉にさまざまに影響する可能性のあるコミュニケーション障害である。失語症は珍しいことではないが，多くの人は失語症についてあまりよく知らない。

失語症とは，言語処理に関係する脳の部位の損傷に起因し，この病気に侵された人にもその家族にとっても，コミュニケーションを困難なものに，時としてもどかしいものにする。最も一般的な失語症の原因は脳卒中，外傷，脳腫瘍，あるいは感染症である。言語が厳密にどのように影響されるかは，大部分は，脳のどこが損傷し，どの程度の損傷を受けたかによる。

失語症にはいくつかの種類があり，それぞれが異なる言語障害を伴う。最もよく議論される2つの失語症は，ブローカ失語症とウェルニッケ失語症である。1860年代にフランス人外科医ポール＝ブローカによって特定されたブローカ失語症は，話し言葉の発話を制御すると考えられている脳の部位に損傷があるときに発現する。この形の失語症の人は，一般的に話し言葉を理解することはできるがうまく発話することはできないと考えられている。このタイプの失語症は，患者が何を表現したいのかはわかっているのに自分の言いたいことを言うのに苦労をするので，しばしば非流暢性失語症と呼ばれる。その結果，彼らの話し言葉は "the" や "it's" といった機能語や，"-ing" や "ed" のような文法的語尾を用いることができないので，電報のように聞こえると説明される。たとえば，彼らは，"John is going to the house." の代わりに，途中に長い間を置いて "John …house." と発話するかもしれない。

ブローカ失語症と対照的に，1874年に特定したドイツ人医師カール＝ウェルニッケにちなんで名づけられたウェルニッケ失語症は，意味理解を扱う脳の部位が影響されている時に発現する。流暢性失語症としても知られているこのタイプの失語症では，患者は滑らかに話をするが，彼らの言っていることは意味をなさない。ウェルニッケ失語症の患者が発話する文の例としては，ほとんどでたらめに聞こえる文，つまり直前に発話されたことと関係のない文ということになるかもしれない。ウェルニッケ失語症の患者は，他者にとって意味のある文を発話するのと同様に，他者が言っていることを理解することが難しい。

◀解　説▶

⑴　文頭の逆接の接続詞 Though「～だけれども」が手がかりとなる。カンマ以降の主節（many do not …）の部分で「多くの人がそのことについてあまり知らない」と言っている内容と逆接で接続するには，not uncommon を入れ，従属節の部分を「ありがちだが」とするのがよい。

⑵　空所の直前の the brain「脳」を意味上の主語，空所の直後の language processing「言語処理」を意味上の目的語と捉えれば，involved in ～「～に関わる」を用いるのが適切である。

⑶　空所をはさんで，言語が脳の損傷の部分や程度に影響されるという趣旨であることから，in large part「大部分は」を入れると文意が自然になる。

⑷　空所の前後に着目すると，発話の産出（production of speech）をつかさどる脳の部位に損傷があると Broca's aphasia「ブローカ失語症」が発生すると解釈できることから，thought to control「制御すると考えられている」を入れるのが適切である。

⑸　非流暢性失語症（non-fluent aphasia）という異名を持つブローカ失語症の説明で，言いたい言葉が出てこないという内容になるように，despite「～にもかかわらず」を入れるのがよい。

⑹　空所を含む文が，直前の文（As a result, their …）のような話し方の具体例を示す役割を果たしていると考えられることから，for instance「例えば」が正解である。

⑺　前述のブローカ失語症とは症状の異なるウェルニッケ失語症（Wernicke's aphasia）の説明の導入部分であることから，in contrast to ～「～とは対照的に」を入れるのがよいだろう。

⑻　空所の直後の部分において，ウェルニッケ失語症の症状を説明しているので，異名として流暢性失語症（fluent aphasia）を紹介することになる also known (as ～)「～としても知られる」を入れるのが適当である。

⑼　流暢性失語症の特徴を述べている部分で，空所前の「流暢に話す」と逆接 but でつながる内容になる does not make sense「意味をなさない」を入れるのが自然である。

⑽　直前の第４段第３文（An example of …）の記述から，空所の前後の部分（difficulty comprehending what others say「他人の言っていることを理解することが困難であること」／（difficulty） producing sentences that are sensible to others「他人に理解できる文を産出することが困難であること」）の両方が，ウェルニッケ失語症の特徴を示していると考えられるので，as well as ～「～と同様に」がよい。

2　解答

⑾―(b)　⑿―(a)　⒀―(c)　⒁―(d)　⒂―(c)　⒃―(d)
⒄―(a)　⒅―(a)　⒆―(d)　⒇―(c)

◆全　訳◆

≪分割睡眠とは何か≫

新型コロナウイルス感染症のパンデミック（世界的大流行）に突入するおよそ１年前，マルセラ＝ラフェアはいつも午前３時に目が覚めて，心が活発に動くようになり始めた。彼女は，ベッドから出てリビングへ歩いていき，そこでいくつかのヨガのポーズをして，窓を開けて，車の行き交う音や犬の吠える声を聞いた。そして，午前６時には，彼女はベッドに這い戻り，一番下の子が午前７時に彼女を起こすまでもう一度寝た。「自分のための時間を持てないのを埋め合わせるためには，そのように夜に目覚めることが必要だったのです」とラフェアは語った。

そうと気づくことなく，ラフェアは，中世後期から 19 世紀初頭にかけて多数の文化において標準的なことであった「分割」睡眠のサイクルに自然に戻っていたのだ。当時は，多くの人が日没頃に就寝し，3，4時間後に目覚めた。次の1，2時間は，もう3，4時間寝る前に，彼らは人と交流し，本を読み，軽食を食べた。人工の明かりが導入されてやっと，人々は自分に夜通し寝るように強制するようになったと，バージニア工科大学歴史学教授ロジャー＝エクリッチは語った。

今やパンデミック下にある多くの人は自分自身のスケジュールを作り，在宅で勤務をし，よりセルフケアを重視しているのだから，分割睡眠のサイクルという考え方，つまり間に起きている時間を挟みつつ夜の睡眠を2分割するという習慣に回帰している人もいる。この睡眠のサイクルへの回帰が自発的なものである人もいれば，ここ数年間のストレスのレベルを考えると，自発的ではない人もいる。

それでは，私たちは，長い間忘れていた私たちの自然な睡眠のサイクルに戻っているだけなのだろうか。そして，これは真夜中の不眠症と考えられている人々の治療法になり得るのだろうか。「この現象はそれぞれの場所で異なる名称で通っています」と，エモリー大学英語学教授ベンジャミン＝レイスは語った。そして，当時は選択したものというよりも，手工芸や農業の労働パターンに合致していたために人々が行っていただけです，と彼は付け加えた。ほとんどの仕事が家の中あるいは近くで行われていたから，現場の工場に時間通りに到着しなければならないとか，電車に乗らなければならないとか，子供を学校に送り出さなければならないといったプレッシャーは全くなかったのです，とレイスは語った。睡眠は時計ではなく，季節の移り変わりと同様に，夜と昼のリズムに支配されていたのである。

分割睡眠をする消極的な理由もあった。「寝具の表面――草や，運がよければ羊毛や馬の毛を詰めた粗布の大きな袋であることがしばしばだった――のせいで長時間中断なく眠ることが今日よりも難しかったのです」と，レイスは言った。そして，健康上の問題ももちろんあった。たとえば，「現代の歯科技術がなかったので，歯が夜中に痛み出すこともあったかもしれません」。すべては利益と生産性を重視する産業革命で変わった。当時信じられていたことは，中断することなく眠ることができる人は有利だということだった。

それから二，三百年が経ち今，私たちは，夜通し眠ることに慣れている。そう，慣れている人もいる。ペンシルバニア大学の研究者による研究では，成人の25%が不眠症に苦しんでいるのだ。ある人々にとっては，新型コロナウイルス感染症の流行が，より柔軟なスケジュールを促進し，昔ながらの睡眠法の実験をするに至ったのである。

当てはまるのはマーク＝ハドリーのケースである。過去20年間，ハドリーは，完全に一晩中眠っていた記憶がないと語った。「私はいつも夜中に目が覚め，そしてただ横になっているだけでした」と彼は語った。「肉体的には起きたかったのですが，もっと睡眠が必要でした」 ハドリー氏に選択の余地はなかった。彼は分割睡眠のことを耳にしたが，パンデミック中に在宅勤務が中心になるまでは分割睡眠を試みる時間がなかった。2021年の8月，ハドリーは分割睡眠を始め，午後10時に就寝し，午前2時には自然に目覚めた。彼は起きて1時間半から2時間は，本を読み，お祈りをする。そして彼は午前3時半から4時にベッドに戻り，午前6時半か7時まで眠る。

だが医師たちは，分割睡眠がどれほど健康的なのか，確信が持てていない。日中の疲労感が増す人もいるかもしれませんと，健康心理学者のニコル＝アベナは語った。またアベナは，分割睡眠はより早い時間に就寝する必要があり，多くのスケジュールを抱えていてはうまくいかないかもしれないと述べた。不眠症をめぐる不安を抱えている場合であれば，分割睡眠はしばしば理想的な解決法だ，とトロントの睡眠科学の指導者アレックス＝サヴィは語った。だが，中世の睡眠のパターンに回帰することは誰にとっても有益というわけではない，とアベナは語り，分割睡眠はすでに睡眠の問題を抱えている人だけが試みるべきだと提案している。

◀解　説▶

⑾「マルセラ＝ラフェアについて正しいのは次のどれか」

(a)「仕事の不安が毎晩彼女の睡眠を邪魔している」

(b)「彼女は午前6時前に起きている時間を持つことが重要だと思っている」

(c)「彼女は，一番上の子供が彼女のベッドに潜り込んでくるまで寝ている」

(d)「外の車や犬の鳴き声で，彼女は午前3時に目覚める」

第1段最終文（"I needed that …）において，ラフェアが夜中に起きて自分の時間を作ることが自分にとって必要だと述べていることから，(b)が正解である。

⑿ 「歴史をさかのぼると，夜中に起きたときに人々が行っていた活動は何か」

(a) 「人々は他の人々と交流を持った」

(b) 「人々は次の日の夜のために軽食を準備した」

(c) 「人々は子供に本を読んであげた」

(d) 「人々は3，4時間起きていた」

第2段第3文（They socialized, read …）において，中世後期から19世紀初頭にかけて，人々は夜中に起きて社交的なつきあいをした(socialize）とあることから，(a)が内容的に正しい。

⒀ 「人工の光源が創造された後，どんな夜の行動が変化したか」

(a) 「人々は，真夜中に目が覚めたときにより長く起きていた」

(b) 「人々は夜間労働者に転身した」

(c) 「人々は朝まで寝続けて起きないように懸命に頑張った」

(d) 「人々は日が沈むときに寝て日の出のときに目覚めた」

第2段最終文（It was only …）において，照明器具（artificial light）が発明されてから，人々は頑張って夜通し眠るようになったとあるので，(c)が正解である。

⒁ 「なぜ『分割睡眠』の実践に今，回帰している人がいるのか」

(a) 「パンデミック中に他人の世話をするためには分割睡眠に変化することが必要だった」

(b) 「分割睡眠は，近年，眠る時間がない人のための有効な治療だということが証明された」

(c) 「よりストレスが少なくより短い勤務時間のおかげで，人々は睡眠時間を長くすることができた」

(d) 「パンデミックに関係する生活のスタイルの変化が，ある属性の人々に睡眠のパターンを変えるようにさせた」

第3段第1文（Now that many …）において，コロナ禍において分割睡眠（segmented sleep）をするようになった人々が存在していることが指摘されており，(d)の内容とほぼ同一であると判断できる。

⒂「『分割睡眠』が過去により一般的だった理由としてベンジャミン＝レイス教授が言及していることは何か」

(a)「子供たちは野良仕事をしていたから，起きて学校に行く必要がなかった」

(b)「工場が今よりも厳しくなくて，1年のうちの時期に応じて労働時間を変えた」

(c)「分割睡眠は農場や他の種類の仕事の自然のスケジュールに合っていた」

(d)「時計の動きが遅く，毎日の生活とリズムが合っていなかったので，労働者は時計を無視した」

第4段第4・5文（He added that … home, Reiss said.）では，過去に分割睡眠が一般的であった理由として，それが農業や手工芸などの仕事のパターンに合っていたことが指摘されていることから，(c)が正解である。

⒃「産業革命以前に人々が夜通し眠ることが困難だった理由は何か」

(a)「人々は家で働いたり農場で働いたりするために早起きをするプレッシャーを感じていた」

(b)「寝場所が短くそして狭いため，人々は手足を伸ばすことができなかった」

(c)「歯の治療の痛みが激しく，いつも夜に悪化していた」

(d)「寝具が不快で粗い素材でできていた」

第5段第2文（"Sleeping surfaces …）では，人々が分割睡眠をせざるを得なかった理由として，寝具の質の悪さを指摘していることから，(d)が正解である。

⒄「産業革命以後の睡眠についての考えを最もよく説明しているのは次のどれか」

(a)「中断することなく夜眠ることが労働者にとって有益だった」

(b)「分割睡眠が人々をより生産的にした」

(c)「勤務時間内の短い昼寝のおかげでより利益が上がった」

(d)「寮に閉じ込められて睡眠をとった労働者が利益を得た」

第5段最終文（Everything changed with …）のセミコロン以降（the belief … an advantage.）には，産業革命以降，中断なく睡眠をとれる人が有利だという考えになったとの指摘があり，内容的に(a)と一致する。

⒅「マーク＝ハドリーについて正しいのは次のどれか」

(a)「パンデミック以前は，彼は途中起きずに眠ることと苦闘していた」

(b)「彼は起きることができず，しばしば一日の半分をベッドの中で過ごした」

(c)「彼は最近の20年間，分割睡眠を試みながら過ごした」

(d)「パンデミックのおかげで，彼は毎朝遅くまで寝ていることができた」

第7段第2文（In the past 20 …）に，マーク＝ハドリーは過去20年間夜通し眠れたことがなかったとあることから，(a)が正解である。

⒆「『分割睡眠』に関連する問題とは何か」

(a)「それは不安の増大の原因となる可能性がある」

(b)「それは人をより長時間眠らせる」

(c)「人々は夜に，より疲労を感じるかもしれない」

(d)「人々はいつもの時間よりも早く寝なければならない」

最終段第3文（Also, Avena said …）において，分割睡眠のためには早めにベッドに入る必要があると指摘されており，(d)が正解である。

⒇「だれが『分割睡眠』を試みるべきなのか」

(a)「すでによく眠れていて柔軟なスケジュールの人」

(b)「睡眠科学の指導者への相談に積極的な人」

(c)「現在夜通し眠ることに苦労している人」

(d)「将来の睡眠の問題を回避したい人」

最終段最終文（But returning to …）の後半（suggesting that … sleep issues.）では，すでに睡眠に問題のある人のみが分割睡眠を試みるべきだとの記述があることから，(c)が正解と判断できる。

⑵1—(d)　⑵2—(c)　⑵3—(c)　⑵4—(b)　⑵5—(c)　⑵6—(b)
⑵7—(a)　⑵8—(a)　⑵9—(d)　⑶0—(d)

◆全　訳◆

≪選挙についての会話≫

1930年代のテキサスの小さな町で，ジョージとレオナルドの兄弟が母のトレバー夫人と，地元の選挙，将来の計画，家業について話し合っている。

ジョージ：ルイス＝ハートは検事選挙に再出馬はしない予定だよ。

レオナルド：知ってる。

ジョージ：僕が立候補しようかと思っているんだ。

レオナルド：おい，ジョージ，ここには，検事選挙に出馬しようと考えている若い弁護士が少なくとも3人いるってわかっているのか？ ビリー＝ダルトンが出馬を計画しているのを僕は知っているし，もしもお前が立候補したら，僕にとっては厄介なことだぞ。ビリーは先週僕に，立候補できたら応援してほしいと頼んできて，僕は応援を約束したんだ。

トレバー夫人：その時はジョージの計画を知らなかったって言えないの？ きっとわかってくれるわよ。

レオナルド：そんなことはできないよ，母さん。ビリーに対してフェアじゃないからね。彼は辞職をする前に彼の計画の相談をしてくれたんだ。ジョージはもうこの話を僕と議論しないよ。

ジョージ：僕は兄さんに僕の計画については相談しないよ。だって僕が思い通りにやりたいことには何にだって兄さんはすぐに反対すると思うから。僕には兄さんの反応があらかじめわかっているんだ。とにかく，僕は検事選挙に立候補するよ。もし落選したら弁護士を続けるさ。

レオナルド：だけどどうやって選挙に必要な資金を手に入れるんだ？

ジョージ：農場を分けてくれれば僕の持ち分を売れるだろ。

トレバー夫人：まあ，ジョージ。お前は自分が何をしているかわかっているの？ そんなことはさせないわよ。

ジョージ：農場は僕のものだよ，ママ。

トレバー夫人：その通りよ。でも売ってしまったら，何も残らないのよ。

ジョージ：僕は売るよ，ママ。

レオナルド：売るのなら，僕が買う。

ジョージ：いくら出す？

レオナルド：1エーカー150ドル。

ジョージ：もっと出せよ。

レオナルド：お前はそう言うだろうな。だが，僕はこの土地を維持しなくてはならないから損をしてはならないんだ。6カ月前，お前に農場の開発の許可を求めたとき，お前は好きにしていいと言っただろ。こんなことをするつもりだったのなら，僕に計画を進めてお金を全部投資させる権利なんてお前にはないぞ。

ジョージ：そのときはまだわからなかったんだ。

レオナルド：そうか，それは気の毒だったな。だったら僕の言い値で売れよ。高値にこだわるなら，借入して何とかしてやる。

ジョージ：そんなことしてほしくない。

トレバー夫人：検事選挙のお金は借りる努力をして，ジョージ，土地を売らないようにしたらいいじゃないの。

ジョージ：銀行には行ったさ，母さん，でも断られたよ。

レオナルド：いくらか貸してやろうか。

ジョージ：兄さんからは借りたくない。二度と借りなんか作りたくない。

トレバー夫人：レオナルド，ジョージ。お願いだからけんかはやめて。

◀解　説▶

(21)　次のレオナルドの発言の第 2 文（I know Billy …）から，ジョージが郡の検事（County Attorney）に立候補するつもりだということが読み取れるので，try for ～「～を得ようとする」を用いて同意になる(d)が正解である。

(22)　空所を含む文とその前の文（I know Billy …）の内容から，レオナルドがビリーから依頼されていた支援をしようとしていることが読み取れるので，（I promised I would）give it to him「彼に応援する約束をした」とするのがよい。

(23)　空所を含む節（you didn't …）が過去時制を用いていることから，ビリーに応援を約束したときにはジョージが立候補すると知らなかったと言って応援を断ればよいと母親のトレバー夫人が言っていると考えられるので，were at the time「当時は～だった」を入れるのが適切である。

(24)　ジョージがレオナルドに相談をしない理由を述べている文であることから，immediately oppose を入れ，「自分のどんな計画にもすぐに反対する」という内容にするのが自然である。

(25)　次のジョージの発言（I want to …）が，「農場を分けて自分の持ち分を売ればよい」という内容であることから，レオナルドは選挙資金をどう調達するのかをたずねていると判断できる。したがって，get the money needed「必要なお金を手に入れる」を入れるのが正解である。

(26)　ジョージが母親の説得にもかかわらず自分の持ち分である農場を売却

してお金を得ようとしている場面で，それに対して母親は「その通りね」と返しているので，It belongs to me「農場は僕のものだよ」と発言していると考えるのが妥当である。

(27)　下線部の直後のレオナルドの応答であるI guess you would「お前はそうだろうと思うよ」に注目すると，下線部のジョージの発言を受けて，それを繰り返す形になっていると考えれば，下線部にはwouldが用いられていると考えられる。したがって，答えはI'd like more than that「もっともらいたいな」となるべきである。

(28)　直前の発言でレオナルドが，自分に農場の開発を任せると半年前に言っておきながら，農場を売ったお金を使おうとするのはおかしいとなじっていると考えられることから，ジョージはI didn't know it then.「(立候補するなんて) そのときはわからなかった」と言い訳をしていると考えるのが妥当である。

(29)　選挙資金のために農場を売りたいと言っている以上，銀行に借入の申し込みに行ったが断られたという流れが自然であるので，they turned me down「断られた」とするのがよい。

(30)　直前にレオナルドとジョージがお金をめぐって口論をしているので，Please stop this quarreling.「けんかはやめて」とするのが自然である。

4　　(31)—(b)　(32)—(a)　(33)—(a)　(34)—(c)　(35)—(c)　(36)—(d)　(37)—(d)　(38)—(c)　(39)—(a)　(40)—(a)

◆全　訳◆

≪コロナウイルスについて自分の意見を変えるということ≫

2020年の春，ニューヨーク市が新型コロナウイルス感染症の第一波の最中に市立の学校閉鎖を躊躇しているのを，ディラン＝スミスという名の病院医は怯えて見ていた。当時，企業は在宅勤務という方針を導入しつつあったが，多くの教師は，子供たちがオンライン授業にどう適応するのか不安を感じていた。こういった懸念にもかかわらず，スミスは，学校閉鎖は市民を守るための最も重要な方法だと信じていた。「子供はスーパースプレッダー（二次感染の感染源）ではないかという多くの示唆がありました」と，彼は語る。「家に帰ってウイルスを父母や祖父母にうつしてしまうのではないかと」

今，3年が経過し，スミスは考えを改めた。彼は，学校はもっと早く再開すべきだったと考えている――遅くとも2021年の初めには。皆が彼に賛成するわけではない。だが，自分の信念を再評価する彼の意欲から，私たちは何かを学ぶことができるだろう。

私たちの多くは，新型コロナウイルス感染症についての信念を改めたことがある。ウイルスが最初に出現したとき，致死性はさほど高くないだろうと予測した科学者もいれば，出現した地域を超えて広がることはないだろうと予測する科学者もいたが，こういった意見は，エビデンス（科学的根拠）が変化するとすぐに否定された。また，コロナウイルスが接触感染しやすいと懸念する声もあったが，新たなエビデンスを得てその懸念は払拭された。

だが，意見を変えたと告白することは難しいことで，それは愚かだと感じたくないからだけでなく，ツイッターで批判されたくないからだ。私たちは皆，自分の意見に執着している。正しくない信念ですら私たちのアイデンティティの一部になる。加えて，もしも自分が間違っていると認めると，自分の世界に対する判断がしばしば誤っているということを認めていることになる。そうなると，世界は生きるのが少し恐ろしい場所になる。

ぞっとするような状況，予測不可能な状況においては，私たちはもはやエビデンスに支持されていない行為にこだわってしまうかもしれない。未だに紙ではなくQRコードのメニューを使っているレストランは，――ウイルスは簡単には物の表面からは感染しないということが明らかになっているにもかかわらず――確かにコストを削減しようとはしているが，私たちの恐れに対処しようともしているのだ。

だが，新型コロナウイルス感染症は，私たちは不完全な情報を持っているがゆえに私たちの信念も誤っているかもしれない，という認識と定義される，知的な謙虚さを実践する機会を与えてくれる。インターネットのディベートで活発に発言しているときや，熾烈な職場で働いているときなどは，謙虚さは達成しがたい。だから私――定期的にツイッター上でコメンテーターとして発言し，ジャーナリズムという非常に競争の激しい文化の中で働いている――は，最初の頃は新型コロナウイルス感染症について信じられないほど間違っていたと言うのは，苦しいのだ。

2020年の2月，イタリア国民が家から出られなかったとき，母が電話で「この新しいコロナウイルス」を心配しているかどうかをたずねた。「全然！」と私は言った。私は，以前，新種のインフルエンザについて記事を書いたことがあるが，致死性はそれほどでもなかったし，サーズやマーズのような，これまでに存在したコロナウイルスについても書いたが，(それらの感染症は) それほど広範囲に広がることはなかった。そして，数週間後，友人が，2020年の10月に予定されている結婚式の準備を進めるべきかどうかたずねてきた。「もちろん！」と，私は言った。「そのときまでにはワクチンが開発されているさ」 結婚式は，最終的には2022年の春に行われた。

スミスによれば，不確かな状況に対して偏見のない心を持ち続ける最善の方法は，自分が誤っているかもしれない可能性を認めることによって「科学者のように考える」ことである。現在のエビデンスに基づいて自分の意見を決め，その考えを変えるには何が必要なのかを決定するのだ。スミスのアプローチは救急救命室で生まれた態勢である。そこでは，治療しなければならない患者に対する十分な事前の検査がいつもできるとは限らないのだ。

現実的にこれは何を意味するのだろうか。1カ月マスクを外し，次の1カ月は再びマスクをつけるようなことかもしれない。2020年の厳しいロックダウンは支持し，2022年のロックダウンは支持しないようなことかもしれない。私たちは，マスクや他の新型コロナウイルス感染症の予防策を，固定的な予防策ではなく傘のようなものと考えたほうがよい。傘に対して「賛成」「反対」は意味がない。雨が降っていれば傘を持っていくだけのことである。

考えを変える人は，しばしば偽善者とばかにされるが，誠実であることの目印でもあり得る。それは，科学者のように考えている証しである。スミスがニューヨーク市の学校の再開を求めるツイートをした時，彼の妻が食ってかかった。「学校を開放し続けるのは愚かだって言ったわよね」と，妻は夫に言った。「そうさ」と，彼は言った。「僕は考えを変えたんだ」

◀解　説▶

(31) 「なぜディラン＝スミスは2020年春のニューヨーク市の学校閉鎖を支持したのか」

(a) 「子供たちの命のほうが大人たちの命を救うよりも大切だと思ったか

ら」

(b)「子供たちが大人たちよりもコロナウイルスを伝染させると思ったから」

(c)「大人だけが在宅で働くのは公平ではないと思ったから」

(d)「オンライン学習が学校での対面での学習と同じくらい効果的だと思ったから」

第1段最終文（"There were a …）において，ディラン＝スミスが，2020年春には，子供は他者への感染力が非常に強いとされるスーパースプレッダーとなるだろうという多くの指摘があったと言っていることから，(b)が正解である。

(32)「学校閉鎖に関する現在のスミスの意見を最もよく説明しているのは次のどれか」

(a)「彼は，市が学校をあまりに長く閉鎖し過ぎたと信じている」

(b)「彼はいまだに，感染を封じ込めるためには学校閉鎖を優先すべきだと感じている」

(c)「彼は，学校は閉鎖すべきだとする彼の初期の予測の正確さを誇りに思っている」

(d)「彼は，2020年の学校を閉鎖するという決断は間違いだったと思っている」

第2段第2文（He thinks schools …）において，現在，スミスは，学校はもっと早く再開すべきだったと考えていると記述されており，(a)の内容と一致する。

(33)「そのことについて考えを変えた人もいるコロナウイルスについての意見の例として第3段で言及されていないのは次のどれか」

(a)「顔のマスクはウイルスに対する保護になるという信念」

(b)「ウイルスでそれほど多くの人は死なないだろうとする信念」

(c)「ウイルスは世界中には広まらないだろうとする信念」

(d)「物の表面を触ると簡単にウイルスが広まってしまうだろうという信念」

(b)で指摘されているコロナウイルスの致死率と(c)の感染拡大については第3段第2文（When the virus …）に，(d)の接触感染については第3文（Others worried that …）にそれぞれ言及があるが，(a)のマスクについての言及は第3段にはない。

(34)「意見を変えるのが難しい理由として言及されていないのは次のどれか」

(a)「間違っていると認めると，自分の判断に対する信頼を失う」

(b)「信念は自己意識に関係している」

(c)「他人が批判をすると私たちはより強固に自身の信念に固執する」

(d)「考えを変えるためにソーシャルメディアで批判に直面できる」

意見を変えることが難しい理由については，第4段（But confessing … to live in.）に言及がある。(a)の判断に対する信頼が失われる恐れについては第3文（In addition, if …）に，(b)の意見というものが自分自身の一部になっていることについては第2文（We are all …）に，(d)のソーシャルメディアでの批判に直面することについては第1文（But confessing that …）の後半部分（and not only … on Twitter.）に，それぞれ指摘されているが，(c)で指摘されているような，他者の批判に対する反応についての指摘は見当たらない。

(35)「本文によれば，多くのレストランでQRコードのメニューを使用している理由として考えられるのは次のどれか」

(a)「QRコードメニューは，より環境にやさしい」

(b)「QRコードメニューは，健康問題の専門家に推奨されている」

(c)「QRコードメニューは，不安を抱いている客を安心させる助けになる」

(d)「QRコードメニューは，客により多く出費するように促す」

第5段第2文（The restaurants that …）において，レストランがQRコードのメニューを使用しているのは利用客の心配に対処するためだとの指摘があることから，(c)が正解と考えられる。

(36)「筆者が『知的な謙虚さ』を実践するのが難しい理由として言及されているのは次のどれか」

(a)「友人や家族はほとんど筆者の助言を求めないから」

(b)「筆者の記事は多くの人には読まれていないから」

(c)「ジャーナリストは偏見のない心を維持するのが得意だから」

(d)「筆者はしばしばオンラインで意見を表明するから」

第6段最終文（That is why …）に，知的な謙虚さ（intellectual

humility）を実践するのが困難な理由として，ツイッターのコメンテーターとして仕事をしている筆者としては自分の誤りを認めることは苦痛であるからだと述べられていることから，(d)が正解である。

(37) 「コロナウイルスについて筆者が友人や家族に表明していた意見は次のどれか」

(a) 「以前の呼吸器系の病気とは異なるということ」

(b) 「国から国へと感染が広がる可能性が高いということ」

(c) 「家から出ないでいることが必要だということ」

(d) 「2020 年の秋までには対面のイベントを開催することが可能だということ」

第 7 段第 4 ～ 6 文（Then, a few … vaccine by then.”）において，2020 年の 10 月に予定している結婚式の準備を進めてよいかとの友人の問いに対して，そのときまでにはワクチンが開発されているから大丈夫と筆者が返答していることから，(d)が正解と判断できる。

(38) 「なぜ本文では，ディラン＝スミスのコロナウイルスに対する態勢が『救急救命室で生まれた』と言っているのか」

(a) 「救急救命室では，すべての患者が救えるわけではないということが受け入れられているから」

(b) 「救急救命室では，医師が自分が間違っていたと認めるのは一般的だから」

(c) 「救急救命室では，すべての情報がない状態で行動することがしばしば必要だから」

(d) 「救急救命室では，科学的な仮説を検証することがより簡単だから」

下線部を含む節は「スミスのやり方は救急救命室から生まれたものである」であり，下線部の後ろのカンマ以降（where you … treat them.）において，救急救命室では，患者に対して必ずしも十分な検査をせずに治療を行わなければならないとの記述があることから，(c)が内容的に一致していると考えられる。

(39) 「マスクやその他の新型コロナウイルスの予防策をどのように傘にたとえているか」

(a) 「傘同様，マスクも単なる道具であり，必要なときに使われるものである」

(b)「雨から守る傘のように，マスクもウイルスの飛沫から守ってくれる」

(c)「マスクとは異なり，傘は使うか使われないかであり，その中間はない」

(d)「傘とは異なり，マスクは強い賛否の感情を引き起こす」

第9段最終3文（We should think … when it's raining.）において，傘は雨が降れば持って行くだけで，マスクや他のコロナ関係の予防措置も同様に考えるべきと述べていることから，必要なときに使うだけのものだと述べている(a)が正解である。

(40)「本文の主張に最も近いのは次のどれか」

(a)「考えを変えたと認めることは難しいが，もしもエビデンスが変わったら，私たちは進んでコロナウイルスについての新しい意見を持つべきだ」

(b)「ほとんどの人はコロナウイルスについての誤った意見は決して変えない。なぜなら科学的な考え方ができないからだ」

(c)「人々は，コロナウイルスについて公に言うことに注意しなければならない。なぜなら，あとで意見を変えたらばかにされるからだ」

(d)「科学者のように考えると，2020年のニューヨーク市の学校閉鎖の決断が誤りだったということを理解する助けになる」

最終段（People who … my mind."）において，コロナウイルス発生当初と現在での意見の変化という筆者自身の経験を踏まえ，意見を変えるということは科学的な考えに基づいているのであれば誠実さを表すことでもあると述べられている点から考えると，(a)が正解と判断できる。

【選択言語：英語】

解答　(41)—(d)　(42)—(d)　(43)—(c)　(44)—(b)　(45)—(d)　(46)—(a)
(47)—(b)　(48)—(d)　(49)—(a)　(50)—(c)

◆全　訳◆

≪進学で家を出るとき≫

(アパート。ある若者，メイソンは，大学生活を始めるために家を出る準備をしている。彼は荷物を箱詰めしていて，別の部屋に座っている母親と会話の最中である)

メイソン：大学は新しいオンラインアンケートを使って，僕のルームメイトをもう割り当てたってさ。でもちょっとおかしくない？　質問用紙のたった20の質問からコンピューターがお前は何者かを割り出してしまうなんてさ。世の中には本当に8種類の人間しかいないのだろうかね。

（母親はキッチンへ行き，マグカップにコーヒーを注ぐ）

メイソン：つまり，内向的だとか外向的だとか，細かいことがあるんだってことだよ。でも，見たところでは，僕たちは自分たちが望んでいるほどユニークな存在ではないんだな。

母親：その人とは話をしたことがあるの。

メイソン：ないけど，メールでは話している。彼はとってもカッコよさそうだよ。文学を勉強していて，それから，うーんと，文化人類学も。それから，『ブライト・アイズ』に夢中で…だから音楽の趣味は似ているんじゃないかな。でもとにかく，彼は，このルームメイトを割り当てるシステムがいかによいものかを書いてきて，ちょっと変だよ。たとえば，新しいルームメイトの満足度は，かつては60%だったけど，いまや100%だとか。あのコンピューターのおかげってだけでね。

母親：そうね。彼はよいルームメイトみたいね，そうすると。

メイソン：ああ。でも僕らは，そのうちアンケートすら使う必要がなくなるって，大体意見が一致したよ。だって，その代わりに国家安全保障局にネット上にあるプロファイルを検索させれば，今までに言ったこと，書いたこと，インターネットでクリックしたことすべてに基づいて，ルームメイトが誰なのか教えてくれるよ。

（メイソンは，箱を運びながら，リビングルームに戻る。彼は額入りの写真を持ち上げる）

メイソン：ねえ――これをまたここに入れた？

（母親は笑っている）

メイソン：持っていかないよ。

母親：何てことを。最初に撮った写真じゃないの。

メイソン：いや，つまりさ，だからこそ置いていきたいんだ，わかるだろ。

（メイソンは自分の部屋に写真を戻しにいく。一方，母親は，突然泣き出す。メイソンは部屋から戻り，バックパックを背負い，母親に気づく）

メイソン：何？

母親：なんでもないわ（泣きながら)。

メイソン：ないわけない，どうしたのさ？

母親：人生で最悪の日だわ。

メイソン：何を言っているの？

母親：この日が来るのはわかっていたわ。お前が出ていくのはわかっていた。でも，ただね——お前がここを出ていくのがそんなにうれしいのだとは想像もしていなかった。

メイソン：それはさ，僕がそんなにうれしそうだからじゃないだろ。何を——母さんは何を期待しているの？

母親：母さんが何を感じているかわかる？　私の人生はね，そんな風に過ぎていくだけなの！　こういう大きな出来事が続いてね。結婚して，子供ができて，離婚して，お前ががんを患ったんじゃないかと思ったときがあって，自転車の乗り方を教えて，また離婚して，修士号を取得して，ついに望んでいた仕事について，お前の姉さんを大学にやって，お前を大学にやって……次は何だかわかる？　ねえ？　私の葬式よ。

(唖然として，メイソンは言葉が出ない)

メイソン：40 年くらい先に行ってない？

母親：もっと何かあるんじゃないかと思っただけよ。

(母親は泣きながらテーブルの椅子に座る。メイソンは母親をどう慰めればいいのかわからない)

◀解　説▶

(41)　オンラインアンケートでルームメイトが割り当てられたことに対してメイソンが驚いている場面であるから，work out who you are「(コンピューターが) 何者であるか答えを出す」が適切と考えられる。

(42)　メイソンは，コンピューターが簡単にどういう人間かを割り出してしまうことに不満を持っていると考えられるので，unique を入れることで「明らかにぼくたちは思っているほどユニークな存在じゃないんだ」と言っていると考えるのが自然である。

(43)　音楽の趣味が同じと発言していると考えられるので，taste「好み，嗜好」を入れるのがよい。

(44)　満足度が上がったというのはルームメイトを割り当てるシステムにつ

いての発言であるから，computer「コンピューター」のおかげとするのが適切である。

⑷⑸　空所の次の発言（Because instead …）で，インターネット上の個人のオンライン活動に関する情報を用いてルームメイト割り当てをするようになるだろうと述べているので，won't even need to use the questionnaire.「アンケートを使う必要もなくなるだろう」とするのが妥当である。

⑷⑹　人生初のものなんだから，写真を持っていかないのかと聞いている母親への返答であることから，（all the more reason to）leave it behind(, right?)「なおさら置いていくべきだろ？」と発言していると考えるのが自然であろう。

⑷⑺　メイソンが大学進学のために家を出る準備をしているという場面設定であるから，（I knew）this day was coming「この日がやって来ることはわかってたの」とするのがよい。

⑷⑻　母親は自分がこんなに悲しいのに何でそんなにうれしそうなのかと不平を言っていると考えられるので，（I didn't）imagine you would be（so happy to be leaving.）「出ていくのがそんなにうれしいとは想像もしなかった」と言っていると考えるのが適切である。

⑷⑼　下線部の具体例を直後の文（Getting married, …）が示していると考えられるので，events「出来事」を入れるのが正解であろう。

⑸⑽　母親が，息子を大学に送りだしたあとの次のイベントは自分の葬式だと言って，それまで何のイベントもないような話しぶりであるので，メイソンは，（Aren't you）jumping（ahead by like, forty years or something?）「40 年くらい飛ばして進んでいないかい？」と言っていると考えるのがよい。

【選択言語：ドイツ語】

5　**解答**　【1】⑷⑴―(c)　⑷⑵―(c)　⑷⑶―(b)　⑷⑷―(d)　⑷⑸―(a)
【2】⑷⑹―(j)　⑷⑺―(f)　⑷⑻―(g)　⑷⑼―(a)　⑸⑽―(c)

【選択言語：フランス語】

5　**解答**　【1】⑷⑴―(c)　⑷⑵―(d)　⑷⑶―(b)　⑷⑷―(a)　⑷⑸―(g)
【2】⑷⑹―(c)　⑷⑺―(e)　⑷⑻―(a)　⑷⑼―(g)　⑸⑽―(b)

【選択言語：イスパニア語】

5 **解答**

【１】⑷1)―(a)　⑷2)―(b)　⑷3)―(b)　⑷4)―(c)　⑷5)―(a)

【２】⑷6)―(b)　⑷7)―(d)　⑷8)―(d)　⑷9)―(b)　⑸0)―(a)

【選択言語：ロシア語】

5 **解答**

【１】⑷1)―(d)　⑷2)―(c)　⑷3)―(d)　⑷4)―(b)　⑷5)―(d)

【２】⑷6)―(b)　⑷7)―(d)　⑷8)―(b)　⑷9)―(c)　⑸0)―(d)

【選択言語：ポルトガル語】

5 **解答**

【１】⑷1)―(d)　⑷2)―(b)　⑷3)―(a)　⑷4)―(d)　⑷5)―(a)
⑷6)―(c)　⑷7)―(c)

【２】⑷8)―(b)　⑷9)―(d)　⑸0)―(a)

分の考えを修正することも必要」とあるので、こうした内容をまとめればよい。

ただ、以上のようなポイントを問題文の表現のままつなぎ合わせると一五〇字には収まらないおそれもあるので、似通った内容を端的な表現に置き換えて文字数を調整する必要がある。

以内)

▲解　説▼

≪人類の進化に由来する人間の脳と心のしくみ≫

問1　新人（ホモ＝サピエンス、ホモ＝サピエンス＝サピエンス）の具体例としては、フランスで発見されたクロマニョン人や中国で発見された周口店上洞人などがある。

問3　空欄④の直前にある「偏見」から「先入観」を連想できるだろう。また、空欄④の五つ前の段落以降にある「ニセ科学を受け入れてしまう心理的要因」の説明の1「『権威ある』と思われる情報源を信頼」、4「体験から自分の考えに合った事実だけを切り取り」といった表現からも「先入観」を導ける。

問4　設問が求めているのは、本文の著者が、「私たちがニセ科学を信じてしまう理由を脳と心の観点からどう分析し」、「ニセ科学に騙されないためにはどうする必要があると主張」しているか、の二つである。

前者については、「脳と心の観点からどう分析し」とあるので、著者が本文中で述べている分析の結論が「理由」となる。「理由」については、空欄④の次の段落に「常に認知バイアスが働いています。その結果、ニセ科学を受け入れてしまう」という表現から、〈認知バイアスの働き〉がキーワードであることがわかる。さらにその次の段落には類似したワードとして「確証バイアス」という言葉も登場するため、この言葉も解答に入れたい。「確証バイアス」については最後から三つ目の段落に「一言で言えば『自分に都合のよい事実だけしか見ない、集めない』」とあるので、この表現を確証バイアスの説明として使える。「認知バイアス」については空欄④の段落に「私たちの認知の中にある思考の偏り」とあるが、より具体的な表現として、「とらえ切れていない（欠けている）部分を、現実にはない映像で埋めてしまおうとします」（空欄②・③の二つ前の段落）といった表現が使える。

後者の「ニセ科学に騙されないためにはどうする必要があると主張」しているか、については、最終段落に「ひとつのことをいろいろな角度から柔軟に考える」「自分の考えへの批判的な意見も意識的に探して、場合によっては自

③誤文。ナイジェリアはG20に参加していない。G20はG7＋BRICSのほか、韓国・オーストラリア・インドネシア・メキシコ・アルゼンチン・サウジアラビア・トルコおよびヨーロッパ連合（EU）で構成されている。

問8　①誤り。ヘミングウェイはアメリカの作家で執筆言語は英語。
②誤り。マルクスはドイツ人で執筆言語はドイツ語。
③誤り。『枕草子』を執筆したのは清少納言。

問9　ダイバーシティとは「多様性」を意味する言葉。
②誤文。永住権を取得した外国人には、地方自治体選挙でも参政権は認められていない。
③誤文。男女雇用機会均等法の制定は一九八五年で、一九八六年に施行された。

問10　①誤文。廃藩置県は一八七一年。同年琉球王国は鹿児島県に編入され、翌年琉球藩が設置された後、一八七九年に沖縄県が設置されている。
②誤文。沖縄県が小笠原諸島とともにアメリカの施政権下に置かれたのは、サンフランシスコ平和条約（一九五一年）によるもの。
③誤文。薩摩藩の島津氏が琉球王国に侵攻したのは一七世紀初め（一六〇九年）。

2 解答

問1　ホモ＝サピエンス（ホモ＝サピエンス＝サピエンスも可）
問2　②狩猟　③採集（採取も可）
問3　先入
問4　人間の脳には自分がとらえ切れていない部分を非現実で埋めてしまう認知バイアスや、都合のよい事実だけ意識するという確証バイアスの傾向があり、ニセ科学を信じてしまう。ニセ科学に騙されないためには、自分の考えに批判的な意見にも耳を傾け、時として自分の考えを修正するなど、多角的な視点で柔軟に考える必要がある。（一五〇字パ語族のイタリック系言語、②ハンガリー語はウラル語族、④アルバニア語はインド=ヨーロッパ語族のアルバニア系言語に分類されている。

問2　③誤り。ケニアは一八八五年にイギリスの植民地になっている。

問3　④誤り。ブルガリアは黒海西岸に位置する国なので、地中海には面していない。

問4　①誤文。北大西洋条約機構（NATO）はソ連崩壊後、一九九九年にポーランド・チェコ・ハンガリーが加盟して以降、ヨーロッパ東方に拡大している。

②誤文。日本は二〇二二年に初めて岸田文雄総理大臣がNATO首脳会合に参加している。

③誤文。NATOの結成は一九四九年であり、それに対抗してワルシャワ条約機構（WTO）が一九五五年に設立された。

問5　①誤文。東南アジア諸国連合（ASEAN）は地域協力機構で、将来的な単一通貨の導入はその設立意義には含まれていない。

問6　やや難。BRICSを構成するのはブラジル・ロシア・インド・中国・南アフリカの五カ国。なお、BRICsと表記される場合は、南アフリカは含まれない（sは複数形の意）。

②誤文。BRICSの中で最も広い国土面積を持つのはロシア。

③誤文。インドは赤道以北に位置しているので、北半球にある国。南半球に位置しているのはブラジルと南アフリカ。

④誤文。国連安全保障理事会の常任理事国入りを目指しているのは、日本・ドイツ・インドとブラジル。

問7　①誤文。「アフリカの年」（一九六〇年）以降の一九六三年に結成されたのはアフリカ統一機構（OAU）。アフリカ連合（AU）は二〇〇二年にOAUを発展的に改組して組織されたもの。

②誤文。チュニジアやアルジェリアを植民地化したのはフランス。地中海沿岸でイタリアの植民地となったのはリビア。

外国語学部

▲外国研究に必要な基礎的知識・日本語の読解力・論理力・思考力を測る試験▼

1

解答

問1　③
問2　③
問3　④
問4　④
問5　①
問6　①
問7　④
問8　④
問9　②（③も可）
問10　④

▲解　説▼

《歴史・地理および現代社会に関する小問集合》

問1　やや難。③スラヴ系言語は西スラヴ系のチェック人が話すチェコ語である。①ルーマニア語はインド＝ヨーロッ

■一般選抜（学部学科試験・共通テスト併用方式）：総合グローバル学部

問題編

▶試験科目・配点

試験区分		試験教科・科目	配　点
大学入学共通テスト	外国語	『英語（リーディング，リスニング）』，『ドイツ語』，『フランス語』のうちから１科目選択	40 点
	国語	『国語』	40 点
	地理歴史または公民	「日本史Ｂ」，「世界史Ｂ」，「地理Ｂ」，「倫理」，「政治・経済」，『倫理，政治・経済』のうちから１科目選択	40 点
大学独自試験	学部学科適性試験	グローバル化する人間社会について，提示された資料の理解力および思考力を問う試験（英語の設問を含む）	80 点

▶備　考

- 大学入学共通テストの英語の技能別の配点比率は，リーディング 100 点：リスニング 100 点（200 点満点）とする。
- 大学入学共通テストの国語は，古文，漢文を含む。
- 大学入学共通テストの選択科目を指定科目数以上受験した場合は，高得点の科目を合否判定に利用する。第１解答科目・第２解答科目の区別も行わない。
- 大学入学共通テストの得点は，各学科の配点に応じて換算して利用する。
- 任意で提出した外国語外部検定試験結果は，CEFR レベル（A2 以上）ごとに得点化し，大学入学共通テストの外国語の得点（200 点満点）に上限付きで加点される。

■総合グローバル学部■

◀グローバル化する人間社会について，提示された資料の理解力および思考力を問う試験（英語の設問を含む）▶

（75分）

（注）記述式の解答は，各解答欄にていねいに記入すること。数字，ローマ字については，1マスに2字とする。

1 下記の文章（Domonoske, Camila "Georgetown Will Offer An Edge In Admissions To Descendants Of Slaves." *NPR*, Sep. 1, 2016）を読み，後の問いに答えなさい。

Georgetown University will be offering an admissions edge to descendants of enslaved people sold to fund the school, officials announced on Thursday.

Jesuit priests（ア） connected to the private Catholic university sold 272 enslaved people in 1838, to pay off the university's massive debts. The men, women and children were sold to plantations in Louisiana; the university received the equivalent of $3.3 million, securing its survival.

A working group, created last year to explore Georgetown's historical ties to slavery, says even more slaves might have been sold in the 1830s to keep the school（　1　）.

And the school's connection to slavery is both broader and deeper（　2　）the one well-documented sale. Georgetown was supported by the plantations of Jesuit priests in Maryland; hundreds of people were enslaved by those Jesuits. An "unknown number" of other enslaved people worked in or for the school, the working group says.

In their report, made public Thursday, the working group says much more research is needed to fill in (3) in the historical record. They also call for a formal apology(イ) from the university for the school's "historical relationship with slavery."

And, the report suggests, the school should give descendants of people owned by the Maryland Jesuits "an advantage in the admissions process."

On Thursday, the university announced it would be doing just that— specifically, by treating the descendants of those enslaved people the same way it treats legacy students, applicants whose family members attended Georgetown.

The working group had also recommended that Georgetown explore the (4) of offering financial assistance for those students as well. The university did not mention scholarships or financial aid for descendants of the enslaved.

(5), the school will be renaming two buildings—formerly named after the two university presidents who made the arrangements to sell slaves to fund the school. The buildings had been temporarily renamed to Freedom Hall and Memorial Hall while waiting for their final names.

One will become Isaac Hall, after one of the enslaved men who was sold in 1838, and another Anne Marie Becraft Hall, after a black educator and nun. "We hope that the two buildings will stand as a reminder of how our University community (6) the high values of human dignity and education when it came to the (7) of enslaved and free African Americans in the eighteenth and nineteenth centuries," the working group wrote in its report.

Georgetown will also establish a memorial to the people whose enslavement funded and built the school, offer a mass of (8) and work to promote scholarship in the field of racial justice, it says.

Universities across the country have recently been (9) with their historical ties to slavery and slaveowners—along with the contemporary problems of racism and racial inequity, frequently the subject of campus protests.

But Georgetown's step, to consider the enslavement of ancestors as part of the admissions process, may be (10), *The New York Times* reports.

The Times—which published a lengthy report on Georgetown's legacy of slavery this spring—spoke to a historian named Craig Steven Wilder who said he knew of no other school that had offered that kind of preferential admission status.

Wilder also cautioned, *the Times* reports, "that the significance of <u>such a gesture</u> 問 3 would rest heavily on the degree to which Georgetown invested in outreach to descendants, including identifying them, making sure they are aware of the benefit's existence and actively recruiting them to the university."

Georgetown says that it will "deepen archival resources to support <u>genealogical</u> (ウ) work" and establish a new institute to research slavery and engage with descendants. The Georgetown Memory Project, an independent group, is currently working to identify descendants of those sold in 1838 to fund Georgetown.

Richard Cellini, the founder of that project, told the student newspaper at Georgetown, that statistical models suggest up to 12,000 to 15,000 descendants may be living. If you count other people enslaved by Georgetown's Jesuits—including some who were never sold, but lived on campus—there may be more than 20,000 descendants, the student newspaper reports.

問1 文脈上，(1)〜(10)の空所に入る最も適切な語，または句をそれぞれ(a)〜(d)から一つ選びなさい。

(1) (a) advent (b) aggregate
(c) apprise (d) afloat

(2) (a) than (b) with (c) for (d) except

(3) (a) questionnaires (b) phrases
(c) blanks (d) gaps

(4) (a) feasibility (b) difficulty
(c) resources (d) relations

(5) (a) Additionally (b) Admittedly
(c) Nonetheless (d) Nevertheless

(6) (a) disengaged (b) disregarded
(c) disenchanted (d) distressed

(7) (a) equivocation (b) congregation
(c) plight (d) epitome

(8) (a) extraction (b) credo
(c) reconciliation (d) insurgency

(9) (a) grappling (b) interacting
(c) affiliating (d) negotiating

(10) (a) sinister (b) unprecedented
(c) intrepid (d) surprised

問2 次の語に最も近い意味の言葉をそれぞれ(a)〜(d)から一つ選びなさい。

(ア) priests

(a) psychiatrists (b) underwriters

(c) ventriloquists (d) clergymen

(イ) apology

(a) justification (b) rectification

(c) accretion (d) donation

(ウ) genealogical

(a) concerning the history of families

(b) the area of medicine that involves the treatment of women's diseases

(c) of, relating to, or influenced by the origin or development of something

(d) ideas or information that is germane to a particular subject or situation is connected with and important to it

問3 such a gestureとは具体的に何を意味するのか。文脈から判断して日本語で45字以内で説明しなさい。

問4 以下の(あ)～(う)の日本語の文に相当するように，与えられた語を一回ずつ使って英文中の空所を埋めた時，＊印の箇所に入る語を選びなさい。なお，文頭に来る単語も小文字で記している。

(あ) いま問題なのは，世界のほとんどの国を代表するWTO加盟国の貿易担当大臣が，日曜日から数日間ジュネーブに集まり，何とか合意に達することができるかということである。

Now the question ( )( )(＊)( ) can ( ) ( )( ) when trade ministers from the WTO members, representing most of the world's nations, gather in Geneva for several days of meetings, beginning Sunday.

(a) reached　(b) agreement　(c) whether　(d) is

(e) an　(f) be　(g) still

(い) もう一つの論点は，これが合衆国で初めての大規模な渋滞課金策であり，誰もがうまくいくことを望んでいるということである。

(　　)(　　)(　　)(　　)(　＊　)(　　)(　　) the first major congestion pricing plan in the United States, and everyone wants to see it go well.

(a) that　(b) argument　(c) will　(d) is

(e) this　(f) be　(g) another

(う) 西側諸国に増備を緊急要請しているものの，街や村を焦土と化すロシア軍の砲撃に対抗するには，ウクライナ軍には重火器が不足しているようにみえる。

(　　)(　　)(　　)(　＊　)(　　)(　　)(　　) more heavy weapons, Ukrainian forces appear to lack what it takes to confront Russian use of artillery for scorched-earth shelling of towns and villages.

(a) for　(b) to　(c) pleas　(d) despite

(e) West　(f) urgent　(g) the

2 次の文章を読んで，下記の設問に答えなさい。

インド航路・アメリカ大陸の「発見」は，そもそも「インド」＝東方の物産を求めた西洋人の行動に由来し，その物産を西にもたらしていたのは，ムスリム商人の海上交易活動である。また飯塚浩二(1906-70)の言い回しを借りるなら，インド航路の「発見」とは，ムスリム商人が永らく活動していた航路に，ポルトガル人がムスリムの「水先案内にみちびかれた」だけのことであった。

したがって大航海時代と言っても，はじまりはそれまでムスリムが往来していた海上交通に，ヨーロッパ人が参入したにすぎない。しかし以後の経過こそ，重要であった。インド洋・インド亜大陸の浮上である。

インド(1)はそれまで，中央アジアと絶えざる交渉をもちながらも，いわゆるシルクロードの幹線からははずれている。ユーラシア全体でみれば，東の果ての中国・江南以上に，孤立的な存在だったといってよい。ところがティムール朝が衰退して以後，そのシルクロード幹線は，相対的に地盤を沈下させてゆく。世界史に占めた往時の比重を，草原世界がとりもどすことはもはやなかった。

この地域を支える隊商(キャラバン)交易は，もちろん消滅したわけではなかった。全体の絶対的な量でいえば，それほどの減少もなかったかもしれないし，さらに利益をあげていたかもしれない。しかし従前にシルクロードが有した世界的な重要性，あるいは同時期・大航海時代以降の海洋貿易に対比すれば，頽勢をまぬかれなかった。それほどに海上の比重が，急速に増していったのである。

インド洋はかくして，ユーラシアの附随的な沿海から，世界の大道へと化した。それにともなって，中央アジアに代えてインドを，とりわけ経済的に世界の動向を左右する存在，アジアの一大中心たらしめる。かつてなかった世界史の革命的な局面だといってよい。

インドは以後，綿製品や染料をはじめとする魅力的な国際商品で知られるようになった。こうした産物を次々に生みだした経済の発展も，海上貿易の隆盛がもたらしたものである。

こうした陸から海への遷移，草原の沈下と海洋の浮上をもたらしたのは，やはりインド航路の「発見」が最も重大な契機であった。そうした史実経過に，まちがいはない。

そうはいっても，従前から(2)海上の交易ルートは，(3)西はペルシア湾，紅海を通じて地中海に，東に東南アジアを通じてシナ海にと，つながりとひろがりをもっていたはずである。いわゆる「発見」とは，それに喜望峰回りの西ヨーロッパ直結ルートを加えるにすぎなかった。規模はさして変わっていないとみえなくもない。それがなぜ，にわかに比重を高めたかといえば，実にいまひとつの発見と結合していたからである。

新大陸の「発見」である。(A)新大陸も「発見」しただけでは意味が乏しい。そこに潤沢な銀鉱脈が存在し，おびただしい銀を産したことこそ，重大な意義がある。その新大陸から産出した銀が，西ヨーロッパを結節点として，インド洋に注ぎ込まれた。

(4)地球の裏側でヨーロッパ人が行っていた鉱山開発は，実にアジア海上貿易のためであり，まずはインドがその銀の行き先ではある。けれども，そこにとどまらない。時あたかも社会全体の商業化と流動化を増していた中国にも，銀は滔々と流れ込んだ。西から東から，地球をめぐって中国に殺到したのであって，17世紀初め，世界全体の輸出銀の三分の一が中国に流入していたという推計もある。

もっとも中国の場合，新大陸とヨーロッパばかりに限らない。(B)もっと身近に，潤沢な銀を供給してくれるところがあった。それがすなわち，日本列島である。

有名な戦国時代の金山・銀山の開発・採掘ラッシュは，中国の貴金属需要と日中貿易に喚起されたものだった。石見銀山が世界遺産となったゆえんである。16世紀に日本が急速に富強化したのは，大航海時代と中国がその欠かせない要件となっており，それはひるがえってシナ海の「倭寇」，ひいては中国の(C)「北虜南倭」の情況を生み出し，ついには清朝の登場をもたらす史的要因をなした。

こうした大航海時代の海洋を通じた商業ブームは，もちろん中国・シナ海ばかりではない。むしろそこは，最も遅かったというべきであろう。インド洋はもとより，さらに時代をさかのぼれば，(5)地中海が先んじて経験していたものでもあった。

そうした経済景況に応じて，(　ア　)がアナトリアから東地中海，紅海ぞいに拡大し，(　イ　)はアゼルバイジャンからペルシア湾へ向かい，(　ウ　)はアフガニスタンからヒンドゥスタン，さらには南方へ向かった。清朝もふくめ，四者ともに内陸から沿海に広がる方向は，軌を一にしており，海洋の引力がはっきりとみてとれる。しかし引力源・原動力は，もはやアジアに存しない。

グローバルな世界史とは今・現代につながる世界史であり，主役はここで，西ヨーロッパに代わった。ユーラシアの最果てに位置し，これまでほとんど存在感のなかった地域である。世界史はいよいよ大転回をはじめつつあった。

出典：岡本隆司『世界史序説――アジア史から一望する』ちくま新書，2018年，184-188頁より作成。一部改編。

問1 本文中の（ ア ）（ イ ）（ ウ ）に当てはまる語句を，以下から選びなさい。

a．アフシャール朝

b．サファヴィー朝

c．アッバース朝

d．ムガル朝

e．キエフ公国

f．神聖ローマ帝国

g．ビザンツ帝国

h．オスマン帝国

問2 下線部(1)の「インド」に関連して，2019年にインドを正式なメンバーとして発足した国際的枠組として正しいものを一つ選びなさい。

a．QUAD

b．TPP

c．RCEP

d．CPTPP

e．AUKUS

問3　下線部(2)の海上の交易ルートに関連して，以下の記述の中で誤っているものを一つ選びなさい。

a．パナマ運河は，カリブ海と太平洋をほぼ南北に結ぶ閘門式の運河である。アメリカ合衆国は1903年にコロンビアからパナマを独立させて運河地域の権利を獲得し，1914年に完成させた。その後，米国が管理を続けていたが，1999年にパナマに返還された。

b．紅海と地中海を結ぶ運河は，古代エジプトのネコ2世がはじめて開通させ，1869年にレセップスが別ルートで再建設した。1956年にエジプトのナセル大統領が国有化を宣言すると，フランスとアメリカが出兵し軍事衝突が発生した。

c．ペルシア湾とアラビア海とを結ぶホルムズ海峡は，多数のタンカーが通る世界有数の石油搬出路である。国際関係の悪化やテロによって，船舶が攻撃される事例がたびたび起きており，2019年には日本企業が運航するタンカーも被害を受けている。

d．マラッカ海峡は，インド洋と南シナ海を繋ぐ要衝であり，古くから交易路として栄えていた。東端にあるシンガポールは，太平洋戦争のあとイギリスの統治下におかれていたが，マレーシアの一部として独立後，1965年にマレーシアから分離独立した。

問4　下線部(3)に該当するルート上にあるアデン湾周辺の海賊に対処するために，日本は2009年から自衛隊の哨戒機を派遣し，2011年からは現地拠点を設けている。この拠点のある国の名前を答えなさい。

問5　下線部(4)に該当する鉱山開発として，誤っているものを一つ選びなさい。

a．ポトシ

b．サカテカス

c．セロ・リコ

d．ラウレイオン

e．グアナフアト

問6 下線部(5)に関連して，紀元前4世紀頃のアテナイは，黒海沿岸地方から大量の穀物を輸入していた。その交易船は，どのような経路でアテナイのあるエーゲ海に向かっただろうか。地名の組み合わせとして正しいものを以下から選びなさい。

黒海 → [ア] → [イ] → [ウ] → エーゲ海

	a	b	c	d	e	f
ア	ボスポラス海峡	ボスポラス海峡	マルマラ海	マルマラ海	ダーダネルス海峡	ダーダネルス海峡
イ	ダーダネルス海峡	マルマラ海	ボスポラス海峡	ダーダネルス海峡	ボスポラス海峡	マルマラ海
ウ	マルマラ海	ダーダネルス海峡	ダーダネルス海峡	ボスポラス海峡	マルマラ海	ボスポラス海峡

問7 二重下線部(A)について，この時期にヨーロッパに大量の銀が流入したことは，ヨーロッパ内部の経済と政治にどのような影響を与えたと考えられるか。以下から最も適切と考えられるものを一つ選びなさい。

a．価格革命とよばれるインフレーションの一因となり，固定地代の収入で生活する領主や貴族階級の没落を招いた。

b．価格革命とよばれるインフレーションの一因となり，農畜産物を販売して生活する小規模自作農の困窮を招き，社会不安が広がった。

c．価格革命とよばれるデフレーションの一因となり，固定地代の収入で生活する領主や貴族階級の没落を招いた。

d．価格革命とよばれるデフレーションの一因となり，農畜産物を販売して生活する小規模自作農の困窮を招き，社会不安が広がった。

問8 二重下線部(B)に関連して，日本の交易と決済手段についての説明として<u>誤っているもの</u>を一つ選びなさい。

a．不平等な条件の安政の五カ国条約に基づく貿易がはじまると，日本の輸入額は輸出額を大幅に上回り，巨額の貿易赤字が生じた。さらに，金価格が相対的に高かった日本に外国商人らが金を運び込んで両替したため大量の銀が流出し，日本経済は混乱に陥った。

b．世界恐慌によって1931年にイギリスが金本位制を離脱したあと，日本も金の兌換と輸出を事実上停止する決定をくだした。このため急速に円安がすすみ，輸出が飛躍的に伸びた。

c．17世紀後半には，日本の金銀の産出量が減少し，かわりに別子や阿仁から産出する銅の割合が増加した。相対的に価格が低く少額決済に向く銅は，国内の取引を円滑化したと同時に，長崎を通じて海外に輸出もされていた。

d．ブレトンウッズ体制の金ドル本位制においては，各国通貨の為替レートは金への兌換を約束された米ドルに対して事実上固定されていた。しかし，1971年にニクソン大統領がドルの兌換停止を宣言すると，日本円もスミソニアン合意による切り上げを経て，現在の変動相場制へと移行していった。

問９　二重下線部(C)に関係する以下の説明のうち誤っているものを一つ選びなさい。

a．しばしば長城を超えて攻撃を仕掛け1550年には北京を包囲したことで有名なアルタン＝ハンの配下には，明からモンゴル側に移り住んでいた漢人も多く含まれていた。

b．明代に万里の長城の整備が進み付近に大量の軍隊が駐留するようになると，前線への輸送に適した銀の必要性が高まり，税の銀納化が進められた。

c．この時期の倭寇は後期倭寇と呼ばれ，九州地方出身の日本人が大半を占めていた。略奪のかたわら明の海禁政策をかいくぐって密貿易をおこない，中国大陸への銀の流入経路となった。

d．ポルトガルが1510年にインドのゴアを，翌年にマラッカ王国を攻略して拠点を築くと，一部のポルトガル商人らは北上して現地の密貿易者と結託し，中国大陸との銀の貿易にもかかわるようになった。

3 次の文章を読んで，下記の設問に答えなさい。

「第三世界」の女性に対する関心が高まり，「第三世界」の女性に関する言説が市場的価値を持つようになるにともない，――悪貨が良貨を駆逐するという市場の原理はここでも有効だ――，実際は「第三世界」に対する差別的なまなざしに基づいた，彼女たちをことさらに犠牲者視し，彼女たちの社会を抑圧的で野蛮なものとして表出するイメージ――そう，たとえば二〇世紀の現代においてなお，七世紀の掟に縛られるムスリム女性，ヴェールの陰に幽閉されるアラブ女性，因習によって人権を抑圧されるアフリカ(1)女性といった――ステレオタイプが，「人権(2)」や「フェミニズム」を標榜する言説のなかで拡大再生産されている。

こうしたステレオタイプが問題なのは，それらが単に差別的で，誤っているからばかりではない。これらは，それ自体が差別的意識の反映であると同時に，人々の認識の中で差別的な他者像を再生産し，これを実体化してしまう。そして，他者をそのようなものとして一方的に規定することによって，その反転像としてのたぶんにナルシスティックな自己像――何はともあれ幸せな日本社会，幸せな「わたし」――を内面化させ，「解放」の幻影を与えてくれもしよう。しかし，実際のところ，そのような他者像／自己像は，私たち自身を解放の真の地平から遠ざけ，私たちのフェミニズムの可能性を掘り崩すものでしかないだろう。

問題はそれだけにとどまらない。「西洋フェミニズム」の言説がアラブ社会やアフリカ社会，あるいはイスラームを女性差別的，抑圧的なものであるとして批判する根拠としている「人権」や「フェミニズム」の普遍性といったものは，こうした批判に先立って，(　3　)に存在するのではない。それらは実のところ，西洋が他者を(被)抑圧的なものとして一方的に規定するという行為によってのみ担保されているのであり，そのような「普遍的」人権やフェミニズムに，これら当該社会の女性たちが与しないのはある意味で当然のことなのだろう。それは，女性の人権や，人権の普遍性を否定するのとはまったく違うことのはずだ。

けれども，「西洋フェミニズム(4)」は，抑圧される女性の主体性の回復をつねに問題にしながら，民族的伝統やイスラームに主体的にアイデンティファイするアラブ(5)女性やムスリム女性が，西洋が主張するような人権の普遍性に対して疑義を表明すると，「原理主義者」，「狂信主義者」というレッテルを貼る。イスラームがどのような宗教であるかを規定するのが(それを信仰しているムスリム自身ではなく)西洋であるように，ここでも，アラブ女性が，あるいはムスリム女性が何を信じるべきで，何を信じるべきでないかを決定するのは，当のアラブ女性，ムスリム女性ではなく西洋である。なぜなら，(　6　)。

「フェミニズム対イスラーム」「普遍的人権主義対文化相対主義」といった粗雑で安直な二分法——二分法とはえてして粗雑で安直なものだが——による議論は，したがって，問題の本質を隠蔽するための，中立性，客観性を装った装置に過ぎない。そこでは，ムスリム女性であることとフェミニストであることが，あるいは自文化の伝統に主体的に参与することと普遍的人権を信じ，それを実践することが，あたかも(　7　)的な，両立不可能なものとして規定されている。しかし，このような(　あ　)で議論をするということ自体がすでに，特定の集団が一方的に規定した(　あ　)を無条件に前提とするということであり，そこで行使されている権力を無条件に承認するということである。こうした二項対立の議論の真の意図は，いずれの立場が正しいのか，を論じることにあるように見えて，実は，そうではない。一方的かつ恣意的に他者を表象する権利に対する承認こそが，秘かにもくろまれている。

だから，この問いは罠である。彼らは執拗に問うてくるだろう。「あなたはどちらの立場をとるのですか」と。中立性を装いながら，そして，あなたに主体的選択を保障しているように見せかけて，しかし実際のところ，この問いはいささかも中立ではない——だれしも正義の側に立ちたいものだ。「差別主義者」のレッテルを貼られるのがわかっているような立場を敢えてとるのは勇気がいる。だが，問題はそれだけではない。なぜなら，いずれの立場をあなたが「主体的に」選択するにせよ，このような議論の(　あ　)に乗ってしまった瞬間，あなたは，だれが他者を表象する言説の主体となるべきかについての前提を承認してしまったことになるからだ。だから，私たちはこの問いに答えてはいけない。問題なのは

「普遍的人権主義」か「文化相対主義」かなのでは，ない。このような二項対立的議論を生じせしめるような言説の(　い　)——他者を表象することで，これを支配したいという欲望が生じる(　い　)——こそ，私たちは問わねばならない。

出典：岡真理「『女子割礼』という陥穽，あるいはフライデイのロ―アリス・ウォーカー『喜びの秘密』と物語の欲望」『現代思想』24(6)，1996年，8-11頁より作成。一部改編。

問１　下線部(1)に関して，輸出品目の割合を示す表と，地図上の国が一致する組み合わせを選びなさい。

①．輸出額59億ドル(2015年)

②．輸出額126億ドル(2014年)

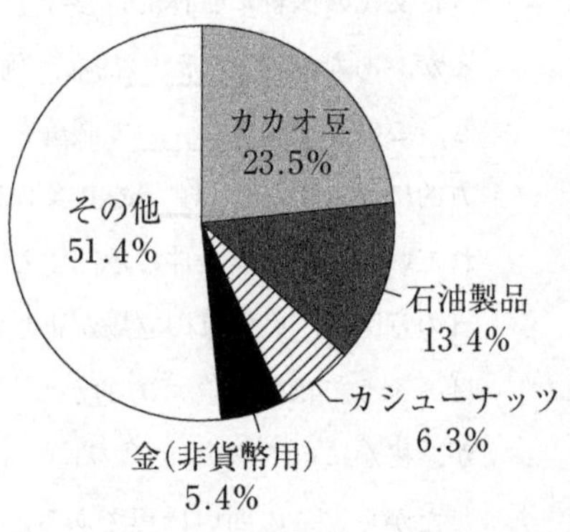

③．輸出額1140億ドル(2012年)

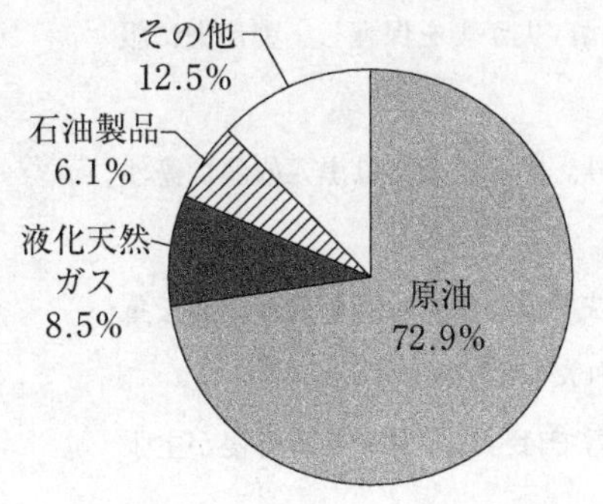

④．輸出額816億ドル(2015年)

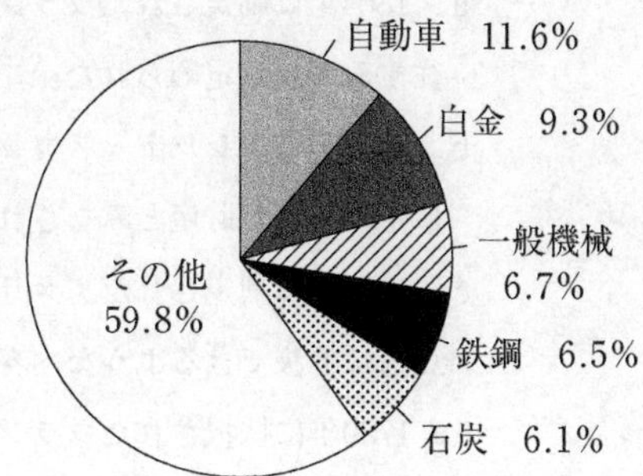

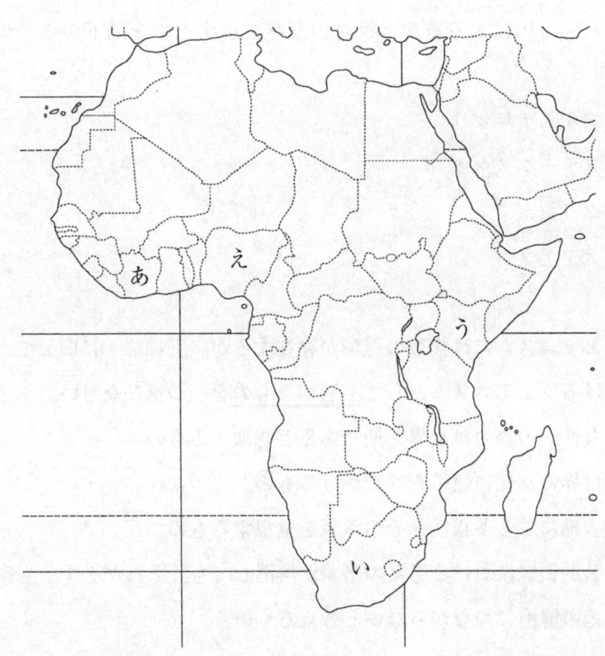

a．①―い，②―う，③―あ，④―え

b．①―あ，②―え，③―い，④―う

c．①―う，②―あ，③―え，④―い

d．①―え，②―い，③―う，④―あ

問2 下線部(2)に関する以下の記述のうち誤っているものを一つ選びなさい。

a．1804年に制定されたフランス民法典には，夫が妻を保護し，妻が夫に服従する義務が定められた。

b．1857年のドレッド・スコット判決により，アメリカでは黒人奴隷は憲法に定められた財産とみなされた。

c．1787年に制定されたアメリカ合衆国憲法では，中央政府が人種問題を重点的に解決できるような内容が盛り込まれた。

d．1789年に採択されたフランスの人権宣言では，私有財産の不可侵が主張された。

問3 （ 3 ）内に入る言葉と反対の意味を示すものを以下から一つ選びなさい。

a．アポステリオリ

b．ステータスクオ

c．クリシェ

d．デファクト

問4 フェミニズムには複数の種類が存在するが，下線部(4)に関して，この文脈におけるフェミニズムとして不適切なものを一つ選びなさい。

a．女性への暴力は世界共通であると認識するもの。

b．世界の女性に連帯を呼びかけるもの。

c．人種による多様性とその承認を重視するもの。

d．公的領域における男女の格差が解消しても，それが必ずしも家庭内での格差の解消につながらないと考えるもの。

問5 下線部(5)に関連して，正しいものを一つ選びなさい。

a．1980年代，圧倒的な武力をもつイスラエル軍に対し，パレスチナの人々は石を投げて抵抗の意志を示すインティファーダをおこした。

b．サウジアラビアでは，多数の宗教・宗派がひしめく宗派制度に立脚した独特の議会制民主主義が採用されている。

c．アラブ首長国連邦のドバイは，2009年にアブダビが金融危機に陥った際にアブダビの債務を肩代わりした。

d．1980年代にはアメリカが石油市場に参入したこともあり，原油価格が長期的に下落したため，産油国では経済が停滞した。

問6　(　6　)に続く，理由として想定されるものを50字以内で答えなさい。

問7　(　7　)に入る語として適切なものを以下から一つ選びなさい。

a．相互補完

b．相互扶助

c．相互作用

d．相互排除

問8　本文の(　あ　)および(　い　)に最もふさわしい単語の組み合わせを以下から選びなさい。

a．あ　パラダイム　　い　トポス

b．あ　パラダイム　　い　ロゴス

c．あ　アポリア　　い　トポス

d．あ　アポリア　　い　ロゴス

問9　本文が論じていることとして不適切なものを一つ選びなさい。

a．無力な犠牲者としての第三世界の女性は，先進国が生み出した虚構である。

b．普遍的人権の概念は必ずしも中立的なものではない。

c．第三世界の女性の解放のために手を差し伸べることが求められている。

d．第三世界の女性を一方的に表象することは，先進国による政治的・経済的支配と連動している。

解答編

総合グローバル学部

◀グローバル化する人間社会について，提示された資料の理解力および思考力を問う試験（英語の設問を含む）▶

1 **解答** 問1．(1)—(d)　(2)—(a)　(3)—(d)　(4)—(a)　(5)—(a)　(6)—(b)　(7)—(c)　(8)—(c)　(9)—(a)　(10)—(b)

問2．(ア)—(d)　(イ)—(b)　(ウ)—(a)

問3．過去に大学が保有し売却した奴隷の子孫に，レガシー学生のような入試での優位性を与えること。（45字以内）

問4．(あ)—(e)　(い)—(e)　(う)—(b)

◆全　訳◆

≪奴隷とされた人々の子孫への入試での優位性≫

ジョージタウン大学は，学校に資金を提供するために売られた，奴隷にされた人々の子孫に入学の優位性を提供する予定である，と当局者は木曜日に発表した。

私立カトリック大学とつながりのあるイエズス会の司祭たちは，1838年に大学の多額の負債を完済するため，272人の奴隷にされた人々を売却した。男性，女性，子どもたちはルイジアナ州の大農園に売られた。そして，大学は330万ドル相当を受け取り，その存続を確保した。

奴隷制度とジョージタウン大学の歴史的なつながりを探究するために，昨年結成されたワーキンググループは，学校の経営を成り立たせるために，1830年代にはさらに多くの奴隷が売られたかもしれないと述べている。

そして，学校と奴隷制との関係は，1つの詳細に文書に記録された売却よりも広く，深いものである。ジョージタウン大学は，メリーランド州のイエズス会司祭の大農園によって支えられていた。何百人もの人々がそうしたイエズス会士によって奴隷にされた。「数知れない」ほどの他の奴隷にされた人々は，学校で，または学校のために働いた，とワーキンググループは述べている。

木曜日に公開された報告書の中で，ワーキンググループは，歴史的記録における隔たりを埋めるために，さらに多くの調査が必要であると述べている。彼らはまた，学校の「奴隷制との歴史的関係」について，大学からの正式な謝罪を求めている。

そして，報告書は，学校はメリーランド州のイエズス会士に所有された人々の子孫を「入学手続きにおいて優遇」するべきであると提案しているのだ。

木曜日に大学は，まさにそれを行うと発表した。具体的には，奴隷にされた人々の子孫を，レガシー学生，すなわち家族の一員がジョージタウン大学に通っていた志願者，と同じように扱うことによって，それを行うのである。

ワーキンググループはまた，ジョージタウン大学がそれらの学生にも経済的支援を提供することへの実行可能性を探ることを勧めた。大学は，奴隷にされた人々の子孫に対する奨学金や財政援助については触れてはいなかった。

それに加えて，学校は２つの建物を改名する予定である――以前は，学校に資金を提供するために奴隷を売る手配をした２人の大学長にちなんで名付けられていた建物である。その建物は，最終的な名前を待っている間，一時的にフリーダム・ホールとメモリアル・ホールに改名されていた。

１つは，1838 年に売られた奴隷の男性の１人にちなんで名付けられる，アイザック・ホールに，もう１つは，黒人の教育者の修道女にちなんで名付けられる，アン＝マリー＝ベクラフト・ホールになる。「18 世紀と 19 世紀における奴隷状態の，そして解放されたアフリカ系アメリカ人の苦境に関して，その２つの建物が，いかに我々の大学の共同体が人間の尊厳と教育の高い価値を無視していたかを，思い出させるものとして立つことを我々は望んでいる」と，ワーキンググループは報告書に書いた。

ジョージタウン大学はまた，奴隷にされたことで学校へ資金を提供したり学校を建設したりした人々への記念碑を設立し，多くの和解を提示し，人種的正義の分野での奨学金を促進するために尽力する，と言っている。

全国の大学は最近，しばしばキャンパスでの抗議の対象となる人種差別や人種的不平等という現代的な問題とともに，奴隷制度や奴隷所有者との歴史的なつながりの問題にも取り組んでいる。

しかし，祖先が奴隷にされたことを入学手続きの一部として検討するというジョージタウン大学の措置は，前例のないものかもしれない，とニューヨークタイムズは報じている。

タイムズは，この春，ジョージタウン大学の奴隷制度の遺産に関する長文のレポートを掲載したが，クレイグ＝スティーブン＝ワイルダーという名前の歴史家にインタビューをし，彼はそうした種類の優先権のある入学資格を提供した学校は，他に知らないと言った。

タイムズの報道によると，ワイルダーはまた，「そのような意思表示の重要性は，ジョージタウン大学が子孫を特定したり，その特典の存在を彼らが認識していることを確認したり，彼らを積極的に大学に勧誘したりすることを含めて，子孫への救済に投資する程度に大きく依存するだろう」と警告した。

ジョージタウン大学は，そのことが「家系の研究を支援するための記録文書資料を深め」，奴隷制度を研究し，子孫と関わりあうための新しい研究所を設立するのだと述べている。独立したグループであるジョージタウン大学のメモリー・プロジェクトは，現在，ジョージタウン大学に資金を提供するために1838年に売られた人々の子孫を特定する作業を行っている。

そのプロジェクトの創設者であるリチャード＝チェリーニは，ジョージタウン大学の学生新聞に，統計上のモデルは最大12,000人から15,000人の子孫が生きているかもしれないことを示していると語った。もしあなたが，ジョージタウン大学のイエズス会士によって，奴隷にされた他の人々を数えるなら，――売られることがなく，キャンパスに住んでいた人も含めて――20,000人以上の子孫がいるかもしれない，と学生新聞は報道している。

◀解　説▶

問1．(1)　第2段第1文（Jesuit priests …）および第2文（The men …）に「大学の負債を完済するために，272人の奴隷を売却し330万ドル相当を受け取り，その存続を確保」とあるが，空所を含む文の「さらに多くの奴隷が売られたかもしれない」の理由を考える。学校を(d)「(倒産しないで）経営が成り立っている」状態に保つため，と考えるのが適切である。(a)「到来」(b)「集合体」(c)「～（人）に通知する」

(2)　空所を含む文では「学校と奴隷制との関係」の実態と「文書化された売却の記録」を比較している。実態は記録にあるものよりも broader and deeper「より広く，深い」ものと推測されるので，比較級につながる，(a)が適切である。

(3)　第4段第1文（And the school's …）に「学校と奴隷制との関係は，文書に記録されたものより広く，深い」とあるので，関係のすべてが記録されているわけではないことがわかる。記録において埋める必要があるものは，実態との間の(d)「隔たり」である。(a)「アンケート」(b)「言い回し」(c)「(書類などの）空欄」

(4)　空所を含む文で「経済的支援を提供すること」に関して explore「探る」ものは何かを考える。(a)「実行可能性」が適切である。(b)「困難」(c)「資源」(d)「関係」

(5)　空所を含む文は「運営資金のため奴隷売却に関係した大学長にちなんで名付けられていた建物の改名」の話である。その前段（The working …）は「奴隷の子孫に対する経済支援」の話である。2つの話の内容は異なるが，どちらも奴隷の子孫に対する配慮の話であるので，(a)「それに加えて」が適切である。(b)「確かに」(c)「それでもなお」(d)「それにもかかわらず」

(6)　空所を含む文には「2つの建物は，人間の尊厳と教育の高い価値を，大学がどのように考えていたのかを思い出させるもの」とある。人を奴隷として売買していた事実は，その尊厳を，(b)「無視した」と考えるのが適切である。(a)「～を解放した」(c)「～を幻滅させた」(d)「～を悲しませた」

(7)　空所を含む箇所では「18世紀と19世紀における奴隷状態の，そして解放されたアフリカ系アメリカ人」の何に対して，2つの建物が意味をもつのかを考える。南北戦争前後の黒人の歴史には苦悩が尽きないので，(c)「苦境」が適切である。when it comes to ～「～のこととなると，～に関しては」(a)「言い逃れ」(b)「集会」(d)「典型」

(8)　空所を含む文では「ジョージタウン大学は，奴隷として学校への資金提供や建設をした人々への記念碑を設立し，人種的正義の分野での奨学金を促進」とあるので，学校が提示しているのは，(c)「和解」が適切である。(a)「抽出」(b)「信条」(d)「反乱」

(9) 「全国の大学が，奴隷制度や奴隷所有者との歴史的つながり」に対して行っていることとしては，grapple with ～で「(問題などに) 取り組む」を意味する(a)が適切である。(b)「交流する」(c)「提携する」(d)「交渉する」

(10) 空所の前の段落 (Universities across …) にあるように「全国の大学が，奴隷制度や奴隷所有者との歴史的なつながり」の問題に取り組んでいるが，空所を含む文にある「祖先の奴隷化を入学手続きの一部として検討するという措置」の動きはない。ゆえに，(b)「先例のない」が適切である。(a)「邪悪な」(c)「大胆な」(d)「驚いた」

問2．(ア) priest(s) は「司祭，聖職者」の意であるので，(d)「牧師，聖職者」が最も近い。(a)「精神科医」(b)「保険業者」(c)「腹話術師」

(イ) apology は「謝罪」の意。下線部を含む文の「『奴隷制との歴史的関係』について，大学からの正式な謝罪を求めている」とは，奴隷に関する当時の認識・行為は誤りであり改めるべきものだったと認め，何らかの改善や是正を行うことを大学側に求めている，と考えられるので，(b)「修正，改正」が最も近い。辞書的な意味としては，apology に「弁明」という意味があるので，(a)「正当化，納得のいく弁明」が紛らわしいが，ここでは「(先祖を奴隷化した行為の) 弁明」が求められているわけではないことは明らか。(c)「堆積物」(d)「寄付金」

(ウ) genealogical は「家系の，系図の」の意であるので，(a)「家族の歴史に関する」が最も近い。(b)「女性の病気の治療を含む薬の領域」(c)「何かの発生または発達の，それに関連する，またはそれによって影響された」(d)「特定の主題や状況に関連のある考えや情報は，それに関連しており，それにとって重要である」

問3．下線部は「そのような意思表示」という意味で，前段の「彼 (＝ワイルダー) はそうした種類の優先権のある入学資格を提供した学校は (ジョージタウン大学の) 他に知らないと言った」を受けた内容になっているので，ジョージタウン大学が発表した「優先権のある入学資格の提供」に関する内容をまとめるとよい。第1段 (Georgetown University …) に「学校に資金を提供するために売られた奴隷の子孫に，入学の優位性を提供する」とあるが，その優位性とは具体的には，第7段（On Thursday …）にある，「奴隷の子孫を，レガシー学生，すなわち家族の一員がジョージタウン大学に通っていた志願者，と同じように扱う」ということである。

問4．(あ) the question に続く動詞は，過去の話でないので is である。The question is whether S V「問題はSがVかどうかである」は記憶しておくとよい表現。whether 節の主語は agreement「合意」なので，reach「～（合意など）に達する」は受け身とする。still は「(事態が予想した以上に続いていることを表す）依然として」の意であるので，「何とか」という気持ちの表れであり，助動詞 can の後に置く。ゆえに，(Now the question) is whether an agreement (can) still be reached (when trade …) となる。

(い) Another argument is that S V「もう一つの論点は，SはVであるということ」の形は，The fact is that S V「実は，SはVである」の構文が浮かべば容易であろう。Another argument is that this will be (the first …) となる。

(う) 西側諸国は the West と表現する。plea は「〈～して欲しいという〉嘆願，要請」の意であり，plea for ～で「～を求める要請」となる。また，要請する相手は to「～に」で表す。前置詞 despite「～にかかわらず」を用いて「～しているものの」を表現する。ゆえに，Despite urgent pleas to the West for (more heavy weapons, …) となる。

2 **解答** 問1．アーh イーb ウーd 問2．a 問3．b
問4．ジブチ〔ジブチ共和国〕 問5．d 問6．b
問7．a 問8．a 問9．c

◀解 説▶

≪アジアから考える古代～現代のグローバル経済≫

問1．ア．アナトリアを支配した国には，g．ビザンツ帝国とh．オスマン帝国があるが，リード文に「アナトリアから東地中海，紅海ぞいに拡大し」「四者ともに内陸から沿海に広がる」とあるので，アナトリア北西部に成立したオスマン帝国を選択できる。なお，ビザンツ帝国はローマ帝国が東西に分裂して成立した。

イ．リード文の「アゼルバイジャンからペルシア湾へ向かい」から，建国当初にイラン北西部のタブリーズ（現在はイランの東アゼルバイジャン州の州都）に都を置いたｂ．サファヴィー朝を導きたい。なお，ａ．アフシャール朝もイランの王朝だが，アフシャール朝を建国したナーディル＝シャーはイラン北東部のホラーサーン地方の出身でイラン中部のイスファハーンを占領して勢力を拡大した。

ウ．リード文に「アフガニスタンからヒンドゥスタン，さらには南方へ向かった」とあるので，インドを支配したｄ．ムガル朝と判断できる。

問２．難問。ａ．正解。QUAD（日米豪印戦略対話）は日本・アメリカ・オーストラリアとインドが参加する「自由で開かれたインド太平洋」実現に向けた安全保障や経済の枠組み。

ｂ・ｄ．不適。TPP（環太平洋連携協定，環太平洋パートナーシップ協定）の参加国は環太平洋諸国の11カ国で，インドは含まれていない。2023年現在のTPPはTPP11と呼ばれ，その別称がCPTPP。

ｃ．不適。経済連携協定であるRCEP（地域的な包括的経済連携）の参加国はアジア・オセアニアの15カ国で，インドを含んでいない。

ｅ．不適。AUKUSはオーストラリア（A），イギリス（UK），アメリカ（US）による安全保障の枠組み。

問３．ｂ．誤文。ネコ２世による運河建設は紅海と地中海を直接つなげるルートではなく，紅海とナイル川を結ぶことで地中海につなげようとしたものである。また，完成したか否か，その年代はいつかについては諸説ある。スエズ運河国有化に端を発した軍事衝突はスエズ戦争（第２次中東戦争）で，アメリカは出兵していない。出兵したのはイギリス・フランス・イスラエル。

問４．難問。アデン湾は紅海の入口にある湾。ジブチはアデン湾と紅海に面する国家。

問５．難問。ｄ．ラウレイオンは古代ギリシアのアテネが管理した銀山。ａ．ポトシはボリビアの銀山で，ｃ．セロ・リコはポトシ近郊の銀山。ｂ．サカテカスとｅ．グアナフアトはメキシコの銀山である。

問７．ｂ．誤文。価格革命では新大陸産の銀の大量流入によりヨーロッパで銀の価値が大きく下落した。このため，固定地代を収入源とする領主や貴族階級は実質収入が減少し，彼らは没落することになった。

c・d．誤文。価格革命とは物価騰貴のことなのでインフレーション。

問8．a．誤文。当時の日本では，金1に対して銀が5，外国では金1に対して銀15で，銀価格が相対的に高かった。このため，外国商人が銀を日本に運び込んで金に両替したため，海外に金が大量に流出した。

問9．c．誤文。16世紀の「北虜南倭」時は後期倭寇の活躍期で，その大半は中国人であった。

3 **解答** 問1．c　問2．c　問3．a　問4．c　問5．a

問6．そこには西洋によって規定された「普遍的」人権が，疑う余地のないものとして担保されているからである。(50字以内)

問7．d　問8．a　問9．c

◀解　説▶

≪フェミニズム，他者の表象をめぐる問題≫

問1．①茶の輸出割合が大きいことから，う．ケニアが該当する。ケニアは茶の栽培に適した熱帯気候で水はけのよい高原地帯に位置しており，プランテーションによる茶の生産・輸出が盛んである。また，近年，年中温和な気候を利用して切り花の生産・輸出が増加している。

②カカオ豆の輸出割合が大きいことから，あ．コートジボワールが該当する。カカオ豆は，ギニア湾岸のコートジボワールとガーナが世界的な生産・輸出上位国である。

③原油の輸出割合が大きいことから，え．ナイジェリアが該当する。ナイジェリアはアフリカ最大の石油産出国であり，OPEC（石油輸出国機構）の加盟国でもある。

④自動車，一般機械，鉄鋼などの工業製品の輸出割合が比較的大きいことから，い．南アフリカ共和国が該当する。南アフリカ共和国では早くから白人政権のもとで資源開発や工業化が進められ，アフリカ最大の工業国となっている。また，白金の産出量は世界最大である。

問2．a．正文。ナポレオン1世の時代に制定されたフランス民法典の『結婚を規定する第213条』に，「夫は妻を保護し，妻は夫に従わねばならない」という内容が記されている。

b．正文。黒人奴隷であったドレッド＝スコットが自由となる権利を訴えた裁判に対して，1857年，アメリカ合衆国の最高裁判所は，「黒人は人間ではなく財産にすぎない」という旨の判決を下した。これをドレッド＝スコット判決といい，後の南北戦争の引き金となった。

c. 誤文。アメリカ合衆国憲法は，1776年のアメリカ独立宣言を経て，1787年に採択された。その特徴として挙げられるのは，「人民主権」「連邦主義」「三権分立」であり，中央政府（連邦政府）には，国防・外交などの権限が与えられた。中央政府が人種問題の解決について重点的な機能を持つような内容は盛り込まれていない。

d. 正文。1789年に採択されたフランス人権宣言では，国民の自由と平等，政治的な圧制への抵抗権，国民主権，法による支配，思想・主義主張の自由，権力分立，私有財産の不可侵などについて規定している。

問３．（　３　）には，「批判に先立って存在すること」を形容するような語がふさわしく，「先天的」という意味をもつ「アプリオリ（ア・プリオリ）」という語が入る。その反対の意味を示す語は，「アポステリオリ（ア・ポステリオリ）」であり，「後天的」という意味をもつ。どちらもラテン語であるが，英単語に用いられる pri- は「前に」という意味があり，post- は「後ろの」という意味があることからも推測するとよい。なお，b.「ステータスクオ」は，「今そのままの状態」という意味，c.「クリシェ」は「乱用された結果，目新しさや当初の意図が失われた表現や概念」のこと，d.「デファクト」は，「（技術標準，政府，言語などが）法律や条例，規則によってではなく，慣習や成り行きによって実体化されている状態」を指す語である。

問４．a・b. 適切。本文中に，「西洋フェミニズム」は「抑圧される女性の主体性の回復」をつねに問題にしており，第三世界の女性たちについても，彼女たちが因習や宗教の掟によって抑圧されており，いわば家父長制度の暴力の被害者であると考えていることが示されている。このことから，この文脈における「フェミニズム」は，西洋世界，第三世界にかかわらず，女性への暴力は世界共通であるという認識のもとで，それを批判し，全世界の女性の連帯を志向するものとして用いられていることがわかる。

c. 不適。本文で示されている「西洋フェミニズム」は，仮にアラブ女性やムスリム女性が，民族的伝統やイスラームに自己同一性を見出し，西洋が主張するような人権の普遍性に対して疑義を表明すると，「原理主義者」「狂信主義者」というレッテルを貼り，「フェミニズム対イスラーム」

といった粗雑で安直な二分法による議論を行おうとする。つまり，西洋におけるフェミニズムとは，異なる人種・宗教・文化・因習をもつ女性の多様性は考慮せず，先進工業社会，民族的多数派によって形づくられる西洋社会での女性の問題を〈普遍的フェミニズム〉と規定した上で成立しており，そのような西洋フェミニズムに関して議論すること自体も，人種による多様性を認めることなく，西洋社会が第三世界を一方的かつ恣意的に表象する権利と，そこで行使されている権力を暗に承認したことになると述べている。

d. 適切。西洋フェミニズムが批判する第三世界の女性たちが受ける差別とは，20世紀の現代においても，「七世紀の掟」や「因習」によって続いてきた人権の抑圧であるとしている。それゆえに，たとえ法制度によって公的領域における男女格差が解消されたとしても，因習としての父権主義や宗教的信心からくる価値観は変わることなく，家庭内での格差までもが解消されるわけではないと考えられる。

問5．b. 誤文。サウジアラビアは，豪族であるサウド家によってアラビア半島の大半が統一されることで，1932年に建国された。建国以降，世襲制の国王が行政，立法，司法の全権を掌握する王政を採っており，議会制民主主義ではない。

c. 誤文。2009年に金融危機に陥ったのは，アラブ首長国連邦のアブダビではなく，ドバイである。

d. 誤文。アメリカが中東石油市場に大きく参入し始めたのは1970年代であり，アメリカの市場参入によって石油需給の逼迫（ひっぱく）感が引き起こされたことも一因となり，1970年代の原油価格の上昇を招いた。

問6．（　6　）には，アラブ女性あるいはムスリム女性の信じるべきものを決定するのは，当人たちではなく西洋であるということに対する理由の文章が入る。また，（　6　）より前の文に，「イスラームがどのような宗教であるかを規定するのが（それを信仰しているムスリム自身ではなく）西洋である」とも示されており，（　6　）に入る文は，その理由とも共通する内容である。筆者は，第3段落において，「西洋フェミニズム」の言説は，“アラブ社会・アフリカ社会，イスラームは女性差別的，抑圧的なものである”と，一方的に規定することでそれらを批判することが可能となっているのであり，そのような一方的な規定によって担保された「普遍的」人権やフェミニズムに当該社会の女性たちが与しないのは，ある意味当然のことだと述べている。このことから，（　6　）には，〈ムスリム女性が信じるべきもの〉を決める基準として，一方的に西洋社会によって規定された「普遍的人権」というものが前提としてあるということを指摘する必要がある。

なお，出典の原文では，（　6　）に該当する箇所には，「そこにはつねに異論の余地なき『普遍的人権』が担保されているのだから」という文が続く。

問7．（　7　）より前の部分に，「ムスリム女性であることとフェミニストであること」「自文化の伝統に主体的に参与することと普遍的人権を信じ，それを実践すること」という，本文の文脈において相いれないもの同士の組み合わせが例として示されている。このことから，（　7　）には，その後に続く「両立不可能なもの」と同義であるd.「相互排除」が入る。

問8．あ.「パラダイム」とは，「(科学上の問題などについて）ある時代におけるものの見方や考え方を支配する認識の枠組み」のことをいい，「アポリア」とは，「解決のつかない難問」や「手段がないこと」をいう。本文の文脈において，（　あ　）は，「ムスリム女性であることとフェミニストであること」が両立不可能だと定義されるように，ものの見方に対して，ある前提条件を規定した上で議論がなされることを述べるのに用いられている。したがって，「ものの考え方を支配する認識」という意味をもつ「パラダイム」が入る。

い.「トポス」は「場所」という意味があり，「議論に関係した事柄や話題を発見すべき場所，論点・観点」を表す語である。一方，「ロゴス」は，「言葉，論理・理性」という意味があり，「万物の流転の間に存在する調和・統一のある理性法則，根本原理」を表す語である。（　い　）は，本文中で，(「普遍的人権主義」か「文化相対主義」か，というような）二項対立的議論を生じさせるような言説の（　い　）こそ，私たちは問わねばならない，と，問うべき事柄，議論すべき論点を指し示す語として用いられている。したがって，（　い　）には「トポス」が入る。

問9．a．正文。〈イスラーム＝抑圧的な宗教〉〈ムスリム女性＝無力な犠牲者〉というような第三世界の女性に対するステレオタイプな言説は，西洋＝先進国の差別的なまなざしが生み出したイメージであると述べられており，つまり，虚構であると言える。

b. 正文。本文で述べられている「普遍的人権」とは，西洋が他者を一方的に規定する行為によって担保されたものであり，中立性や客観性が必ずしもあるとは言えない。

c. 誤文。本文では，アラブ社会やアフリカ社会，イスラームを一方的に批判し，第三世界の女性を解放すべきという，「西洋フェミニズム」の言説に対して，私たちは自分自身の内面にある差別的なまなざしや他者を支配したいという欲望を自覚し，それを問わなければならないと述べている。よって，筆者は，安直に第三世界の解放のために手を差し伸べるべきだとは論じておらず，私たちが自分自身の内面を問い，第三世界を犠牲者視する差別的なまなざしからの解放を実現できない限り，他者を解放できるなどと考えることは不遜であると考えている。

d. 正文。第三世界の女性を一方的に表象することは，第三世界の女性を犠牲者として位置づけ，一部の先進国の女性の言説化によって彼女たちを支配しようとすることでもあり，それは政治・経済レベルにおける第三世界の支配とも連動していると言える。

//////////////////// · memo · ////////////////////

2022年度

問題と解答

■一般選抜（学部学科試験・共通テスト併用型）

問題編

▶試験科目・配点

学部	試験区分	試験教科・科目		配　点
外国語（英語）	大学入学共通テスト	外国語	『英語（リーディング，リスニング）』	40 点
		国語	『国語』	40 点
		地理歴史または公民または数学	「日本史Ｂ」，「世界史Ｂ」，「地理Ｂ」，「倫理」，「政治・経済」，『倫理，政治・経済』，『数学Ⅰ・数学Ａ』のうちから１科目選択	40 点
	大学独自試験	学部学科適性試験	【学部共通試験】 ①高度なレベルの外国語学習に対する適性を測る試験 ※出題はおもに英語とし，一部の問題を英語・ドイツ語・フランス語・イスパニア語・ロシア語・ポルトガル語から試験場で選択する	50 点
			【学部共通試験】 ②外国研究に必要な基礎的知識・日本語の読解力・論理力・思考力を測る試験	50 点
外国語（英語以外）	大学入学共通テスト	外国語	『英語（リーディング，リスニング）』，『ドイツ語』，『フランス語』のうちから１科目選択	40 点
		国語	『国語』	40 点
		地理歴史または公民または数学	「日本史Ｂ」，「世界史Ｂ」，「地理Ｂ」，「倫理」，「政治・経済」，『倫理，政治・経済』，『数学Ⅰ・数学Ａ』のうちから１科目選択	40 点
	大学独自試験	学部学科適性試験	【学部共通試験】 ①高度なレベルの外国語学習に対する適性を測る試験 ※出題はおもに英語とし，一部の問題を英語・ドイツ語・フランス語・イスパニア語・ロシア語・ポルトガル語から試験場で選択する	50 点
			【学部共通試験】 ②外国研究に必要な基礎的知識・日本語の読解力・論理力・思考力を測る試験	50 点

学部	試験区分		試験教科・科目	配　点
総合グローバル	大学入学共通テスト	外国語	『英語（リーディング，リスニング)』，『ドイツ語』，『フランス語』のうちから１科目選択	40 点
		国語	『国語』	40 点
		地理歴史または公民	「日本史Ｂ」，「世界史Ｂ」，「地理Ｂ」，「倫理」，「政治・経済」，『倫理，政治・経済』のうちから１科目選択	40 点
	大学独自試験	学部学科適性試験	グローバル化する人間社会について，提示された資料の理解力および思考力を問う試験（英語の設問を含む）	80 点

▶備　考

＊大学入学共通テストの英語の技能別の配点比率は，リーディング 100 点：リスニング 100 点（200 点満点）とする。

＊大学入学共通テストの国語は，古文，漢文を含む。

＊大学入学共通テストの選択科目を指定科目数以上受験した場合は，高得点の科目を合否判定に利用する。第１解答科目・第２解答科目の区別も行わない。

＊大学入学共通テストの得点は，各学科の配点に応じて換算して利用する。

＊任意で提出した外国語外部検定試験結果は，CEFR レベル（A2 以上）ごとに得点化し，大学入学共通テストの外国語の得点（200 点満点）に上限付きで加点される。

外国語学部

◀高度なレベルの外国語学習に対する適性を測る試験▶

(60分)

(注)　大問1から大問5の英語は全員解答すること。大問6は，6言語のなかから一つ選んで解答すること。

1　次の英文を読み，空所(1)～(10)を埋めるのにもっとも適切なものを，次の(a)～(m)よりそれぞれ一つ選びなさい。ただし，同じ選択肢は二回使わないこと。また，選択肢には三つ余分なものが含まれている。大文字で始まる場合でも選択肢は全て小文字で記してある。

The risks (1) by population overconcentration in big metropolitan areas in times of major disasters such as mega-earthquakes have long been highlighted. The COVID-19 crisis once again exposed the vulnerabilities of Tokyo, (2) accounted for one-third of Japan's new coronavirus infections, even though it is home to only one-tenth of the nation's population. It is time to get serious about reversing the population influx to Tokyo, (3) the failure of the previous administration's "regional revitalization" policy into account.

As the nation's population rapidly ages and (4), only seven of the 47 prefectures—notably the greater Tokyo area (also including the adjacent prefectures of Kanagawa, Saitama and Chiba)—saw a year-on-year population increase as of last October. In its effort to halt the population exodus from other parts of the country, the government sought to eliminate the net population inflow into greater Tokyo (5) 2020. Instead, the net inflow to the capital region has accelerated—(6) nearly 150,000 in 2019. Tokyo's population kept increasing even during the COVID-19 crisis, topping 14 million at the beginning of May 2020.

The people flowing into the Tokyo metropolitan area are (7) by its employment opportunities. A large number of them are youths who are entering universities or starting jobs. About half of Japan's big companies are headquartered in the greater Tokyo area, which (8) for 30 percent of the nation's gross domestic product.

Tokyo is also the area where a COVID-19 state of emergency was first (9) in early April 2020—and where it was finally lifted in late May. Roughly half the new coronavirus infections in the country emerged in Tokyo, Kanagawa, Saitama and Chiba in 2020. While social distancing is still necessary to guard against future infections as economic activities are gradually normalized, it is a tougher challenge in Japan's crowded big urban areas, (10) heavily packed commuter trains are the norm—a situation that was only temporarily eased when people began working from home during the state of emergency.

(Adapted from "Time to do something about overpopulated Tokyo." *The Japan Times,* June 25, 2020. <https://www.japantimes.co.jp/opinion/2020/06/25/editorials/time-something-overpopulated-tokyo/>)

(a) accounts　(b) by　(c) corresponding　(d) declared
(e) drawn　(f) posed　(g) reaching　(h) shrinks
(i) taking　(j) when　(k) where　(l) which
(m) withdraws

2 次の英文を読み，空所(11)〜(15)を埋めるのにもっとも適切なものを，次の(a)〜(f)よりそれぞれ一つ選びなさい。ただし，同じ選択肢は二回使わないこと。また，選択肢には一つ余分なものが含まれている。

It has often been observed that diverse societies like the United States tend to have greater difficulty in reaching consensus and working together on a strategy for economic and social development that would improve everyone's lives. On this count, Japan is at the opposite end of the spectrum from the United States. More ethno-racially uniform than most other advanced democracies, Japan has fared well when it comes to providing public goods such as efficient public transportation systems, low crime rates and universal healthcare. Japan is often quick to reach a broad consensus about government spending on public services, since people generally feel that everyone benefits if they all support each other. (11).

The flip side of this coin is Japanese society's persistent resistance to diversity and disruption. Used to the comfort of living and working with similar people, Japan has often been faulted for its reluctance to accept immigrants. (12). First, it encouraged the migration of Japanese-Brazilians in the 1990s on the basis of shared ethnic roots that were supposed to make it easy for them to assimilate. Learning that the reality of Japanese-Brazilians' lives in Japan did not support this idea, Japan then adopted a trainee program to bring in foreign workers on a non-permanent basis. (13).

Faced with a declining population, Japan needs immigrant labor, and its business leaders have consistently supported accepting more migrant workers. (14). After all, much social science research has demonstrated positive relationships between diversity and innovation. Yet Japan's leaders are having a hard time pressing ahead. (15). Aside from this problem, Japan's consensus-oriented society is generally resistant to change. Valuing the protection of all members, Japanese companies have been slow to streamline and transform their operations to adapt to the changing economic environment, resulting in a prolonged economic decline since the 1990s.

(Adapted from "What Japan and the US can learn from each other: The cost of racial division versus the cost of homogeneity." *Nikkei Asia*, March 23, 2021. <https://asia.nikkei.com/Opinion/What-Japan-and-the-US-can-learn-from-each-other>)

(a) In response to such criticism, the Japanese government has rather awkwardly allowed immigrant workers in recent decades

(b) Providing support to increase the birthrate for young married couples is one policy the government can adopt to reverse the trend

(c) Strong social cohesion, facilitated by the relative homogeneity of the population, enables this consensus that supports investment

(d) They argue that, in addition to addressing the labor shortage, a more diverse workforce would likely stimulate new ways of doing things and facilitate adaptation to changing economic environments

(e) This is because, while it is easy for them to propose and endorse policies that boost all Japanese, it has proved difficult for them to support any policy that would undermine Japan's perceived uniformity

(f) With the emphasis on the temporary nature of their stay, those who came to Japan under this scheme could not contribute toward the country's long-term diversity

3 次の会話文を読み，下線部⒃〜⒇に入るもっとも適切な語句を(a)〜(d)の中から一つ選びなさい。

It is just before Christmas. ANNIE REED is engaged to her boyfriend, Walter. She has come to the attic of her family home with her mother, BARBARA, to try on an old wedding dress.

ANNIE: Granny's dress. Oh, Mom.

BARBARA: Oh, honey [*tears are rolling down her face as she tries the veil on Annie*]. Walter's a lovely man, Annie.

ANNIE: I know. He's wonderful, isn't he?

BARBARA: Are his folks nice?

ANNIE: You'll love them. We're going down to Washington D.C. tonight ⒃________ Christmas.

BARBARA: So... how did it happen?

ANNIE: It's silly, really. I mean, I'd seen him at the office, and then one day we both ordered sandwiches from the same place, and he got my lettuce and tomato sandwich on whole wheat bread, and I got his lettuce and tomato on white.

BARBARA: [*utterly without irony*] How amazing.

ANNIE: It is, isn't it? You make millions of decisions that mean nothing and then one day you decide to order takeout and it changes your life.

BARBARA: Destiny ⒄________ a hand.

ANNIE: Oh, please. Destiny's just something we've invented because we can't stand the fact that everything that happens is accidental.

BARBARA: Then how do you explain that you both ordered exactly the same sandwich except for the bread?

ANNIE: It wasn't a sign. It was a coincidence.

Barbara shrugs and starts to button the dress on Annie.

BARBARA: I was in Atlantic City with my family. Your father was a waiter. He talked me into (18)______ out for a midnight walk on the Steel Pier. And then he held my hand. I was scared. All sorts of things were going through my head. At one point I looked down, at our hands, and I couldn't (19)______ which fingers were mine and which were his. And I knew.

ANNIE: [*hearing this story for the first time*] What?

BARBARA: Magic. It was magic.

ANNIE: [*repeating*] Magic.

BARBARA: I knew we would be together forever, and that everything would be wonderful, (20)______ the way you feel about Walter.

(Adapted from *Sleepless in Seattle* (1993). Directed by Nora Ephron. Screenplay by Jeff Arch, Nora Ephron, & David S. Ward. <https://www.scripts.com/script-pdf/740>)

(16) (a) back to them by (b) so they can stay in
(c) to be with them for (d) while they will be with

(17) (a) forces (b) lends (c) throws (d) ties

(18) (a) asking (b) hiding (c) running (d) sneaking

(19) (a) hold (b) reveal (c) tell (d) untangle

(20) (a) alike (b) by (c) from (d) just

4 次の英文を読み，(21)〜(30)にもっとも適切な答えを(a)〜(d)の中から一つ選びなさい。

At first, I didn't recognize the symptoms(21) that my friends and I all shared. Colleagues reported that even with vaccines on the horizon, they weren't excited about 2021. Some people mentioned that they were having trouble concentrating on work or simple activities. When I asked friends how online meetings went, they replied, "Blah." And instead of bouncing out of bed at 6 a.m., I found myself lying there, playing "Words with Friends."

It wasn't depression—we didn't feel hopeless. We just felt somewhat joyless and aimless. It turns out there's a name for our feelings: languishing. It's the neglected middle child of mental health: the state between depression and flourishing. Languishing dulls your motivation and focus, and increases the odds that you'll underperform at school or work. And it might be the dominant emotion of life in the coronavirus pandemic.

Even if you're not languishing, you probably know people who are. Understanding it better can help you to help them. The term was defined two decades ago by the sociologist Corey Keyes, who was struck that many people who weren't depressed also weren't thriving. His research suggested that the people most likely to experience major depression and anxiety disorders in the next decade aren't the ones with those symptoms today. They're the people who are languishing right now. New evidence from pandemic healthcare workers in Italy(23) supports Keyes's findings, showing that those who were languishing in the spring of 2020 were three times more likely than their professional peers to be diagnosed with psychological disorders one year later.

Psychologists find that one of the best strategies for managing emotions is to name them. Last spring, during the acute anguish of the pandemic, the most viral post in the history of the *Harvard Business Review* was an article describing our collective discomfort as "grief."(24) Along with the loss of loved ones, we were mourning the temporary loss of our normal lives. "Grief" gave us a familiar word to understand what had felt like an unfamiliar experience. Although we hadn't faced a pandemic before, most of us had faced grief at the loss of a loved one. The word helped us gain confidence in our ability to face present challenges, by learning from our own past ability to withstand difficulties.

We still have a lot to learn about how to cure languishing, but making the word itself widely known might be a first step. It could remind us that we aren't alone: languishing is common. And it could give us a socially acceptable response to "How are you?" Instead of feeling pressure to say "Great," imagine if we answered, "Honestly, I'm languishing." It would be a refreshing contrast to toxic positivity(25)—that is, the characteristically American expectation to present an upbeat exterior at all times.

But what can we do to escape our individual feelings of languishing? A concept called "flow"(26) may be the most effective cure. Flow is that momentary state of absorption where your sense of time, place and self melts away. One of the clearest paths to flow is a just-manageable difficulty that stretches your skills. That means carving out daily time to complete a challenge that matters to you: an interesting project, a meaningful puzzle—or even a late-night movie, if you feel absorbed in the story and the characters.

It's hard to find flow, though, when you can't focus. Long before the pandemic, people were habitually checking email 74 times a day, on average, and switching tasks every 10 minutes. In the past year, many of us also have been struggling around the clock with interruptions from kids and bosses. Blah. We need to set boundaries, treating uninterrupted blocks of time as treasures.

Languishing is not merely in our heads—it's in our circumstances. (27)You can't heal a sick culture with personal bandages. We still live in a world that normalizes physical health challenges but views mental health as a taboo topic. As we head into a post-pandemic "new normal," it's time to rethink our understanding of mental well-being. "Not depressed" doesn't mean you're not struggling. By (28)__________ that so many of us are languishing, we can start giving voice to quiet despair and lighting a path out of the void.

(Adapted from Adam Grant, article in *New York Times*, April 22, 2021. <https://www.nytimes.com/2021/04/19/well/mind/covid-mental-health-languishing.html>)

(21) What is one of the (21)symptoms that the author notices among his friends?

(a) Anxiety about receiving the coronavirus vaccine

(b) Difficulty in focusing on tasks

(c) Getting up too early in the morning

(d) Preferring to meet people online rather than in person

(22) Which of these statements about languishing is NOT made by the author?

(a) It has been personally experienced by him.

(b) It is a new mental health issue, discovered as a result of coronavirus.

(c) It is an intermediate state between flourishing and depression.

(d) It has a negative effect on one's educational or workplace performance.

(23) The example of (23)pandemic healthcare workers in Italy is mainly used as evidence for which of the following propositions?

(a) Compared to other professions, medical workers were at more risk of languishing.

(b) Feelings of languishing are a common side effect of catching coronavirus.

(c) People who are languishing are at risk of developing serious mental problems later.

(d) There are many people who are not depressed who are also not thriving.

(24) According to the article, what is the main reason why the concept of (24)<u>"grief"</u> is helpful in understanding coronavirus?

(a) Because grief is a well-known concept, it receives more attention on social media.

(b) Because many of us have overcome grief in the past, we can feel more confident about overcoming the negative emotions caused by coronavirus.

(c) By comparing our feelings about coronavirus with the deeper distress caused by grief, we can realize that our situation is not so bad.

(d) By grieving for the lives we enjoyed before coronavirus, we can accept that the world will never return to normal.

(25) From the author's description of (25)<u>toxic positivity</u>, we can conclude that it is closest in meaning to which of the following emotions?

(a) Anxiety at having to speak to others when we would rather be left alone

(b) Feeling uncomfortable when other people share their emotions too openly

(c) Lying about our wealth to make other people feel envious

(d) Pressure to hide our true feelings and pretend to be cheerful in front of others

(26) From the author's description of (26)<u>"flow,"</u> we can understand that it is most likely to be produced by which of the following types of activity?

(a) An activity that allows you to achieve a healthy work-life balance

(b) An activity that requires smoothly switching between unrelated tasks

(c) An activity that requires your focus and concentration

(d) An activity that you can enjoy with other people

(27) What does the author mean by the phrase (27)<u>You can't heal a sick culture</u>

with personal bandages?

(a) Coronavirus is not just a physical disease but also a mental health pandemic.

(b) Coronavirus will not be defeated by traditional medical remedies.

(c) Mental health problems are more difficult to solve than physical sicknesses.

(d) Mental health problems that are caused by society cannot be solved by individual action alone.

(28) What is the most appropriate word to complete the sentence in the final paragraph: "By (28) ______ that so many of us are languishing"?

(a) acknowledging

(b) empathizing

(c) overcoming

(d) rejecting

(29) Overall, what is the most effective way to recover from personal feelings of languishing, according to the article?

(a) Keeping to a regular routine of sleep and exercise

(b) Learning to appreciate the many blessings that we still have in our lives

(c) Setting aside periods of time when we can engage in absorbing experiences

(d) Trying to be upbeat and cheerful with others, even when we feel sad inside

(30) Which of these statements is closest to the author's main message in the article?

(a) Although we worry about the physical effects of coronavirus, in actual fact the psychological effects of the pandemic are much more dangerous to health.

(b) As a result of the coronavirus pandemic, languishing has become a widespread mental health condition, which should be openly named and discussed.

(c) The distractions created by modern technology have made it harder to experience "flow" and worsened our mental health.

(d) We shouldn't need to feel ashamed of consuming entertainment such as movies or video games, if it helps us to cope with feelings of languishing.

5 次の会話文を読み，下線部(31)～(40)に入るもっとも適切な語句を(a)～(d)の中から一つ選びなさい。

In 1954, the painter Graham Sutherland was commissioned to paint a portrait of British Prime Minister Sir Winston Churchill for his 80th birthday. This scene from a TV drama begins with Churchill entering the painting studio in his home in Chartwell to have a final sitting with Sutherland. Churchill himself has a passion for painting.

CHURCHILL: Morning.
SUTHERLAND: Morning.

Churchill takes off his hat and coat, walks over to his armchair, and sits down.

CHURCHILL: No wife this time?
SUTHERLAND: No. I asked her not to come. Since this is to be our final session, I wanted us to be (31)________. [*pause*] In silence preferably.
CHURCHILL: Yes. Yes. I'll be a good boy.

A silence, while Sutherland paints, which is broken by Churchill.

CHURCHILL: I quite understand the need for concentration. Painting a picture is like fighting a bloody battle. The artist either wins or loses. [*a slight pause*] Are you winning?

SUTHERLAND: I hope so.

CHURCHILL: Do you think I'll like it?

SUTHERLAND: I... think that's possibly too much to ask for. But I do take (32)________ from the fact that your own paintings are so honest and revealing.

CHURCHILL: Oh, thank you for the (33)________. [*smiles*] Well, are there any works that you're referring to in particular?

SUTHERLAND: I was thinking especially of the goldfish pond here at Chartwell.

CHURCHILL: The pond? Why the pond? It's just a pond.

SUTHERLAND: It's very much more than that. As borne out by the fact that you've returned to it (34)________. More than 20 times.

CHURCHILL: Well, yes, because it's such a technical challenge. It, it eludes me.

SUTHERLAND: Well, perhaps you elude yourself, sir. That's why it's more revealing than a self-portrait.

CHURCHILL: Oh, [*laughs*] that's nonsense. It, it's the... the water, the play of light. The... the trickery. The fish, down below.

SUTHERLAND: I think all our work is (35)________ revealing and I find it especially so with your pond. Beneath the tranquility and the elegance and the light playing on the surface, I saw terrible pain and despair. It was beneath all the muted colours, deep down in the water. Hiding like a *Leviathan.

CHURCHILL: (36)________

SUTHERLAND: Yes, I did.

CHURCHILL: Perhaps that says more about you than me?

SUTHERLAND: Mm-hmm. [*glances over at Churchill*] Perhaps.

CHURCHILL: (37) __________, Mr. Sutherland?

SUTHERLAND: Go ahead.

CHURCHILL: It's about one of your paintings. The one you call "Pastoral." With all that gnarled and twisted black wood. I found something malicious in it. Where did that come from?

SUTHERLAND: Well, that's very (38) __________. That was a... a very dark time. My... My son, John, passed away, aged two months.

A few seconds of silence.

CHURCHILL: Oh, my. [*pause*] I am sorry.

Sutherland looks at Churchill and then returns his gaze to the canvas.

SUTHERLAND: Yes. Thank you. [*continues to paint*] (39) __________.

CHURCHILL: Four. Marigold was the fifth. She left us at age two years, nine months. **Septicemia.

SUTHERLAND: I'm so sorry. I had no idea.

CHURCHILL: We... we settled on the name Marigold, on account of her wonderful golden curls. Regretfully, but though perhaps mercifully, I was not present when she died. When I came home, my wife Clemmie... roared like a wounded animal. We bought Chartwell a year after Marigold died. That was when I put in the (40) __________.

Glossary

*Leviathan: a sea monster that appears in the Bible

**Septicemia: a bacterial infection of the blood

(Adapted from Netflix drama, *The Crown* (2016). Season 1, Episode 9 "Assassins.")

(31) (a) all alone　(b) known
(c) negotiating　(d) standing

(32) (a) comfort　(b) for granted
(c) kindness　(d) notice

(33) (a) agreement　(b) compliment
(c) decency　(d) gratitude

(34) (a) again and again　(b) despite ourselves
(c) indefinitely　(d) significantly

(35) (a) exotically　(b) merely
(c) questionably　(d) unintentionally

(36) (a) Are you sure about that?　(b) Did you lose your mind?
(c) Is that a sea monster?　(d) You saw all that?

(37) (a) Are you being honest with me
(b) Can I take a break
(c) Do you have something to ask me
(d) May I ask you a question

(38) (a) dubious　(b) flattering
(c) irrational　(d) perceptive

(39) (a) How many days has it been?　(b) This is your fifth marriage?
(c) What age is your child?　(d) You have five, yes?

(40) (a) battle　(b) colours　(c) pond　(d) portrait

ここから選択問題

6 については，英語，ドイツ語，フランス語，イスパニア語，ロシア語，ポルトガル語の問題から一つ選択して解答してください。また，選択した言語を，解答用紙の選択問題言語マーク欄に必ずマークしてください。

【選択言語：英語】

6 次の英文を読み，(41)〜(50)にもっとも適切な答えを(a)〜(d)の中から一つ選びなさい。

Gavin Pretor-Pinney decided to take an extended break. It was the summer of 2003, and for the last 10 years, as a side project to his graphic-design business in London, he and a friend had been running a magazine called *The *Idler*, devoted to "literature for **loafers." It argued against busyness and careerism and for the indescribable value of aimlessness, of letting the imagination quietly drift. Getting the magazine out was challenging, and after a decade, it seemed appropriate to stop and be an idler himself for a while, to create free space for fresh ideas. So he swapped his apartment in London for one in Rome, where everything would be new.

Pretor-Pinney, 47, stayed in Rome for seven months and loved it, especially all the religious art. One thing he noticed: The paintings he encountered were crowded with "majestic clouds, like the sofas of the saints." But outside, when Pretor-Pinney looked up, the real Roman sky was usually without a lot of clouds. As an Englishman, he wasn't accustomed to such endless, blue emptiness. He remembered, as a child, being enchanted by clouds and deciding that people must climb long ladders to harvest cotton from them. Now, in Rome, he couldn't stop thinking about them.

Clouds. It was a bizarre preoccupation, perhaps even a frivolous one, but Pretor-Pinney didn't resist it. When he returned to London, he talked about clouds constantly. He walked around admiring them, learned their scientific names and the climatic conditions that shape them and argued with friends who complained they were oppressive. He was realizing, in his words, that "clouds are not something to whine about. They are, in fact, the most dynamic, suggestive and poetic aspect of nature."

Slowing down to appreciate clouds enriched his life and sharpened his ability to appreciate other pockets of beauty hiding in plain sight. At the same time, Pretor-Pinney couldn't help noting, we were entering an era in which miraculousness was losing its meaning. Novel, supposedly amazing things bounced around the Internet so quickly that, as he put it, we can now all walk around with an attitude like, "Well, I've just seen a panda do something unusual, what's going to amaze me now?" His fascination with clouds was teaching him that "it's much better for our souls to realize we can be amazed and delighted by what's around us."

At the end of 2004, a friend invited Pretor-Pinney to give a talk about clouds at a small literary festival in Cornwall. Pretor-Pinney wanted an appealing title for his talk, to draw a crowd. "Wouldn't it be funny," he thought, "to have a society that stands up for clouds?" So, he called it "The Inaugural Lecture of the Cloud Appreciation Society." And it worked. Standing room only! (46) Afterward, people came up to him and asked for more information about the Cloud Appreciation Society. "And I had to tell them, well, I haven't really got a society," Pretor-Pinney said.

He set up a simple website. There was a gallery for posting photographs of clouds, a membership form and an elaborate declaration that began with "We believe that clouds are unjustly criticized, and that life would be immeasurably poorer without them." Pretor-Pinney wasn't offering members any benefits or activities, but to keep it all from feeling momentary or imaginary, as many things on the Internet do, he eventually decided that membership should cost $15 and that members would receive a badge and certificate.

Within a couple of months, the society had 2,000 paying members. Pretor-Pinney was surprised and ecstatic. Then, Yahoo placed the Cloud Appreciation Society first on its 2005 list of Britain's "Weird and Wonderful Websites." Thousands of people clicked through to Pretor-Pinney's website, then paid for memberships. Other news sites noticed and started writing about the Society. Previously, Pretor-Pinney proposed writing a book about clouds and was rejected by 28 editors. Now that he was a viral sensation with a vibrant online constituency, he got a publishing deal.

The book became a bestseller. There were more write-ups, more clicks, more Cloud Appreciation Society members. And that cycle would keep repeating, irregularly, for years, whenever an editor or blogger happened to discover the society and set it off again. There are now more than 40,000 paid members. The media tended to present it as one more amusing curiosity, worth delighting over and sharing before moving on. That is, Pretor-Pinney's society was being tossed like a small stone, again and again, into the same bottomless pool of interchangeable online content that he was trying to lure people away from by lifting their gaze skyward. But that was okay with him; he understood that it's just how the Internet works.

Glossary

*Idler: a person who is lazy and avoids work

**loafer: a person who is aimless

(Adapted from "The Amateur Cloud Society That (Sort Of) Rattled the Scientific Community." *The New York Times Magazine*, May 4, 2016. <https://www.nytimes.com/2016/05/08/magazine/the-amateur-cloud-society-that-sort-of-rattled-the-scientific-community.html>)

(41) According to the passage, why did Pretor-Pinney decide to take an extended break?

(a) He was excited to study clouds in Rome.

(b) He was feeling the need to step aside and take it easy.

(c) He was interested in starting a new business.

(d) He was tired of not having a specific life plan.

(42) What did Pretor-Pinney notice about Rome after living there for some time?

(a) Italian children were enchanted by clouds.

(b) Italian people talked about the weather more than English people.

(c) Italian religious paintings did not have many clouds in them.

(d) Italian skies had fewer clouds than England.

(43) Which of the following was <u>NOT</u> a benefit of appreciating clouds, according to Pretor-Pinney?

(a) Being able to notice one's surroundings by slowing down

(b) Experiencing a more enriching life

(c) Improving one's ability to forecast the weather

(d) Learning to be moved by nature's beauty

(44) Which of these was a significant outcome of Pretor-Pinney's time spent in Rome?

(a) He was able to launch a lucrative career in weather forecasting.

(b) He was able to launch a magazine called *The Idler*.

(c) He was able to start an organization for appreciating clouds.

(d) He was refreshed and ready to return to his former profession.

(45) Based on your reading of the passage, which of the following is <u>LEAST</u> accurate as a description of Pretor-Pinney's character?

(a) Appreciates natural wonders

(b) Has a sense of playfulness and humor

(c) Prefers predictability and structure

(d) Willing to set out on unknown paths

(46) What does (46)"Standing room only!" mean in the passage?

(a) A lounge with buffet style service

(b) An event that is overflowing with people

(c) A room without tables or chairs

(d) A talk that receives a standing ovation

(47) When Pretor-Pinney gave his speech titled "The Inaugural Lecture of the Cloud Appreciation Society," how many members did he have in the Cloud Appreciation Society other than himself?

(a) 0

(b) 28

(c) 2,000

(d) 40,000

(48) What is the main reason why Pretor-Pinney was finally able to publish his book?

(a) An editor attended his Cloud Appreciation Society lecture and signed him up on the spot.

(b) He changed the focus of his book to Italian clouds.

(c) He decided to offer a badge and certificate to everyone who bought the book.

(d) He had become a major online presence with a large number of followers.

(49) Which of the following best describes how the Internet works for websites such as that of The Cloud Appreciation Society?

(a) After receiving an initial burst of attention, websites become buried by other content and rarely make a comeback.

(b) Smaller websites are swallowed up by larger online content providers.

(c) Websites achieve a gradual and steady increase in their popularity.

(d) Websites are at the mercy of the Internet where content gets tossed around and may become popular again at random intervals.

(50) What is the main message of this article?

(a) Human connection is the ultimate gift of life.

(b) Life brings both rainy days and sunny days.

(c) Slowing down and looking around you can take you to unexpected places.

(d) You never know what life will throw at you, so be prepared for anything.

【選択言語：ドイツ語】

6 以下の問いに答えなさい。

【1】 次の(41)～(45)の(　　　)内に入れるのにもっとも適切なものを，それぞれ(a)～(d)から一つ選びなさい。

(41) Lisa findet Politik interessant und schreibt gern. Sie (　　) Journalistin werden.

(a) möchtet　(b) möchte　(c) wollt　(d) wurde

(42) Morgen habe ich keinen Unterricht, (　　) muss ich nicht früh aufstehen.

(a) weil　(b) denn　(c) deshalb　(d) wenn

(43) Thomas freut sich schon sehr (　　) die Ferien nächsten Monat. Er wird eine große Reise machen.

(a) auf　(b) über　(c) an　(d) für

(44) (　　) gehst du? — Ich gehe zur Universität.

(a) Wo　(b) Woher　(c) Wohin　(d) Wer

(45) Warst du schon einmal (　　) Ausland? — Ja, einmal bin ich nach Hawaii geflogen.

(a) nach　(b) ins　(c) zu　(d) im

【2】 以下は，友人同士の電話での会話文です。会話文が完成するように，空所(46)〜(50)に入れるのにもっとも適切なものを，選択肢(a)〜(j)から一つずつ選びなさい。なお，選択肢はそれぞれ一回だけ用いるものとする。

Lea: Hallo Sandra, wie geht's?

Sandra: Hallo, Lea! Mir geht's gut. (46)

Lea: Auch gut, danke. Ich würde gern mal wieder ins Kino gehen. (47)

Sandra: Ja, gerne. Wann willst du denn gehen?

Lea: Am liebsten am Freitagabend.

Sandra: Freitag passt mir leider nicht so gut. (48)

Lea: Doch, Samstag geht auch.
(49) Wollen wir uns um 17.45 Uhr vor dem Kino treffen?

Sandra: Einverstanden. Danach können wir noch etwas essen gehen.

Lea: Das ist eine gute Idee. (50) Bis dann!

Sandra: Tschüs!

(a) Am Samstag ist das Kino nur am Vormittag geöffnet.

(b) Am Wochenende beginnt der Film immer um 18 Uhr.

(c) Nach dem Film haben wir sicherlich Hunger.

(d) Das schmeckt gut.

(e) Hast du am Samstag keine Zeit?

(f) Hast du am Samstag Zeit?

(g) Kommst du mit?

(h) Kommst du nicht mit uns mit?

(i) Und dir?

(j) Und wie geht's Ihnen?

【選択言語：フランス語】

6 以下の問いに答えなさい。

【1】 次の(41)~(45)の(　　)内に入れるのにもっとも適切なものを，下の(a)~(h)の中から一つ選びなさい。それぞれ一回しか用いることはできません。

(41) La cuisine de ce restaurant est bonne (　　) elle n'est pas chère.

(42) Ils vont souvent à leur travail (　　) pied.

(43) Il est rare qu'il neige (　　) printemps.

(44) Il y a une voiture garée (　　) leur maison.

(45) Isabelle est restée à Paris (　　) un mois.

(a) depuis

(b) devant

(c) mais

(d) et

(e) pendant

(f) en

(g)　au

(h)　à

【2】 次の会話文を読み，(46)〜(50)に入れるのにもっとも適切なものを，下の(a)〜(h)の中から一つずつ選びなさい。それぞれ一回しか用いることはできません。

Emmanuel : Brigitte, vous allez nous parler aujourd'hui de la mode chez les Français. (46) ?

Brigitte : Oui, Emmanuel. J'ai trouvé une enquête très intéressante dans un magazine.

Emmanuel : Ah bon ? (47) !

Brigitte : Eh bien, aujourd'hui, on choisit ses vêtements pour (48).

Emmanuel : Est-ce que les hommes s'intéressent aussi à la mode ?

Brigitte : (49) ! Aujourd'hui beaucoup d'hommes s'intéressent à la mode. Il y a même des magazines (50) pour eux.

Emmanuel : Décidément, les Français font très attention à leur apparence !

(a)　En effet

(b)　montrer sa personnalité

(c)　spécialement

(d)　Bien sûr

(e)　Racontez-nous

(f)　C'est ça

(g)　Ce n'est pas à la mode

(h)　regarder les autres

【選択言語：イスパニア語】

6　以下の問いに答えなさい。

【1】 (a)〜(d)の中からもっとも適切なものを選び，それぞれの文を完成させなさい。

(41) Siempre hago la compra en el supermercado del barrio antes de ((a) llego, (b) llegar, (c) llegue, (d) llegando) a casa.

(42) A mí no me ((a) gusta, (b) gustas, (c) gustan, (d) gusto) las películas de terror.

(43) ¿ ((a) Es, (b) Hay, (c) Está, (d) Tiene) alguna farmacia en esta calle?

(44) - ¿Hablas mucho por teléfono con tus padres?

- No, por teléfono no hablamos mucho, pero ((a) le, (b) se, (c) los, (d) les) escribo mensajes casi todos los días.

(45) - Yo ((a) he estado, (b) estaba, (c) estoy, (d) estar) dos veces en Argentina.

【2】 次の文章を読み，文脈上もっとも適切なものを選びなさい。

Un día en la vida cotidiana de Paula

Me llamo Paula y estudio Biología en una universidad de Santiago de Chile. Todos los días me levanto a las seis y media, desayuno, ((46) (a) me pongo, (b) me llevo, (c) me visto, (d) me quito) y salgo de casa. Siempre voy a la universidad ((47) (a) de, (b) por, (c) para, (d) en) metro. Por la mañana tengo tres clases y por la tarde una. Soy miembro de un club de tenis, ((48) (a) así que, (b) porque, (c) es que, (d) para que) muchas tardes entreno una o dos horas con mis compañeros. Luego, vuelvo a casa y estudio en mi habitación ((49) (a) hasta, (b) a, (c) de, (d) para) la hora de la cena. Normalmente ceno con mis padres y, después, como siempre ((50) (a) hay, (b) estoy, (c) tengo, (d) soy) mucho sueño, me suelo ir temprano a la cama, leo un poco y duermo.

【選択言語：ロシア語】

6 以下の問いに答えなさい。

【1】 括弧内の語句を正しい形に変化させなさい。正しい解答を(a)～(d)の中から一つ選ぶこと。

(41) В университете Анна интересовалась (японская литература).

(a) японскую литературу　(b) японской литературой
(c) японскую литературой　(d) японскей литературей

(42) Ирина не очень любит (этот певец).

(a) этого певеца　(b) этого певец
(c) этого певца　(d) этого певецу

(43) В (среда) утром мы были на почте.

(a) среде　(b) среду　(c) среды　(d) средой

(44) Летом я познакомилась с (ваш дядя) в деревне.

(a) вашей дядей　(b) вашу дядю
(c) вашем дядей　(d) вашим дядей

(45) Эти студентки (хотеть) учиться в Москве.

(a) хотят　(b) хотим　(c) хотеют　(d) хочат

【2】 次の文章は，サンクトペテルブルクについて書かれたものです。これを読み，以下の問いに答えなさい。なお，*記号のついた語には説明があります。

Здравствуйте! Меня зовут Олег. Я *петербуржец. Я (46)(родиться) в Санкт-Петербурге и всю жизнь живу здесь. Санкт-Петербург – молодой город. Ему только 318 лет. Он (47)(　　) Москвы, **Суздаля, ***Владимира и других старинных городов России. Но все знают известные музеи Санкт-Петербурга: Эрмитаж, Русский музей, Дом-музей Пушкина... Их ****обязательно надо посмотреть. Ещё в нашем городе есть известные парки, например, Летний сад. Все петербуржцы любят ходить по его аллеям.

(48)Если вы хотите поехать в Петербург, то лучше сделать это в июне. В этом месяце в Петербурге белые ночи, и можно гулять по городу до утра. Но нельзя забывать, что даже летом в Санкт-Петербурге иногда холодно, и часто идёт дождь. Говорят, что в нашем городе пять дней дождь и только один день ясно. Поэтому мы, петербуржцы, любим дождь. Но (49)обязательно возьмите с собой тёплую одежду и зонт. Если вы возьмёте все нужные вещи, то вам точно (50)(понравиться) наш город.

用語説明

*петербуржец　ペテルブルクの住民

**Суздаль　スーズダリ(都市名)

***Владимир　ウラジーミル(都市名)　　****обязательно　必ず

(46) 括弧内に入る正しい動詞の形を以下の(a)～(d)の中から一つ選びなさい。

(a) родилась　(b) родился　(c) родились　(d) родил

(47) 前後の文脈を考慮して，括弧内に入る適切な語を以下の(a)～(d)の中から一つ選びなさい。

(a) моложе　(b) молодой　(c) старше　(d) старый

(48) 下線部は「ペテルブルクへ行くなら，それは6月が良い」を意味するが，その理由として適切な説明を，本文に即して，以下の(a)～(d)の中から一つ選びなさい。

(a) 6月のペテルブルクは雨が少なく，散歩に適しているため。

(b) 6月のペテルブルクは涼しく，散歩しやすいため。

(c) 6月のペテルブルクでは有名な美術館が開館しているため。

(d) 6月のペテルブルクでは白夜が続き，朝まで散歩できるため。

(49) 下線部の理由として適切な説明を，本文に即して，以下の(a)～(d)の中から一つ選びなさい。

(a) 寒くなり，雨が降ることもあるため。

(b) 人混みを避けるため。

(c) 暑くなることもあるため。

(d) ペテルブルクの住民は雨が好きであるため。

(50) 括弧内に入る正しい動詞の形を以下の(a)～(d)の中から一つ選びなさい。

(a) понравился　(b) понравятся

(c) понравится　(d) понравитесь

【選択言語：ポルトガル語】

6 以下の問いに答えなさい。

【1】 それぞれの文の内容に照らし合わせて，もっとも適切なものを(a)～(d)の中から一つ選びなさい。

(41) ＿＿＿＿ você veio para a festa hoje?

(a) Que　(b) Onde　(c) Quando　(d) Como

(42) Quando vocês ________ meu primo, digam a ele que estou com saudades.

(a) vissem　(b) vejam　(c) virem　(d) vem

(43) Maria e Pedro ________ conheceram na universidade.

(a) se　(b) si　(c) nós　(d) você

(44) Antigamente, muita gente no interior ia para a escola ________ cavalo.

(a) com　(b) de　(c) em　(d) a

(45) Quando cheguei em casa ontem, minha esposa já ________.

(a) dormiu　(b) dormi

(c) tinha dormido　(d) dormisse

(46) Joana ________ 19 anos na semana passada.

(a) tem　(b) fez　(c) está　(d) é

(47) Antônio falou bem alto para que todos o ________.

(a) ouvissem　(b) ouvirem

(c) tivessem ouvido　(d) tenham ouvido

【2】 次の文章を読んで，もっとも適切なものを(a)〜(d)の中から一つ選びなさい。

Morando em Portugal

Meu nome é Marcelo. Sou brasileiro e nasci em Porto Alegre, mas moro em Lisboa há cinco anos. Há cinco anos atrás decidi deixar o Brasil à procura de novas oportunidades de trabalho e porque já não aguentava mais conviver com a violência urbana no país. Como não sei falar inglês muito bem e era mais fácil obter o visto, já que meus avós eram açorianos, optei por emigrar para Portugal. No começo, tudo foi muito difícil porque o português falado em Portugal é bem diferente do falado no Brasil e porque foi difícil arrumar algum trabalho bom. No entanto, agora estou muito bem adaptado e feliz de ter escolhido Lisboa para morar. Tudo é bem mais tranquilo que em Porto Alegre e nas férias posso sempre viajar para algum outro país da Europa e conhecer outras culturas. Uma ou duas vezes por ano volto para Porto Alegre para passar alguns dias com meus pais e rever meus amigos, mas quero mesmo continuar vivendo em Lisboa.

(48) Segundo o texto, Marcelo escolheu emigrar para Portugal:
(a) porque gosta da cultura portuguesa.
(b) porque seus pais são portugueses.
(c) porque não sabe falar bem inglês.
(d) porque não gosta do Brasil.

(49) Segundo o texto, tudo foi muito difícil:
(a) porque Marcelo não gostou de Lisboa.
(b) porque Marcelo não conseguia entender o português de Portugal.
(c) porque a vida era mais cara em Portugal.
(d) porque Marcelo teve dificuldades para encontrar onde morar.

(50) Marcelo gosta de viver em Portugal:
(a) porque pode falar português.
(b) porque é perto do Brasil.
(c) porque a vida é barata.
(d) porque pode conhecer outras culturas.

■総合グローバル学部■

◀グローバル化する人間社会について，提示された資料の理解力および思考力を問う試験（英語の設問を含む）▶

（75 分）

（注）記述式の解答は，各解答欄にていねいに記入すること。数字，ローマ字については，1マスに2字とする。

1 下記の文章（"History Fuels Vaccine Hesitation among Some Black Americans." Associated Press State & Local, February 14, 2021）を読み，後の問いに答えなさい。

DENVER (AP)—Owetta McNeil, 82, does not like it when people mispronounce her name. "It's 'OH WEE-TAH' she <u>admonishes</u>(1), making sure people know her name should be pronounced with double "e" sound.

McNeil, who worked as a secretary for Denver Public Schools for more than 30 years, has lupus, leukemia along with several other medical conditions, and speaks haltingly after a stroke in March. Her age makes her especially <u>susceptible</u>(2) to complications from the coronavirus, as does her race. McNeil's mother was Black. Her father was part American Indian. In Colorado, people of color are disproportionately likely to be hospitalized due to the virus.

Even so, McNeil wasn't sure what she'd do when doctors advised her to get the COVID-19 vaccine.

"I thought I might chicken out," she said.

ⓐ <u>Her reasoning dates back hundreds of years to a distrust of the government.</u> The problem still persists today: People of color have long received <u>subpar</u>(3) medical treatment and worse, have been subjected to abuse by the medical system.

"I was very, very <u>hesitant</u>(4) as a person of color to be involved with vaccines," McNeil said. "We've always been used as experiments and most people my age especially recall what occurred."

She points to the "Tuskegee Experiment," a study to determine the effects of untreated syphilis, where Black men in Alabama were recruited and unknowingly denied treatment for the disease, even when penicillin became available to treat it. The study spanned 40 years and at least 28 men died, though experts believe the death toll was much higher.

A study by the Pew Research Center found that Black Americans are less inclined to take the COVID-19 vaccine compared to whites or Latinos.

Over 60 percent of whites and Latinos say they definitely or probably would get vaccinated, while just over 40 percent of Blacks said they planned to.

McNeil specifically doesn't trust the government to develop a vaccine that protects Black and brown people. She even speculates, based on that sordid history, that Blacks could be given a different—perhaps risky—version of the vaccine from whites, even though there's no evidence that would happen.

Yet, on Jan. 22, McNeil put her fears aside and pulled up to a drive-through vaccine clinic at National Jewish to get her first dose of Pfizer's COVID-19 vaccine. After, she waited in her car for the required 15 minutes to make sure there were no side-effects. She was pleasantly surprised to discover that she felt absolutely fine.

"I'm still here," she said, adding that she plans to take the second dose of vaccine soon. "And if I have any ill-effects after the vaccine is done, I will just say, that's my contribution (5) to my people."

Provided those ill-effects don't materialize after that second dose, McNeil said her goal will be to get her Black friends who don't plan to get the vaccine to change their minds.

There is one person, however, that McNeil is unlikely to convince (6) her daughter, Lisa Pitts, who's a nurse in Denver.

She said, like her mom, she doesn't trust the government and in this case, the herculean (7) effort to develop and approve a coronavirus vaccine.

"It was pushed through so fast," she said. "They don't know how it's going to affect your immune system or if you're still of age where you can have kids, how it's going to affect (them). I just don't have enough information on it to tell me that...it's going to be safe."

It's true that vaccines to fight the pandemic were created in record time.

They've also been subjected to rigorous review in nations around the world and so far, side effects from the shots have been mostly minor. No deaths have been directly linked to vaccines, though research is ongoing (8).

Even though the drug companies have pledged to have diverse pools for the vaccine testing trials, Pitts still has questions about whether enough Black people have been tested.

"How many people of color did (they) actually test it on?" she said. "Because there's not too many of us that are going out there and saying, 'Oh yeah, try it on me.'"

People of color have a history of being <u>under-represented</u>(9) in drug trials. In recent years, drugmakers have been urged to recruit more Black people and other racial and ethnic groups into studies.

Pitts said she made her decision to forgo the vaccine despite her career as a health care provider and the pressure on nurses and doctors to get vaccinated. Employers have the ability to require vaccinations for those employees who qualify, but few, including the hospital where Pitts works, which she chose not to disclose, have taken that step.

She said the lack of trust Black people have for vaccines extends more broadly to doctors and the health care system overall, which is why many people of color prefer non-white doctors and nurses.

"If you're Black, if you're a minority, then you'd rather go to a minority," Pitts said. "A lot of white doctors will dismiss you."

She said her brother was complaining in July about his shoulder hurting and went to the VA for treatment but the doctor wouldn't give him anything but ibuprofen.

"Finally I told him, you need to put your foot down and tell them you want an X-ray or an MRI," Pitt's said. "And he finally did and it ends up he has bone cancer."

Despite her views, Pitts said her mother, Owetta McNeil, probably made the right decision to get inoculated(10) because of McNeil's many health conditions.

The isolation due to the coronavirus has been hard at times for McNeil and she misses seeing her friends. There's one thing in particular she's determined to do once she's fully vaccinated. Pre-pandemic she took a tour bus to Black Hawk once a month to go to the casinos. She said she plans to start making those trips again—with a mask and a bottle of hand sanitizer, of course.

"I am sick of sitting around with money in my pocket," she said.

問1　文脈上，(1)～(10)の語に最も意味が近い語をそれぞれ(a)～(d)から一つ選びなさい。

(1) (a) serves　(b) cautions
(c) devotes　(d) permeates

(2) (a) confident　(b) sensitive
(c) condensed　(d) permeated

(3) (a) insufficient　(b) ample
(c) circumvent　(d) mundane

(4) (a) indiscreet　(b) impetuous
(c) reluctant　(d) unequivocal

(5) (a) abomination　(b) extemporization
(c) subtraction　(d) benefaction

(6) (a) assure　(b) accentuate
(c) underscore　(d) uphold

(7) (a) outstanding　(b) malevolent
(c) glamorous　(d) strenuous

(8) (a) continuing　(b) impartial

(c) insufficient　　(d) equitable

(9) (a) augmented　　(b) discounted

(c) curtailed　　(d) vested

(10) (a) vaccinated　　(b) inaugurated

(c) commissioned　　(d) conferred

問2　文中の下線部のⓐ Her reasoning dates back hundreds of years to a distrust of the government. について彼女が政府に不信感を持つのはなぜか。文脈から判断して日本語で65字以内で説明しなさい。

問3　以下の(あ)〜(う)の日本語の文に相当するように，与えられた語を1回ずつ使って英文中の空所を埋めた時，＊印の箇所に入る語を選びなさい。

(あ) ガンジス川(ガンガー)はインドで最も神聖な川であり，ほとんどのヒンズー教徒はこの川に体を浸すことで魂が浄化されると信じています。

The Ganges, or Ganga, is (　　)(　　)(　　)(　　)(　　), (　＊　)(　　) Hindus believe that dipping their body in it will purify their soul.

(a) holiest　(b) India's　(c) rivers　(d) of

(e) most　(f) the　(g) and

(い) 「キャンセル・カルチャー」という言葉が辞書に載ったり，共和党の上院議員が「ウォーク・キャピタル」の力を訴えたりするずっと前から，カーガー氏はデジタル時代のプレイブックを洗練させ，反対派の財政的支援者に監視の目を向けさせることに成功していました。

Long (　　)(　　)(　　)(　　)(　＊　)(　　)(　　)(　　) Republican senators complained about the power of "woke capital," Mr. Karger refined a digital-era playbook for successfully redirecting scrutiny to the opposition's financial backers.

(a) the　　(b) "cancel culture"

(c) the　　(d) phrase

(e) before　　(f) entered
(g) or　　(h) lexicon

(う) アリゾナ州の訴訟における最高裁の判決は，裁判所が投票をより身近なものにしたいと願う投票権擁護者の味方をするつもりはないというメッセージを発しています。

The Supreme Court's ruling in the Arizona case (　　)(＊)(　　)(　　)(　　)(　　)(　　)(　　) going to side with voting rights advocates who want voting to be more accessible.

(a) a　　(b) that　　(c) message　　(d) the
(e) sends　　(f) not　　(g) are　　(h) courts

2 以下の文章を読み，食の歴史に関する後の設問(問1～8)に答えなさい。

著作権の都合上，省略。

著作権の都合上，省略。

著作権の都合上，省略。

（出典：アルフレッド・W・クロスビー「ベイクド，ボイルド，ロースト，アンドフライド」ピーター・メンツェル，フェイス・ダルージオ著『地球の食卓：世界24か国の家族のごはん』TOTO出版，2006年，p.52-53をもとに作成）

問１　本文中の空欄ア～ウに該当する語句の正しい組み合わせを，次のⓐ～ⓕのうちから一つ選びなさい。

	ⓐ	ⓑ	ⓒ	ⓓ	ⓔ	ⓕ
ア	モンスーンアジア	東南アジア	西アジア	モンスーンアジア	東南アジア	西アジア
イ	西アジア	モンスーンアジア	東南アジア	東南アジア	西アジア	モンスーンアジア
ウ	東南アジア	西アジア	モンスーンアジア	西アジア	モンスーンアジア	東南アジア

問2　本文中の下線部(1)に関して，16世紀にピサロ率いるスペイン部隊が滅ぼした国は次のうちどれか。正しいものを一つ選びなさい。

a．アステカ王国

b．インカ帝国

c．ソンガイ王国

d．ムガル帝国

問3　下線部(2)の「コロンブス交換」の食材に関する説明として誤っているものを一つ選びなさい。

a．ヨーロッパでは，17世紀の寒冷化と食料不足がジャガイモの普及につながった。

b．中国大陸で清朝の支配が安定した18世紀には，トウモロコシやサツマイモなどの作物が人口増加を支えた。

c．大航海時代の重要な交易品である東南アジア産のコリアンダーなどの香草がヨーロッパでの肉食消費を増加させた。

d．アフリカ大陸への入植者やキリスト教宣教師によってトウガラシがもたらされて刺激の強いアフリカ料理が生まれた。

問4　下線部(3)のカカオ，コーヒー，チャに関する説明として誤っているものを一つ選びなさい。

a．エチオピア原産のコーヒーと中国で栽培されてきたチャはブランド化が進み，2000年以降，コーヒーは原産地のアフリカ，チャはアジアにおいて最も生産量が多い。

b．中米原産のカカオは，植民地化のアフリカ大陸においてプランテーション栽培によって主要な生産物となった。

c．啓蒙の18世紀，自由を求めるヨーロッパ市民階層が愛飲する紅茶やコーヒーは，不自由で不平等なアフリカ人奴隷を必要とする矛盾を抱えていた。

d．コーヒーを飲む習慣は，東アフリカと面するアラビア半島の町モハ(モカ)で始まった。

問5　以下の写真 a ～ c はアフリカ諸国の典型的な料理である。コロンブス交換作物ではない，アフリカ起源とする栽培作物をもとにつくられる料理として適切なものを一つ選びなさい。

a．セネガルの炊き込みご飯チェブジェン

b．ガーナのキャッサバを発酵させた生地でつくる練り粥とライトスープ

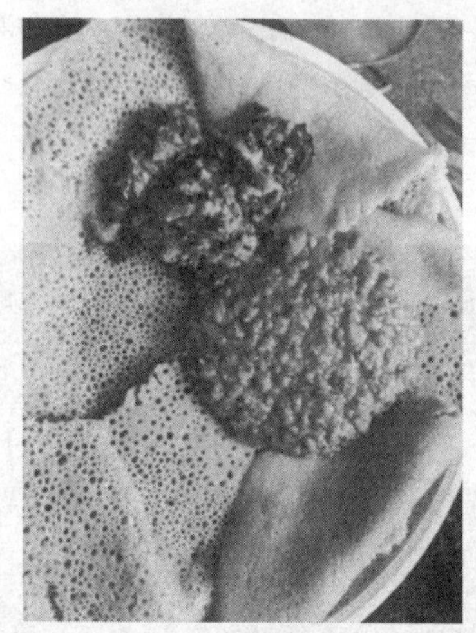

c．エチオピアのイネ科穀物テフでつくるインジェラ

（写真 a と b の出典：Wikimedia Commons）

問６　下線部(4)に関して，次の図１はバナナの輸入が開始された1903年から現在に至るまでバナナの国別輸入量，図２は日本の主要果物の値段の推移を示している。高級果物であったバナナが，国内生産される果物とは対照的に値段が低迷した理由を，80字以内で説明しなさい。

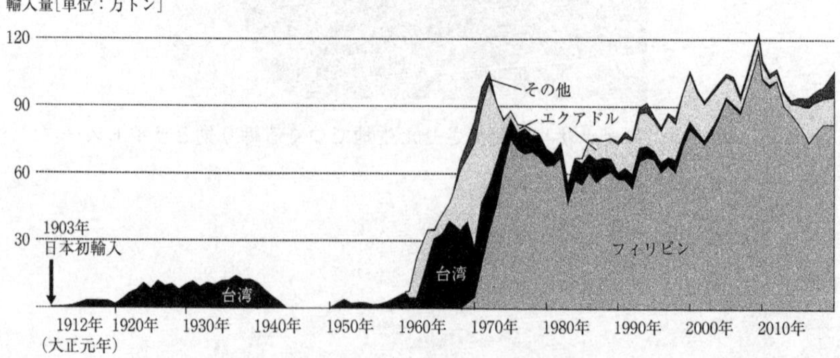

図１．バナナの国別輸入量の推移

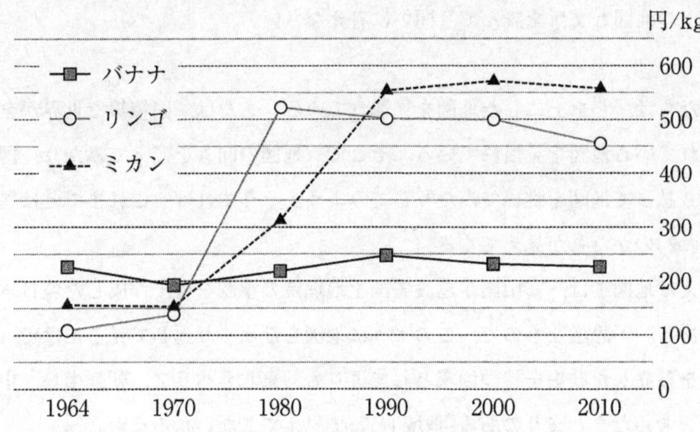

図２．日本における主要果物の値段の推移（１kg当たり価格）

出典：佐藤靖明監修『知りたい食べたい熱帯の作物　バナナ』農文協，2020年，P.18-19

問７　本文中の空欄エに該当する語句を記しなさい。

問８　本文の趣旨として最も近いと思われるものを一つ選びなさい。

a．人類進化の鍵となったのは，食を通じたコミュニケーションである。

b．狩猟採集を中心とした獲得経済から，農耕・牧畜による生産経済への移行が，料理をする人類を誕生させ，共同体的社会の基盤を形成した。

c．近代以降になって大陸間交易が初めて開始したことで，食のグローバリゼーションが起こり，世界の分断が進んだ。

d．食に関わる危機を何度も乗り越えてきた人類は，人類史のなかで最も飽食の時代に突入し，健康で貧困のない世界に進みつつある。

3 以下の地図と文章を読んで，問いに答えなさい。

私たちは，北を上にした地図を見慣れている。または，国境線で世界が全て区切られている地図を見慣れている。そこで，地図の向きを変えてみたり，国境線を取り払って地図を眺めてみたりしてみよう。そうすれば，これまでとは異なった「地域」のかたちが見えてくる。

例えば地図1は，富山県が建設省国土地理院の承認を得て作成した環日本海地図である。不思議なもので，このように地図をひっくり返して見るだけで，日本列島を独立した歴史を持つ国家としてよりも，東北シベリア，朝鮮半島，中国沿岸部を含めたまとまりのある「地域」として見えてこないだろうか。

対馬を挟んで朝鮮半島と九州は想像以上に近い。国境を外してみると，対馬を含む九州北部に暮らす人々にとって，畿内や関東地方よりも，朝鮮半島の方がずっと身近な場所だったのではないだろうか。

縄文文化を日本列島独自の文化と捉えるのではなく，朝鮮半島の南端，沿海州，シベリアを含めた環日本海の文化圏として捉える視点は，近年の考古学の研究によって裏付けられている。また，魏国に親書を送った邪馬台国(1)は――その九州北部説を採用するなら――環日本海・東アジアにおける，文化，商業の交流の結節点に成立した連合国家だったと考えることもできる。江戸時代末期，江戸からみると辺境の地であった西南雄藩(2)が，中国大陸に進出していた欧米諸国から武器を購入し，幕府を倒し近代日本を誕生させた，その地政学的位置を考えても面白い。そして東西冷戦の終結とともに，日本，中国，韓国，北朝鮮，ロシアの5カ国で「環日本海経済圏」の構想が持ち上がったことも，この地域のつながりの潜在的可能性の証左ともいえるだろう。

他方，日本の首都である東京の位置をみてみるとどうだろう。この環日本海地域に，そっぽを向くように突き出た本州の先に，太平洋を挟んだはるか遠くの隣国を眺めるような位置である。ペリー来航以来，近代日本が常に米国との外交関係(3)を軸に展開してきたのは，日本の首都の位置もひょっとしたら関係があるのかもしれない。

地図2は，東南アジア研究者のジェームズ・スコットの作成したゾミア地図である。ゾミアとは，チベット・ビルマ語における「高地民」を意味する「ゾミ

地図1　環日本海地図（富山県作成）

（*Zomi*）」に由来するオランダの歴史学者ウィレム・ファン・シェンデルによる造語である。スコットは，東南アジア大陸部で，標高300メートル以上の高地を「ゾミア」とし，少なくとも20世紀初頭まで，地域によっては1940年代まで，いずれの国家にも属さない人々の空間であったとした。ゾミア空間に生きる人々は，人種，民族，宗教，言語のいずれの共通性を持たない。共通しているのは，国家権力による支配から逃れてきた人々が共存する多文化・多言語社会であったとスコットは主張している。

私たちは，国境で隙間なく区切られている地図を見慣れている。しかし，たった100年ほど歴史を遡れば，いずれの国家にも属さない空間が存在した。これがゾミア論の考え方である。ナショナリズムに基づき国民国家によって秩序が形成される中で，ゾミア空間は当初は地図上で，次第に現実的に，国家空間に組み込まれていった。その国家の多数派集団から，ゾミアの人々は(4)「少数民族」とみなされ，迫害から逃れるために「難民」となった。「少数民族」や「難民」という概念も，「国民」概念と同様に，国境で世界が隙間なく区切られることによって誕生したといえる。

ゾミア空間が本当に存在したかどうか，歴史上の記録が残されているわけでは

出典追記：環日本海・東アジア諸国図（富山県作成）

ない。なぜなら文書による記録の多くは国家が残したものであり，文字による歴史はすなわち国家の歴史に他ならないからだ。文字の誕生は国家による住民登録と納税の記録と密接な関わりがある。

ゾミアの人々は文字による記録を残していない。ゾミアの人々は文字ではなく口頭伝承で物語や知識を継承してきた。私たちは文字の読み書きができないことを劣ったものとして捉えるが，ゾミア論ではそれは知識や物語の伝達手段の違いと理解する。ゾミアの人々は文字を知らなかったのではなく，敢えて文字を使わなかったとゾミア論では考える。

私たちは人類の歴史を，国家を単位として見てきた。穀物栽培を中心とした農耕とともに国家が誕生し，文字が発明され，貨幣による市場が発展するという流れの中で文明の進歩を捉えてきた。いま私たちは，格差と貧困，気候変動，紛争，テロリズム，食糧危機など，従来の政治経済システムの歪みともいうべき地球規模の諸課題に直面している。従来のシステムを根本から見直す時期にさしかかっているのかもしれない。その出発点のひとつとして，新しい<u>「地域」</u>(5)の理解に基づく研究に目を向けてみるのも良いだろう。それは，ここで紹介したような地理的なまとまりを持つ地域にとどまらない。移民や難民といったひとの移動やSNSによるネットワークなど，複数の遠隔地に点在して形成されるコミュニティもまた，新たな地域理解である。多くの人々が当然であると考えていることから自らを解き放ち，異なる視点から物事を捉え直してみる。その姿勢こそがグローバル・スタディーズを学ぶ者に問われているといえよう。

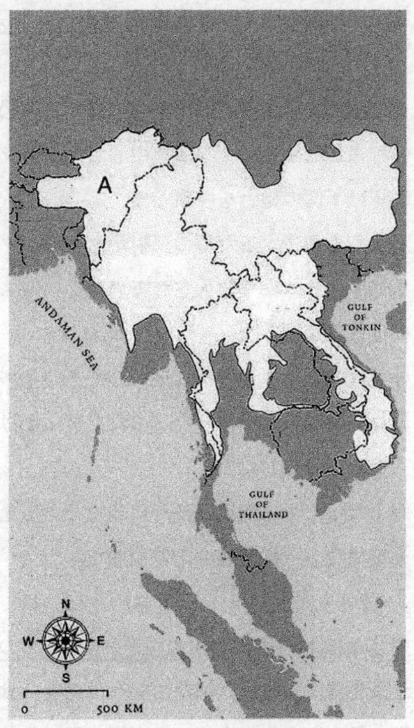

地図2　ゾミアの領域(白ヌキの部分)

(出典：ジェームズ・C・スコット『ゾミア―脱国家の世界史』みすず書房，2013年，p.17)

問1　下線部(1)邪馬台国の成立時期(3世紀)の他地域の同時代の出来事について，正しいものを一つ選びなさい。

a．東南アジア島嶼部ではスマトラのシュリーヴィジャヤを中心にマラッカ海峡を支配した港市国家が誕生した。

b．イラン高原でアルダシール1世がササン朝ペルシアを建国した。

c．ローマ帝国ではコンスタンティヌス帝がビザンティウムに遷都し，都市の名をコンスタンティノープルに改めた。

d．インドでは，グプタ朝期にサンスクリット語が公用語となり，『マハーバーラタ』『ラーマーヤナ』などサンスクリット文学が花開いた。

問2　下線部(2)の幕末期に関連する動きとして，誤っているものを一つ選びなさい。

a．尊王攘夷を藩論とする長州藩が，下関の海峡を通過する諸外国船を砲撃したことへの報復として，イギリスを中心したフランス・アメリカ・オランダの連合艦隊は下関の砲台を攻撃した。

b．佐賀藩は，大砲を製造するための反射炉をオランダから学びはじめて築造し，これまでイギリスから輸入されていたアームストロング砲を鋳造するなど軍備の近代化を図った。

c．生麦事件の報復のため鹿児島湾に侵入してきたイギリス軍艦から砲撃を受けた薩摩藩は甚大な被害を被った。これをきっかけとして薩摩はフランスに接近し，倒幕を目指した。

d．土佐藩の郷士だった坂本龍馬は長崎に結社である亀山社中を組織し，海運・貿易事業を展開し，薩長連合を斡旋した。

問3　下線部(3)に関した以下の記述の中で，誤っているものを一つ選びなさい。

a．1854年の日米和親条約は，米国籍の船への燃料・食糧・水の供給，下田と箱館の開港，領事駐在権の容認，最恵国待遇の供与などを定めた。

b．1858年の日米修好通商条約では，閉鎖した下田に代わり，神奈川(横浜)，長崎，新潟，兵庫(神戸)の開港，江戸，大坂の開市，領事裁判権の設定，自由貿易，協定関税，公使の江戸駐在，領事の開港地駐在などを定めた。

c．1921年，アメリカ大統領ハーディングの提唱で開かれた国際会議で，欧米や日本の海軍力拡大競争を抑止し，極東，太平洋問題を協議し，太平洋諸島の領土，権益の相互尊重，問題の平和的解決を目指した日米英仏の4か国条約が締結された。

d．第二次世界大戦の終結後，サンフランシスコ平和条約と同時に締結された日米安全保障条約，そして日米地位協定に基づき，日本には米軍基地が設置されているが，その面積のおよそ50％が沖縄県に集中している。

問4　以下のある都市に関する記述Ａ～Ｃについてあてはまるものを，それぞれ以下の都市名ａ～ｉと，地図１上の①～⑨から一つずつ選びなさい。

Ａ．新潟市，秋田市，函館市などと姉妹都市協定を結ぶこの都市はロシア沿海地方の中心都市である。同都市の周辺地域は，伝統的にはツングース系諸民族の居住地であったが，1860年に清からロシアに領有権が移譲されて以来，海軍基地として建設が進み，ロシア系，ウクライナ系が多数を占める都市として発展した。

Ｂ．珠江の河口沿いの港町であったが，倭寇の征伐に協力した見返りとして，ポルトガル人は明から居住権を得，この地を対明貿易の拠点とした。1887年にポルトガルが正式に領有したが，1999年中国へ返還された。

Ｃ．現在，下関市と福岡市と姉妹都市を結ぶこの都市は，古くから日本と朝鮮半島を結ぶ交通の要衝として栄えた港湾都市である。15世紀始めには日本人居留地である倭館が設置され，鎖国政策をとる江戸時代においても，限られた日本人の海外居留地の一つであった。1950年に朝鮮戦争が勃発し，ソウルが陥落すると1953年まで大韓民国の臨時首都となった。

ａ．ハルビン　ｂ．ハバロフスク　ｃ．ウラジオストク
ｄ．ホンコン　ｅ．マカオ　ｆ．シャンハイ
ｇ．プサン　ｈ．ピョンヤン　ｉ．インチョン

問5　地図２上のＡは，ある国の一地域であるが，その国名を以下の中から選びなさい。

ａ．中国　ｂ．インド　ｃ．ネパール　ｄ．バングラデシュ

問6　下線部(4)に関連して，以下の現代アジアにおける難民問題の事例の中で，ゾミアの人々が経験した出来事として最も当てはまるものを以下から一つ選びなさい。

ａ．1949年よりミャンマー（ビルマ）国内の少数民族の反政府勢力とミャンマー（ビルマ）軍事政権とによる対立が始まり，1975年以降，戦闘や人権侵害を逃れて人々がタイ側へ流出した。1984年に正式に難民キャンプが設立

されてから30年以上経った今も，約10万人もの人々が難民キャンプで暮らしている。

b．1962年に起こった軍事クーデター以降，国軍主導のビルマ民族中心主義と，それに基づく中央集権的な社会主義体制(ビルマ式社会主義)によって，不法移民対策と称してロヒンギャへの抑圧を強め，その結果，ミャンマーからバングラデシュに70万人以上の難民流出を引き起こすこととなった。

c．1975年，インドシナ三国では相次いで社会主義体制に移行したが，新しい体制の下で迫害を受けるおそれのある人々や新体制になじめない人々がボートで海上へ逃れたり，陸路隣国へ逃れた。その総数は約144万人に達し，その内約130万人がアメリカ合衆国，オーストラリア，カナダ，日本などへ定住した。

d．チベットはヒマラヤ山脈の北，崑崙山脈の南にある高原地帯で，唐代に最初の統一王国が成立した。17世紀半ばからダライ＝ラマによる政教一致の支配が行われたが，18世紀に清の宗主権下に置かれ，第二次大戦まで中国の保護国，また英国の支配を受けた。1951年に中国解放軍が入り，1965年自治区が成立したが，チベットの国家としての独立性を主張する亡命政府がインドに存在する。

問7　ここで提唱されている下線部(5)「地域」の意味に最も近いものを以下から選びなさい。

a．CPLP(ポルトガル語諸国共同体)

b．ASEAN

c．環日本海経済圏

d．イスラーム社会

問8　以下のa～dの中で，本文の趣旨に近い見解として最も適当なものを一つ選びなさい。

a．無文字社会出身の難民で，特に学校教育を受けていない年長者は読み書きができないため，識字教育の支援が不可欠である。

b．国の管理下になく海域社会で交易に従事していた商人たちは，歴史上，国家権力によって海賊として記録されてきた。

c．地政学的な観点からいえば，日本は対米外交よりも対東アジア外交を重視すべきである。

d．国境を越えた国際交流のために，国家間の外交よりも姉妹都市縁組が果たす役割は大きい。

びなさい。カタカナのみを使って答えること。

問3　空欄②に漢字四文字を入れることにより、宣言の名称を完成させなさい。

問4　二重傍線部に関して、いつ、何をきっかけにして、どのような考え方が生まれたか。また、その考え方は、共通性と多様性というテーマに関してどのような展開をもたらしたか。本文中の内容に基づき、一五〇字以内で具体的に説明しなさい。

このような行為は平時にも発生しうるものだから、この新しい概念は人間観、そして世界観をも変えるほどの意味をもっていた。

人権を中心に見れば、真の世界平和はすべての人々が人間としての尊厳を確保し、権利を保護されるまでは存在しえない、ということになる。もちろんそのような世界は現実とはほど遠い。その前提となる人権を認めない国や宗派、思想も依然存在している。

それでも、第二次世界大戦前と比べて、一つの世界、一つの人類という概念は、はるかに多くの社会や地域に浸透してきた。これも現代世界の大きな流れである。

さらに注目されるべきなのは、一九四八年以降に国連で採択された各種の決議が示すように、すべての人が人間として尊重されるべきだという考えは、従来にも増して各種の人々のネットワークを促進するものだったということである。国家や民族や宗教などの相違にかかわらず、あらゆる人は接触し、交流し、新しいコミュニティを作る権利をもっている。したがって人権の原則が意味するものは、人間同士の相違、差別、隔離、偏見ではなく、共通性、共同生活、協調である。つながりの歴史のなかでも、これほど強力な思想は他にないだろう。

入江昭『歴史家が見る現代世界』（講談社、二〇一四年）、一六二―一六八ページ。一部改変

問1　傍線部(a)を適切な漢字で書きなさい。

問2　本文では「〇〇主義」という意味のカタカナ表記が頻繁に使われている。その中から、空欄①に入る最も適切なものを選

以後のことである。人間性が否定されたかのような野蛮行為を経て、ようやく「人間」が再発見されたのだ。

しかしそれだけではない。より根本的には、戦前から戦争の時代、そして戦後にかけて、かつてないほどのつながりが人々のあいだに生まれたという事実がある。

戦場や捕虜収容所、あるいは戦争裁判などをとおしたつながりももちろんだが、数千万人におよぶ避難民、外国や海外植民地から引き揚げてくる人たち、さらには植民地解放後の人口移動などによって、実に多くの出会いが生じた。

そのような経験を通して、どこの国、どこの人間であろうと、同じ運命を共有しているのだという認識が生まれる。敵でも味方でも、人間はすべて人間なのであり、死ぬときには国籍などは関係ない。誰にとっても生命の尊重という原則は共通のものであり、その原則をもとにして相互に結びつきあうのが平和な世界の基軸なのだ。

したがって平和な世界の構築はまずすべての人々の人間性を認め、つながりを密接にすることから始めなければならない。

そのような考えが、一九四八年に国連総会で採択された「　②　宣言」で具体的なものとなった。

人権（ヒューマン・ライツ）とは、すべての人がもっている権利であり、それは国籍や性別や人種などとは一切関係ない。市民権よりも前に人権があり、国家よりも前に人類が存在するのだ、という考えである。そのような信条を国際社会が受け入れたのは画期的なことだった。

戦後、ドイツや日本において行われた連合国による裁判でも、「人間（ヒューマニティ）に対する罪」が戦争犯罪の一つとして定められていた。従来の国際法の対象は、ある国による侵略行為や戦時中の捕虜に対する虐待などだった。それが「人間に対する罪」という概念では、たとえばナチスドイツによるユダヤ人やロマ（いわゆるジプシー）の殺害行為は、被害者の国籍にかかわらず彼らの人間性を否定したのだとして、罪を問われることになったのである。

しかし、世界中で各種のつながりができてくると、「人間とは何か」という問題はかつてないほどの現実性を帯びてくるのである。グローバルな時代には、個々の国家や社会を離れた普遍的な「人間」をどのように把握し、全人類の相互関係をどのようにとらえたらよいのかという問題を避けて通ることはできない。

①全盛の時代には、人間といっても普遍的な存在ではなく、個別の国の国民としての意味が根本であり、ある国に生まれ、その国のために奉仕し、生まれたのと同じ国で人生を終わるというのが典型的な概念だった。国と個人との関係は永遠に続くものだとされていたのである。そのような見方をとれば、「どこに生まれようとすべての人間は同じだ」といった考えは切り捨てられかねない。

その一方で、ノンナショナル・アイデンティティ、すなわち性別、宗教、人種などを強調する見方をとると、こんどは人類の多様性が強調され、普遍的な人間という概念とはつながりにくかった。

もちろん、キリスト教にもイスラムにも仏教その他の宗教にも、万人平等という教えは存在していた。ただ理念的にはそうでも、実際には自分とは異なった宗教を信ずるものを排斥したり、あるいは改宗させたりしようとする運動も長い間存在していた。世界人類の共通性と多様性というテーマは、決して最近になって現れたものではなく、古代から存在していたのである。

しかし、人類の持つこの共通性と多様性をどう結びつけて考えたらよいのか、という根本的な問題に解答が与えられないうちに、二十世紀の悲劇が起きてしまった。とりわけ第二次世界大戦という、国家間、人種間、宗教間の対立、憎悪、差別に始まって大殺戮に終わる、それまでの人類の文明を否定するような事態に至ってしまったのである。

だから、人間という存在はどの国に住んでいても、どのような宗教を信じていても、あるいは性別、年齢、人種などのいかなる区別があっても、根本的にはすべて同じだという信念が世界各地で明確に意識されるようになったのは、第二次世界大戦世紀だとか、唯一の超大国としての米国だとかいう表現が伝えるものは、米国の軍事力、経済力、そして何よりも文化の力(いわゆるソフト・パワー)がどの国の追随も許さないということだ。したがってグローバリズムなるものも、実際には米国の支配を広めていこうということではないのか、と。

しかし、そのような見方は国と国とのあいだの垣根が低くなっている現代では時代遅れのものである。米国を含めすべての国はグローバルにつながりあった世界に存在している。そのような世界にあっては、米国が世界全体をいろいろと動かしていると同時に、世界もまた米国に影響を与えているのである。つまり、米国自体がグローバル化しているわけで、それはとりもなおさず米国社会が世界の影響で刻々と変転していることを示している。

そのようにグローバル化しつつある諸国が目指す一つの目標が世界主義であるとすれば、それは従来の国家単位の世界とは違うものを目指しているのだといえる。

グローバリズム、つまりグローブ(地球)全体の繁栄を目標とする概念は、国益の追求を目指すナショナリズムの対極にある。地球という惑星を一つの単位として見るのだ。それは当然、そこに生息するすべての生き物の(a)キョウセイを求めることになり、環境保護運動へとつながるのだが、その場合は地球というよりも惑星(プラネット)と呼んだほうが適当かもしれない(実際、プラネタリアニズムという英語もある)。グローバリズムは国単位ではなく、全人類の平和や繁栄を求めるという意味合いを持っているので、世界主義という翻訳が適当であろう。

全人類の平和や繁栄を願うものは、いつの時代にも、そしてどの文化にも存在していた。キリスト教、イスラム、仏教、儒教など、およそ宗教と呼ばれるものは、万人にあてはまる教義を追求してきたし、いまもしている。その中心的な関心事は、「人間とは何か」という問題である。

れてきた。

③　トルコは、オスマン帝国時代のアルメニア人迫害をいわゆる「ジェノサイド条約」が定める大虐殺として認定し、謝罪した。

④　ドイツとフランスでは、歴史認識をめぐる対立の解消を目的として共通歴史教科書が制作された。

2

次の文章を読んで設問に答えなさい。解答は縦書きで記入すること。

国際主義（インターナショナリズム）や地域主義（リージョナリズム）は、国家間の協調を追求するものである。それに対して、国の枠組みを離れて市民や民間組織のあいだで共通の目標の実現に向けて協力したり、ネーションとは異なるアイデンティティ（人種、宗教、性別、言語など）を共有する人々がともに行動したりする動きも、現代の世界では影響力を高めてきた。

そのような活動の背景にある思想は、グローバリズム（世界主義）あるいはトランスナショナリズムといわれている。（トランスという表現には越える、つなぐという二つの意味があり、そのまま日本語にすることは難しい。超国家主義という名称は通常、極端なナショナリズムのことを指すので適当ではない。本書では主として英語のままトランスナショナリズムという表現を使うことにする。）

グローバリズムというと、それはアメリカニズムと同じではないか、と考える読者がいるかもしれない。世界を支配する思想とかグローバル経済といった言葉が、米国の絶大な影響力を連想させるのは、それなりの理由があろう。二十世紀は米国の

①　日本軍の南部仏印進駐→ドイツ軍のポーランド侵攻→広島・長崎への原爆投下→ポツダム会談→サンフランシスコ講和条約
②　日本軍の南部仏印進駐→ドイツ軍のポーランド侵攻→ポツダム会談→広島・長崎への原爆投下→サンフランシスコ講和条約
③　ドイツ軍のポーランド侵攻→日本軍の南部仏印進駐→広島・長崎への原爆投下→ポツダム会談→サンフランシスコ講和条約
④　ドイツ軍のポーランド侵攻→日本軍の南部仏印進駐→ポツダム会談→広島・長崎への原爆投下→サンフランシスコ講和条約

問9　ヨーロッパ統合に関する記述について、正しいものを選びなさい。
①　欧州石炭鉄鋼共同体(ECSC)の設立の意図は、度重なるドイツ・フランス間の戦争を回避することであった。
②　欧州共同体(EC)の設立は、一九九三年のマーストリヒト条約発効に基づく。
③　冷戦後における欧州連合(EU)の東方拡大は、旧ソ連圏の諸国を統合の対象としていない。
④　欧州連合(EU)を脱退した国はこれまで一カ国もない。

問10　歴史認識問題に関する記述について、正しいものを選びなさい。
①　従軍慰安婦問題に関して、日本政府は一貫して従軍慰安婦の存在を否定してきた。
②　第二次世界大戦時のユダヤ人迫害に関しては、国連安全保障理事会において加害国と被害国との間での和解が模索さ

① 総合一位はアイスランドである。
② 日本はアジア諸国の中では上位に位置している。
③ 上位一〇位の中にはアフリカの国が含まれている。
④ ニュージーランドは北欧諸国と並んで上位に位置している。

問6 難民条約に関する記述について、誤っているものを選びなさい。
① 生命や自由が脅威にさらされる危険性のある国へ難民を強制的に帰還させてはいけない。
② 不法入国や不法滞在を理由に難民を罰してはいけない。
③ 難民として避難国に入国する前に政治犯罪を行った者に対しては、難民条約は適用されない。
④ 第二次世界大戦によって急増した難民を緊急保護する必要性がその採択理由の一つである。

問7 大正時代に起きた出来事として誤っているものを選びなさい。
① ワイマール憲法が制定される。
② ロマノフ朝が崩壊する。
③ リンカーンがアメリカ合衆国大統領に就任する。
④ 国際連盟が発足する。

問8 第二次世界大戦に関連する出来事について、正しい時系列順（古→新）に並んでいるものを選びなさい。

② カンボジア―マレーシア
③ ドイツ―スウェーデン
④ エジプト―イスラエル

問3　次の国の中で、英語を公用語としている国を選びなさい。

① スイス
② フィリピン
③ チュニジア
④ メキシコ

問4　次の国の中で、G7に含まれない国を選びなさい。

① 日本
② カナダ
③ イタリア
④ ロシア

問5　世界経済フォーラム（WEF）の発表した「ジェンダーギャップ指数二〇二一」（全一五六カ国）に関する記述について、誤っているものを選びなさい。

外国語学部

▲外国研究に必要な基礎的知識・日本語の読解力・論理力・思考力を測る試験▼

（六〇分）

1

以下の問題について、該当するものを一つ選びなさい。

問1　国とその領土内を流れる河川との組み合わせとして正しいものを選びなさい。

①　オランダ―ライン川
②　カナダ―ミシシッピ川
③　アルゼンチン―アマゾン川
④　パキスタン―ユーフラテス川

問2　陸続きに国境を接する国同士の組み合わせとして正しいものを選びなさい。

①　ブラジル―チリ

解答編

外国語学部

◀高度なレベルの外国語学習に対する適性を測る試験▶

1 **解答** (1)―(f)　(2)―(l)　(3)―(i)　(4)―(h)　(5)―(b)　(6)―(g)
(7)―(e)　(8)―(a)　(9)―(d)　(10)―(k)

◆全　訳◆

≪首都圏が抱える問題と新型コロナウイルス≫

大地震のような大災害の際に大都市圏の人口集中によってもたらされる危険は長い間強調されてきた。新型コロナウイルスの危機は東京の脆弱性を改めて浮き彫りにしたのだ。東京は日本の人口の 10 分の 1 を占めるに過ぎないにもかかわらず，日本における新型コロナウイルス感染者数の 3 分の 1 を占めている。今こそ，以前の政権の「地方創生」政策の失敗を考慮に入れつつ，東京への人口の大量流入を逆転させることに真剣に取り組むべきときである。

日本は人口の高齢化と減少が急速に進んでおり，昨年の 10 月の時点では，人口が前年比で増加したのは 47 都道府県の内のわずか 7 つ――とりわけ（隣接する神奈川県，埼玉県，千葉県も含む）首都圏――だけだった。他の地域からの人口流出を止める努力の中で，政府は 2020 年までに首都圏への流入超過人口をなくそうと模索していた。だが実際は，首都圏への人口流入は加速した――2019 年には 15 万人近くにまで達した。東京の人口は新型コロナウイルスの危機のさなかであっても増加を続け，2020 年の 5 月初旬には 1400 万人を超えた。

東京圏に流入する人々は，雇用機会に惹きつけられている。その多くは大学に入学あるいは就職する若者である。日本の大企業の約半数が首都圏に本社をもち，国内総生産の 30％を占める。

東京は，2020年4月上旬に新型コロナウイルス感染症の緊急事態宣言が最初に発せられた――そして，5月下旬にようやく解除された――地域でもある。2020年の新型コロナウイルスの国内感染の約半分は，東京，神奈川，埼玉，千葉で発生した。経済活動が徐々に正常化されていく中でソーシャル・ディスタンスが将来の感染を防ぐために未だに必要とされているが，満員の通勤電車が当たり前となっている日本の過密な大都市圏では，それはより難しい課題となる――すなわちそれは，緊急事態宣言中，人々が在宅勤務を始めたために一時的に軽減されたに過ぎない状況なのである。

◀解　説▶

⑴　pose a risk「危険をもたらす」という慣用表現が内容的に適切である。

⑵　空所の直後の accounted for ～「(割合) を占める」をVとみなせば，空所にはSの働きをする関係代名詞 which を入れると正しい文が成立する。

⑶　空所を含む文の最後にある into account を手がかりに考えると，take *A* into account「*A* を考慮に入れる」を用いるのがよい。

⑷　the nation's population「日本の人口」がSとなっている文で，age「高齢化する」と shrink「縮小する」という2つのVが用いられていると考えると，内容的に適切な文となる。

⑸　空所の直後の年を示す2020とのつながりから，期限を表す by「～までに」を用いるのがよい。

⑹　空所の直後に150,000という数字が置かれていることから，reach「(ある数) に達する」を用いるのがよい。

⑺　空所の後に employment opportunities「雇用機会」とあることから，人々が就職口を求めてやって来るという意味で，draw「～を惹きつける」を用いるのが適当である。

⑻　空所の直後に前置詞 for が用いられていることや，30 percent という割合を示す数値が後続していることを考えると，account for ～「～を占める」が正解である。

⑼　空所の前に state of emergency「緊急事態」とあることから，declare「～を宣言する」を用いるのが適当である。

⑽ 空所の前にJapan's crowded big urban areas「人口の密集した日本の大都市」という場所を表す名詞があること，空所の後の部分（heavily packed … the norm）がSVCの文として成り立っていると考えられることから，関係副詞whereを用いるのがよい。

2 解答 ⑾―(c) ⑿―(a) ⒀―(f) ⒁―(d) ⒂―(e)

◆全 訳◆

≪変化に対応するのが苦手な日本経済≫

アメリカ合衆国のような多様な社会は，すべての人の生活を改善する経済的，社会的発展のための方針に関して合意に達し協働することが比較的難しいことが，たびたび観察されている。この点において，日本はアメリカ合衆国とは真逆に位置する。他のほとんどの先進民主主義国家よりも人種的・民族的に単一であるため，日本は，たとえば効率的な公共交通機関網，低い犯罪率，国民皆保険といった公共財を提供することにおいては，うまくやってきた。多くの場合，日本は公共サービスに対する政府の支出について幅広い意見の一致を得るのが素早い。というのも，皆が互いに支え合えば皆が利益を得ると人々が一般的に感じているからである。強力な社会的一体感が，日本人の相対的な均質性に促進されて，投資を支持するこの意見の一致を可能にしている。

このコインの裏面をみれば，日本社会は多様性や混乱に頑固に抵抗していることになる。同じような人と生活し働く快適さに慣れているので，日本は，移民を受け入れたがらないことをたびたび批判されてきた。そのような批判に応えて，日本政府はここ数十年，かなり不器用に移民労働者を受け入れている。まず日本政府は，同化を容易にすると考えられる共通の民族的ルーツをもっているという理由で，1990年代に日系ブラジル人の移民を推進した。日本での日系ブラジル人の生活の現実がこの考えを立証するようなものではないことを知り，日本は，短期的に外国人労働者を受け入れるために，実習生プログラムを採用した。滞在が一時的だという特徴を強調したがために，このプログラムで来日した人は，日本の長期的な多様性に貢献することができなかった。

人口減少に直面して，日本は移民労働者を必要としており，日本の財界の首脳は，一貫してより多くの移民労働者の受け入れを支持してきた。財界の首脳は，労働力不足に取り組むことに加えて，より多様な労働力によって，新しい行動様式が奨励され，経済的環境の変化への適応を容易にするだろうと主張している。何しろ，多くの社会科学研究が，多様性と技術革新との間に良い関係があることを示しているのだ。にもかかわらず，日本の指導者は移民受け入れを推し進めていくのに苦労している。これは，日本の指導者がすべての日本人を支援する政策を提示し支持するのが容易である一方で，日本の画一性という認識を損なうような政策を支持することは難しいということがわかったからである。この問題に加えて，意見の一致を重視する日本社会は，一般的には変化に抵抗する社会である。全従業員を守ることに価値を置いているがために，日本企業は，経済的環境の変化に適応するために事業を合理化し変革するのが遅く，その結果 1990 年代以降の長期的な経済的衰退を招いているのだ。

◀解　説▶

(a)「そのような批判に応えて，日本政府はここ数十年，かなり不器用に移民労働者を受け入れている」

(b)「若い夫婦の出生率を高めるための支援をすることが，この傾向を逆転するために政府が採用することのできる１つの政策である」

(c)「強力な社会的一体感が，日本人の相対的な均質性に促進されて，投資を支持するこの意見の一致を可能にしている」

(d)「財界の首脳は，労働力不足に取り組むことに加えて，より多様な労働力によって，新しい行動様式が奨励され，経済的環境の変化への適応を容易にするだろうと主張している」

(e)「これは，日本の指導者がすべての日本人を支援する政策を提示し支持するのが容易である一方で，日本の画一性という認識を損なうような政策を支持することは難しいということがわかったからである」

(f)「滞在が一時的だという特徴を強調したがために，このプログラムで来日した人は，日本の長期的な多様性に貢献することができなかった」

⑾　空所の直前の文（Japan is …）にある a broad consensus「幅広い意見の一致」を受けていると考えられる this consensus「この意見の一致」を含む(c)を入れるのが適切である。

⑿　空所の直前の文のカンマ以降の部分（Japan has …）に fault「非難

する」という動詞が用いられている点を糸口に，非難の具体的な内容を受けていると考えられる such criticism「そのような批判」が用いられている(a)を選択する。

⒀　空所の直前の文（Learning that …）にある a trainee program「実習生プログラム」を this scheme「この計画」で受けていると考えられる(f)を入れるのがよい。

⒁　空所の直前の文（Faced with …）で移民労働者の受け入れを支持することに言及しているため，移民を受け入れることの利点について述べている(d)を入れるのが，内容面から適切である。

⒂　空所の直前の最終段第3・4文（After all, … pressing ahead.）において，多様性と技術革新によい関係があるにもかかわらず，日本の指導者は移民受け入れを推進できずにいると指摘していることから，内容的にその理由を示していると考えられる(e)を入れるのがよい。

3　解答　⒃―(c)　⒄―(b)　⒅―(d)　⒆―(c)　⒇―(d)

◆全　訳◆

≪素晴らしい出会い≫

クリスマス直前。アニー＝リードは，ボーイフレンドのウォルターと婚約中である。アニーは，古いウェディングドレスを試着するために，母親のバーバラと実家の屋根裏部屋に来た。

アニー　：おばあちゃんのドレスね。素敵だわ，ママ。

バーバラ：ああ，アニー。［アニーにベールを試着させているときに涙が頬を伝う。］ウォルターは素敵な男性ね，アニー。

アニー　：そうよ。素晴らしい人でしょう？

バーバラ：ご両親もよくしてくれるの？

アニー　：お母さんも大好きになるわ。ご両親とクリスマスを過ごすために，今晩2人でワシントンD.C.に行くのよ。

バーバラ：それで…，どんな出会いだったの？

アニー　：本当に他愛のないことなの。つまりね，会社で見かけたことはあったんだけど，ある日ね，2人とも同じお店にサンドイッチを注文したのね，それで，彼は私の全粒粉パンのレタスとトマトのサンドイッチを食べてしまって，私は彼の精白パンのレタスとトマトのサンドイッチを食べてしまったの。

バーバラ：[皮肉は全くなく] なんてすばらしいの。

アニー　：そうでしょう？　人は何の意味もない決断をいくつもするけれど，ある日テイクアウトを注文しようと決めたら人生が変わるのよ。

バーバラ：運命が手を貸してくれるのね。

アニー　：そんなんじゃないわ。運命なんて単に，起こることすべてが偶然だっていう事実に耐えられないから作られたものよ。

バーバラ：それじゃ，２人ともパンの種類以外は全く同じサンドイッチを注文したことをどう説明するの？

アニー　：しるしじゃないわ。偶然の一致だったのよ。

バーバラは肩をすくめ，アニーが着ているドレスのボタンを掛け始める。

バーバラ：私は家族と一緒に，アトランティックシティにいたの。あなたのお父さんはウェイターだったわ。お父さんが私を，真夜中にこっそり抜け出してスティール・ピアを散歩しようと誘ったの。それで，お父さんは私の手を握ったの。怖かったわ。色んなことが頭の中を駆け巡った。ある瞬間，私たちの手を見てみたら，どの指が私ので，どの指がお父さんのかわからなかったのよ。それで私はわかったのよ。

アニー　：[この話を初めて聞いた様子で] 何を？

バーバラ：魔法よ。魔法だったんだわ。

アニー　：[繰り返す] 魔法。

バーバラ：あなたがウォルターに感じているのとちょうど同じように，私たちはいつまでも一緒にいるだろう，そして何もかもが素晴らしいことだろうとわかったのよ。

◀解　説▶

(16)(a)「～までに彼らのもとへ戻って」 (b)「～に彼らが滞在できるように」 (c)「～の間彼らと一緒にいるために」 (d)「彼らが～といる間に」

アニーが婚約中であるという状況設定と，空所の直前のバーバラの言葉の中にある his folks が「彼の両親」を指す表現であることを踏まえると，空所を含むアニーの発言は，クリスマスに婚約者の両親と一緒に過ごすためにワシントンD.C.に行く予定だという意味だと解するのが最適であろう。

⑰(a)「〜を強いる」 (b)「〜を貸す」 (c)「〜を投げる」 (d)「〜を縛る」

空所の直後に a hand という語句があることから，Destiny lends a hand.「運命が手を貸す」という表現がよい。

⑱(a)「たずねる，頼む」 (b)「隠れる」 (c)「走る」 (d)「こっそり移動する」

空所を含む文の冒頭の talk *A* into *doing* は「〜するように*A*を説得する」という意味。デートに誘われる場面の回想であることを踏まえると，sneak out for〜「〜をするためにこっそりと抜け出す」という表現がよい。なお，(a)については，ask *A* out であれば「*A*をデートに誘う」という意味になる。

⑲(a)「〜をつかむ」 (b)「〜を明らかにする」 (c)「〜がわかる」 (d)「〜をほどく」

tellには「見分ける」という意味があることに注意。

⑳(a)「似ている，同様に」 (b)「〜によって」 (c)「〜から」 (d)「ちょうど」

空所の直後の the way に注目すれば，just the way S V「ちょうど〜と同じように」という表現がふさわしいと判断できよう。

4 

㉑—(b)　㉒—(b)　㉓—(c)　㉔—(b)　㉕—(d)　㉖—(c)
㉗—(d)　㉘—(a)　㉙—(c)　㉚—(b)

◆全　訳◆

≪虚脱感を克服するフローとは何か≫

最初，私は，友人たちと私が同じ症状を呈していることがわからなかった。同僚は，もうすぐワクチンが接種できるとわかっていても2021年をわくわくした気持ちで迎えられなかったと言っていた。仕事や単純な活動に集中できないと言う人もいた。友人にオンライン会議はどうだったかと聞けば，「くだらない」と返ってきた。そして，私は午前6時にベッドから跳ね起きることができず，ベッドに横になってスマホゲームの「ワーズ ウィズ フレンズ」で遊んでいた。

抑うつ状態ではなかった——私たちは絶望的な気分ではなかったからだ。

私たちは，ただちょっとつまらなくて，目的を見失っていた。今はそのときの私たちの気分に名前があることがわかっている。「虚脱感」だ。これは，精神衛生における無視された真ん中の子どもである。つまり，抑うつ状態と元気な状態の間の状態ということだ。「虚脱感」はやる気や集中力を鈍らせ，学校や職場で期待ほどうまくいかない可能性を高める。そして，新型コロナウイルスの大流行の下での生活の支配的な感情かもしれないのだ。

あなたが虚脱感を抱いていないにしても，虚脱感を抱く人々をおそらく知っているだろう。そのことをよりよく理解すると，彼らを助けることができる。この用語は，抑うつ状態ではない多くの人々が元気でもないということに衝撃を受けた社会学者のコーリー＝キーズによって，20 年前に定義された。彼の研究は，今後 10 年のうちに大きな抑うつ状態や不安障害をおそらく経験する人は，今現在そういった症状を抱えてはいないということを示唆している。その人たちは，今現在虚脱感を抱えている人々なのだ。イタリアの感染爆発の際の医療従事者から得られた新たな証拠はキーズの知見を裏付けており，2020 年の春に虚脱感を抱えていた人は，1 年後に精神疾患と診断されることが職場の仲間より 3 倍多かったことを示している。

心理学者は，感情をコントロールする最善の方法の 1 つは感情に名前をつけることだということを発見している。昨春，感染爆発のもたらすひどい苦悩の間，『ハーバード・ビジネス・レビュー』誌史上最も拡散された投稿は，私たちが共有する不快感を「悲嘆」と表現した記事だった。愛する者を失うことに加えて，私たちは，普通の生活を一時的に失っていることを悲しんでいたのだ。「悲嘆」という言葉は，なじみのない経験のように感じられた事柄を理解するためのなじみ深い言葉を私たちに与えてくれた。これまで私たちは感染爆発に直面したことがなかったが，私たちのほとんどは，愛する者を失ったときの悲嘆には直面したことがあった。この言葉のおかげで，私たちは困難に耐える自分自身の過去の能力から学ぶことによって，現在の難題に向き合う能力に対する自信を得ることができたのだ。

虚脱感を癒やす方法についてはまだたくさん学ぶべきことがあるが，この言葉自体を広く知らしめることが第一歩かもしれない。虚脱感という言葉は，このように感じるのは自分だけではないということを思い出させてくれる。虚脱感はありふれたことなのだ。そしてこの言葉は，「元気？」という言葉に対する社会的に容認される返事をもたらしてくれる。「絶好調だよ」と答えなければならないという圧力を感じる代わりに，「正直に言うと，虚脱感があるんだ」と答えたらどうなるか想像してみるといい。この返事は，有害なポジティブさ――つまり，いつも陽気な外観を見せるべきといういかにもアメリカ人らしい期待――とは新鮮な対照を示すだろう。

だが，私たちがそれぞれにもつ虚脱感から逃れるためには何ができるだろう？「フロー」と呼ばれる概念が最も効果的な治療法かもしれない。フローは，時間，場所，そして自分自身の感覚が溶けてなくなる，あの瞬間的な集中状態のことである。フローにたどり着く最も明瞭な道の一つは，あなたの技量を最大限発揮させる，ちょうど対処できる困難である。これは，あなたにとって意味のある挑戦をやり遂げるために毎日の時間を何とかつくることを意味する。それはたとえば，興味のある計画，意味のあるパズル――あるいは，物語や登場人物に没入できるのなら深夜映画だっていい。

だが，集中できなければ，フローを見つけるのは難しい。感染爆発よりずっと以前，人は習慣的に，平均して1日に74回メールをチェックし，10分ごとに課題を変えていた。この1年，私たちの多くは，子どもや上司からの邪魔と絶え間なく戦っていた。馬鹿げたことだ。私たちは，時間の境目を作り，邪魔されることのない時間帯を宝物として扱う必要がある。

虚脱感は，単に私たちの頭の中にあるのではない――私たちの環境の中にも存在する。病的な文化は個人の包帯では治せない。私たちはいまだに，肉体的な健康の問題は標準化するが，精神的な健康には触れてはならない話題とみなす世界に住んでいるのだ。私たちは感染爆発後の「新しい日常」に向かうのだから，精神的な健康についての理解を考え直すときだ。「抑うつ状態ではない」ということは，あなたが苦しんでいないことを意味してはいない。私たちの多くが虚脱感を抱いているということを認めることによって，私たちは静かな絶望に声を与え，空虚感から抜け出す道に光を当て始めることができる。

◀解 説▶

(21) 「筆者が友人たちの間に存在していると気づいている症状の1つは何か」

(a)「コロナウイルスのワクチンを接種することについての不安」

(b)「課題に集中することの難しさ」

(c)「朝あまりに早く起きてしまうこと」

(d)「直接ではなくオンラインで人と会う方を好むこと」

第1段第3文（Some people …）に，単純な作業にさえ集中できなくなっているという筆者の友人の発言について記述されていることから，(b)が正解である。

(22) 「虚脱感に関する次の記述のうち，筆者によってなされたものでないのはどれか」

(a)「それは筆者によって個人的に経験されていた」

(b)「それはコロナウイルスの結果として発見された，新しい精神衛生上の問題だ」

(c)「それは元気な状態と抑うつ状態の中間の状態だ」

(d)「それは学業成績や勤務成績にマイナスの影響を及ぼす」

(a)については第1段最終文（And instead …），(c)については第2段第4文（It's the neglected …），(d)については第2段第5文（Languishing dulls …）に，それぞれ同様の内容の記述が認められるが，(b)については，第3段第3文（The term …）より20年前に定義された用語であることから，虚脱感はコロナウイルスによってもたらされたものではないと判断できる。

(23) 「イタリアにおける感染爆発下の医療従事者の例は，次のどの主張の証拠として主に用いられているか」

(a)「他の職業と比較すると，医療従事者は虚脱感に悩まされる危険性が高い」

(b)「虚脱感という感情はコロナウイルスに感染したときの一般的な副反応だ」

(c)「虚脱感に悩まされている人は，後になって深刻な精神上の問題を発現する危険性がある」

(d)「抑うつ状態でもないし元気でもない人がたくさんいる」

下線部(23)を含む文のカンマ以降（showing that … year later.）では，2020年春の段階で虚脱感に悩まされていた医療従事者は，その他の医療従事者に比べて3倍も，1年後に精神疾患を抱えていることが多かったとあることから，(c)が正解である。

(24)「この記事によると，『悲嘆』という概念がコロナウイルスを理解するのに役立つ主な理由は何か」

(a)「悲嘆はよく知られている概念なので，ソーシャルメディアでより大きな注目を受けている」

(b)「私たちの多くが過去に悲嘆を克服した経験があるので，コロナウイルスによって引き起こされるマイナスの感情を克服することにもっと自信をもつことができる」

(c)「コロナウイルスについての私たちの感情と悲嘆によって引き起こされるさらに深い苦悩を比較することで，自分の状況がそんなに悪くないと認識できる」

(d)「コロナウイルス以前に私たちが享受していた生活のことを深く悲しむことで，世界は決して普通の状態には戻らないだろうということを受け入れることができる」

第4段第4～最終文（"Grief" gave … withstand difficulties.）で，たとえば愛する者を失ったときの悲嘆に向き合う経験によって，現在直面している問題に立ち向かう能力に自信がもてると論じられていることから，(b)が正解である。

(25)「筆者の有害なポジティブさの説明から，次の感情のうちのどれが最もそれに意味が近いと結論づけることができるか」

(a)「どちらかと言えば1人でいたいときに他人と話をしなければならないことへの不安」

(b)「他人が感情をあけすけに共有しているときの不快感」

(c)「他人をうらやましがらせるために自分の財産について嘘をつくこと」

(d)「他人の前で本当の感情を隠して陽気なふりをしなければならないという圧力」

第5段第3～最終文（And it … all times.）に，元気なふりをして挨拶を返すのではなく，本当の気持ちを言えたらどんなによいことかと筆者が述べていることから，(d)が正解である。

(26) 「筆者の『フロー』の説明から，フローは次のうちのどの種類の活動によって生み出される可能性が最も高いと考えられるか」

(a)「健康的な仕事と生活のバランスを達成することを可能にする活動」

(b)「関連性のない課題をスムーズに切り替えることを必要とする活動」

(c)「集中することが必要な活動」

(d)「他人と一緒に楽しむことができる活動」

第6段第3文（Flow is …）に，時間や場所などの感覚がなくなるまで何かに没頭することでフローという状態に至ると説明されていることから，(c)が正解である。

(27) 「病的な文化は個人の包帯では治せないという表現によって，筆者は何を言おうとしているか」

(a)「コロナウイルスは肉体的な病気であるばかりでなく，精神的な健康における感染爆発でもある」

(b)「コロナウイルスは，従来の医学的な治療法では克服されないだろう」

(c)「精神的な健康問題は肉体的な病気よりも解決が難しい」

(d)「社会によって引き起こされる精神的な健康問題は，個人の行動だけでは解決することができない」

下線部(27)の前にある同段第1文（Languishing is …）と合わせて考えると，第1文の in our heads と下線部(27)の personal bandages, in our circumstances と sick culture の意味的な対応があることに気づく。つまり，社会全体としての取り組みがないと個人が抱える虚脱感を克服することはできないということが含意されているとすれば，(d)が正解と判断できる。

(28) 「最終段の文『私たちのとても多くが虚脱感を抱えているということを（　　）によって』を完成させるのに最も適切な語は次のどれか」

(a)「認めること」 (b)「強調すること」 (c)「克服すること」 (d)「拒絶すること」

第1段や第2段の内容に端的に示されているが，languishing「虚脱感」を抱えることは誰にでも起こりうるし，実際筆者や筆者の周囲の者も languishing を抱えていた。第5段第3～最終文（And it could … all times.）や最終段第3文（We still live …）では，精神的な不調を訴えにくい風潮があることが否定的に述べられているので，空所を含む文では，反対に不調を「認める」ことが推奨されていると考えられる。よって，(a)が正解である。

(29)「全体として，この記事によると，虚脱感という個人の感情から回復するための最も効果的な方法は何か」

(a)「睡眠とエクササイズという決まった日課を守ること」

(b)「生活の中にいまだにもっている多くの恵みを理解するようになること」

(c)「没頭できる経験をする時間を取っておくこと」

(d)「内心では悲しんでいても，他人に対して明るく陽気にふるまおうとすること」

虚脱感から脱するための具体的な方法としては，第 6 段（But what …）および第 7 段（It's hard …）に，時間を忘れて何かに没頭することがよいと記述されていることから，(c)が正解である。

(30)「この記事における筆者の主なメッセージに最も近いのは次のどれか」

(a)「私たちはコロナウイルスの身体的な影響を心配しているけれど，この感染爆発の心理的な影響の方が健康にとってははるかに危険だというのが実際のところだ」

(b)「コロナウイルスの感染爆発の結果，虚脱感は隠し立てせずに名づけられ議論されるべき一般的な精神健康上の状態となった」

(c)「現代の科学技術によってもたらされた娯楽は，『フロー』を経験することをより一層難しくし，精神的な健康を悪化させた」

(d)「虚脱感という感情に対処する手助けとなるのなら，私たちは，映画やビデオゲームといった娯楽を消費することを恥ずかしく思う必要はない」

本文が languishing「虚脱感」を中心に据えた内容であることを踏まえれば，(b)か(d)の可能性が考えられるが，(d)については娯楽の消費を恥じるといったことが本文で述べられていないので，(b)が正解である。

5

(31)―(a)　(32)―(a)　(33)―(b)　(34)―(a)　(35)―(d)　(36)―(d)
(37)―(d)　(38)―(d)　(39)―(d)　(40)―(c)

◆全　訳◆

≪チャーチルと肖像画家との対話≫

1954 年，画家のグラハム＝サザーランドは，英国の首相ウィンストン＝

チャーチル卿の 80 歳の誕生日に肖像画を描くよう依頼された。あるテレビドラマのこのシーンは，チャーチルが，サザーランドのモデルとして最後にポーズをとるためにチャートウェルの自宅のアトリエに入っていくところから始まる。チャーチル自身も絵を描くことに情熱を抱いている。

チャーチル　：おはよう。

サザーランド：おはようございます。

チャーチルは帽子をとりコートを脱ぎ，肘掛け椅子まで歩いていき，腰掛ける。

チャーチル　：今回は奥さんはいないのかね？

サザーランド：そうです。来ないように言いました。今回で最後のセッションですから，２人だけになりたかったのです。［間］できれば沈黙のうちに。

チャーチル　：わかった。わかった。いい子にしていよう。

サザーランドが描く間の沈黙。だが，それもチャーチルによって破られる。

チャーチル　：集中する必要があるのはよくわかっておる。絵を描くのは血みどろで戦うようなものだ。画家は勝つか，負けるかだ。［やや間］君は勝つと思うかね？

サザーランド：そう願っています。

チャーチル　：私はその絵を気に入ると思うかね？

サザーランド：それは…望みすぎでしょう。ですが，閣下ご自身がお描きになる絵がとても正直で意味深いという事実は，確かに慰めになります。

チャーチル　：なんと，お世辞をどうもありがとう。［笑顔を見せる］何か特に言及している作品があるのかね？

サザーランド：私は，特にここチャートウェルの金魚池のことを考えておりました。

チャーチル　：池？　なぜ池なのかね？　ただの池ではないか。

サザーランド：それ以上のものです。閣下が何度となくこれに戻ってこられたという事実が裏付けておりましょう。20 回以上も。

チャーチル　：うむ，なるほど。技術的にとても難しい絵だからな。その絵，その絵のことを私はつかめていない。

サザーランド：ええ，おそらく御自身をつかめていないのです，閣下。だから自画像よりも意味深いのです。

チャーチル　：なんと，［笑う］馬鹿げたことだ。あの絵は…，水と，光のきらめきと。これは，…これは策略だな。水面の下には，魚だ。

サザーランド：私たちの作品すべてが意図せずとも意味深いと思いますし，特に閣下の池の絵にそう感じるのです。水面の静けさと優雅さと光のきらめきの下に，私は恐ろしい痛みと絶望を感じます。抑え気味の色合いの下，水のずっと深いところにです。リバイアサンのように隠れているのです。

チャーチル　：それをすべて見取ったのかね？

サザーランド：そうです。

チャーチル　：おそらくそれは私のことよりも君のことを語っているのではないかね？

サザーランド：うーん。［チャーチルの方をちらっと見る］おそらく。

チャーチル　：聞いてもいいかね，サザーランド君？

サザーランド：どうぞ。

チャーチル　：君の作品の１つについてだ。君が『パストラル』と呼んでいる作品だ。節くれだってねじ曲がった黒い木だけが描かれている。私は敵意のようなものを感じたが。どういう気持ちからあの絵を描いたのだね？

サザーランド：そう，とても鋭い洞察ですね。あれは，…真っ暗闇の時代でした。私の，…私の息子のジョンが，亡くなったのです，生後２カ月で。

数秒の沈黙。

チャーチル　：なんてことだ。［間］すまなかった。

サザーランドはチャーチルを見つめ，そして視線をキャンバスに戻す。

サザーランド：いえ。いいんです。［絵を描き続ける］お子さんは５人でしたか？

チャーチル　：４人だ。マリーゴールドが５人目だが。あの子は２歳と９カ月で亡くなった。敗血症だったよ。

サザーランド：申し訳ありません。全く知りませんでした。

チャーチル　：私たち…夫婦は，あの子の素晴らしい金色の巻き毛にちなんでマリーゴールドと名前を決めたんだよ。残念なことに，だがおそらくは幸いなことでもあったが，あの子が死んだとき，私はその場にいなかった。私が帰宅すると，妻のクレミーは…まるで傷ついた動物のように泣きわめいていた。マリーゴールドが亡くなって１年後，私たちはチャートウェルの家を買った。池を造ったのはそのときだよ。

◀解　説▶

⑶1)(a)「２人きりで」(b)「知られて」(c)「交渉して」(d)「立って」

サザーランドが妻を連れてこなかったことの説明部分であるから，all alone「２人きりで」が適切である。

⑶2)(a)「慰め」(b)「(take と合わせて）～を当然のことと思う」(c)「優しさ」(d)「注目」

サザーランドが絵を気に入ってもらえると考えるのは期待しすぎだという趣旨のことを言っている場面であることから，take comfort from ～「～から慰めを得る」が自然である。

⑶3)(a)「合意」(b)「賛辞」(c)「品位」(d)「感謝」

空所の直前のサザーランドの言葉をみると，チャーチルの絵をほめている部分であることから，thank you for the compliment「お世辞をありがとう」と受けていると考えるのが適当である。

⑶4)(a)「何度も」(b)「思わず」(c)「無期限に」(d)「著しく」

空所の直後に More than 20 times.「20 回以上」と，回数を具体的に示していることから，again and again「何度も」とするのがよい。

⑶5)(a)「異国風に」(b)「単に」(c)「疑わしく」(d)「意図せず」

空所の直前まで，サザーランドがチャーチルの池の絵を revealing「意味深い」とほめたのをチャーチルは不思議がっており，自分がその絵を revealing なものにしたとは思っていない様子である。よって，ここは知らず知らずのうちに絵に込められている気持ちについてのやり取りであると考えられる。このことを踏まえると，unintentionally「意図せずとも」が内容的に自然である。

⑶6)(a)「それは確かか？」(b)「気が変になったのか？」(c)「それは海の怪物か？」(d)「そのすべてを見たのか？」

サザーランドが空所の直前でチャーチルの絵の印象を語り，直後で

Yes, I did. と受けていることから，You saw all that?「それをすべて見取ったのかね？」と尋ねているとするのが文法的にも内容的にも最適である。

(37)(a)「君は私に正直に話しているか」(b)「休憩してもよいか」(c)「私に聞きたいことがあるか」(d)「質問してもよいか」

空所を受けてサザーランドが Go ahead.「どうぞ」と答えており，続けてチャーチルがある作品について質問していることから，May I ask you a question?「1つ尋ねてもいいかね？」とするのが適切である。

(38)(a)「疑わしい」(b)「喜ばしい」(c)「不合理な」(d)「洞察の鋭い」

絵に込められたサザーランドの思いをチャーチルが見破っているという場面であるから，perceptive「洞察の鋭い」を選ぶのが自然である。

(39)(a)「何日経ちますか？」(b)「これが5回目の結婚ですか？」(c)「あなたの子どもは何歳ですか？」(d)「あなたは5人の子どもがいるのですよね？」

空所に対してチャーチルが Four.「4人だ」と数を答えていることから，You have five, yes?「お子さんは5人ですよね？」と問いかけたと考えるのが自然である。こういった数字が子どもの数を表していることは，空所の前後にあるサザーランドの息子とチャーチルの娘への言及から読み取りたい。

(40)(a)「戦い」(b)「色」(c)「池」(d)「肖像画」

チャーチルがチャートウェルにある池を描いた絵について語られた後，彼がチャートウェルに邸宅を購入した時期が話題になっているのだから，チャーチルが池をいつ造ったのかについて述べていると考えるのが最も自然である。

【選択言語：英語】

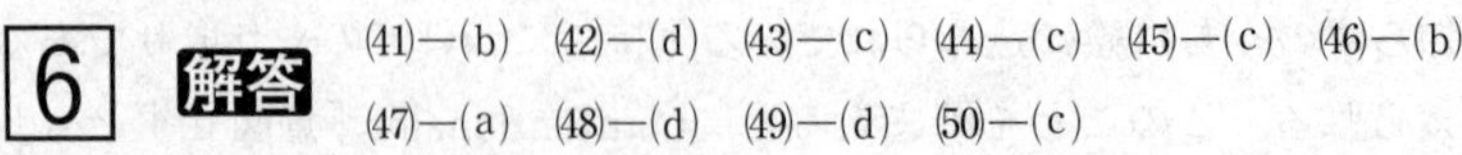

6　**解答**　(41)―(b)　(42)―(d)　(43)―(c)　(44)―(c)　(45)―(c)　(46)―(b)　(47)―(a)　(48)―(d)　(49)―(d)　(50)―(c)

◆全　訳◆

≪のんびりと暮らすことで豊かになる人生≫

ギャビン＝プレイター－ピニーは，長期休暇を取ることに決めた。2003年の夏のことで，それまでの10年間は，彼のロンドンにおけるグラフィックデザインの仕事の副次的なプロジェクトとして，彼と彼の友人は，「怠け者のための情報」に特化した『アイドラー（無精者）』という雑誌を発行していた。この雑誌は忙しさと出世第一主義に反対し，目的がないことや心静かに想像力を漂うに任せることの言いようのない価値を支持していた。この雑誌を出版することは難しいことで，10 年後，新鮮なアイデアのための自由な空間を作り出すために，立ち止まってしばらくの間，彼自身が無精者になることが適切なことに思えた。それで，彼はロンドンのアパートから，何もかもが目新しいであろうローマのアパートに引っ越しをしたのだ。

47 歳のプレイター－ピニーは 7 カ月ローマに滞在し，ローマが，とりわけ，すべての宗教美術がお気に入りとなった。彼はあることに気づいた。彼が出会った絵画は「聖人のソファのごとく，荘重な雲」でいっぱいだった。だが，プレイター－ピニーが外で上を見ると，現実のローマの空は，普段は，たくさんの雲がかかっていることはなかった。彼はイングランド人だから，そのような果てしない，青い空虚には慣れていなかった。彼は，子どもの頃雲に魅せられて，人々は雲から綿を収穫するために長いはしごを登っていくのに違いないと考えていたのを思い出した。ローマに滞在している当時，彼はそのことを考えずにはいられなかった。

雲。夢中になるには風変わりで，おそらくは取るに足らないものでさえあったが，プレイター－ピニーは抗うことをしなかった。ロンドンに戻ると，彼はいつも雲のことについて話した。彼は散歩をしては雲を愛で，科学的な名称や雲が形成される気候条件を学び，雲は重苦しいと文句を言う友人と論争をした。彼の言葉によると，「雲は愚痴の対象ではない。それどころか，雲は最もダイナミックで，示唆的で，詩的な自然の側面である」ことに彼は気づいていったのだ。

のんびりと生活をして雲を鑑賞することで，彼の生活は豊かになり，よく見えるところにひそんでいる他の美しいものを理解する能力が鋭くなった。同時に，プレイター－ピニーは気づかずにいられなかったのだが，私たちは不思議さがその意味を失いつつある時代に入っていた。今までにない，おそらく素晴らしいことがインターネットをとても素早く飛び交うので，彼が言うように，私たちは今や「さて，私はたった今パンダが珍しいことをするのを見たが，次は何が驚かせてくれるのか？」というような態度で歩き回ることができる。彼の雲に魅了された気持ちは，「私たちは周りにある物事に驚き喜ぶことができると私たちの魂が認識するのは，はるかに良いことだ」ということを彼に教えてくれていたのだ。

2004 年末，友人がプレイター－ピニーにコーンウォールの小規模な文学フェスティバルで雲について講演をするよう依頼した。プレイター－ピニーは，聴衆を惹きつけるために，魅力的なタイトルを講演につけたいと思った。「面白いじゃないか」と，彼は考えた。「雲のために立ち上げる会をもつなんて」そこで彼は，「雲鑑賞協会創立記念講演」と名づけた。そして，これはうまくいった。立見席しか残っていなかったのだ！　講演後，人々は彼のもとにやってきて，雲鑑賞協会についてもっと情報が欲しいと言った。「だから，言わざるを得なかったよ，そう，本当はまだ設立してないんだってね」と，プレイター－ピニーは語った。

彼は簡単なウェブサイトを立ち上げた。サイトには雲の写真を投稿するためのギャラリーと入会申込フォームがあり，「私たちは，雲は不当に批判されており，雲がなければ人生は計り知れないほど貧しくなっているだろうということを信じます」という文句で始まる入念に練り上げた宣言文が掲載されている。プレイター－ピニーは会員に対していかなる援助や活動も提供していなかったが，インターネット上の多くのものと同様に，会のすべてが一時的な，または架空のものと思われるのを防ぐために，結局は会費を 15 ドルとし，会員はバッジと会員証を受け取るようにした。

数カ月で，この協会は 2,000 人の有料会員を得た。プレイター－ピニーは驚き，有頂天になった。そして，ヤフーが雲鑑賞協会を英国の「奇妙で素晴らしいウェブサイト」の 2005 年の第 1 位に選出した。何千人もの人々がプレイター－ピニーのウェブサイトにクリックして移動し，入会金を支払った。他のニュースサイトがこの協会の存在に気づき，記事を書き始めた。以前，プレイター－ピニーは雲についての本を執筆することを提案して，28 人の編集者に却下された。今，彼は活力のあるインターネット上の支持者をもつ，あっという間に拡散した評判の人物であり，出版契約も勝ち取った。

その本はベストセラーになった。好意的な記事が増え，クリック数も増え，雲鑑賞協会の会員も増えた。そしてこの循環は，編集者やブロガーが偶然この協会を見つけ，また記事にするたびに，不定期に，何年間も，繰り返された。今や4万人以上の有料会員を擁している。メディアは新しい話題に移る前に，この協会を大いに楽しみシェアする価値のある，もう1つの愉快で珍しい存在として提示する傾向があった。つまり，プレイター-ピニーは人々の目を空に向けさせることで，人々を取り換え可能なオンライン上のコンテンツという底なしのプールから引き離そうとしていたのに，協会はまさにそのプールへ，繰り返し繰り返し，小石のように投げ込まれていたのである。だが，彼は平気だった。彼は，しょせんインターネットはそういうものだとわかっていたのだ。

◀解　説▶

(41) 「本文によると，なぜプレイター-ピニーは長期休暇を取ろうと決めたのか」

(a)「彼はローマで雲の研究をしてわくわくしていた」

(b)「彼は，身を引いて休む必要を感じていた」

(c)「彼は新しいビジネスを始めることに興味があった」

(d)「彼は，特に人生の計画がないことに飽きていた」

第1段第4文（Getting the …）に，雑誌の出版が大変だったために少し休息を取る必要があったとの記述があることから，(b)が正解である。

(42) 「しばらくローマで暮らしたあと，プレイター-ピニーはローマについてどんなことに気がついたか」

(a)「イタリアの子どもは雲に魅了されていた」

(b)「イタリアの人々は英国の人々よりも天候について話した」

(c)「イタリアの宗教画にはあまり雲が描かれていなかった」

(d)「イタリアの空は，イングランドの空よりも雲が少なかった」

第2段第3・4文（But outside, … blue emptiness.）より，イタリアは晴れの日が多く，イングランド出身のプレイター-ピニーはそれに慣れていなかったことがわかるので，(d)が正解である。

(43) 「プレイター-ピニーによると，次のうちのどれが，雲を鑑賞することの利点ではないのか」

(a)「のんびりと生活をすることで自分の周りの環境に気づくことができること」

(b)「より豊かな生活を経験すること」

(c)「天気予報の能力を向上させること」

(d)「自然の美に感動するようになること」

第4段第1文（Slowing down …）に雲を鑑賞することの利点が示されており，(a), (b), (d)については内容的に含まれていると考えらえるが，(c)についての言及は本文にはない。

(44)「次のうちのどれが，プレイター－ピニーがローマで過ごした時間の意義深い結果であるか」

(a)「彼は天気予報の世界で採算のとれる仕事を始めることができた」

(b)「彼は『アイドラー』という名の雑誌を立ち上げることができた」

(c)「彼は雲を鑑賞するための組織を立ち上げることができた」

(d)「彼は元気を取り戻して以前の職業に戻る準備ができた」

第5～7段（At the end … publishing deal.）で雲を鑑賞する組織を立ち上げた経緯が述べられていることからもわかるように，ローマ滞在の意義深い結果は，雲鑑賞協会の立ち上げである。

(45)「本文からあなたが読み取ったことに基づくと，次のうちのどれがプレイター－ピニーの性格の説明として最も正確でないか」

(a)「自然の驚異を鑑賞する」 (b)「遊び心とユーモアを備えている」 (c)「予測可能性と構造を好む」 (d)「知られていない道を進むことを厭わない」

本文で述べられているのは，あくせくせずに，のんびりとやりたいことをやるプレイター－ピニーの姿であるから，(c)がプレイター－ピニーの性格から最も遠い内容であることは明白である。

(46)「『立見席だけ！』が本文中で意味していることは何か」

(a)「ビュッフェスタイルのサービスのあるラウンジ」

(b)「人でいっぱいのイベント」

(c)「テーブルやイスのない部屋」

(d)「総立ちの拍手喝采を受ける講演」

standing room に「立ち見席」という意味があることから，下線部は盛況で立見席しか残っていないという意味である。

(47)「プレイター－ピニーが『雲鑑賞協会創立記念講演』というタイトルの講演を行ったとき，彼以外に何人の会員がいたか」

(a)「0人」 (b)「28人」 (c)「2,000人」 (d)「40,000人」

第5段最終文（“And I …）でわかるように，講演を行った時点では協会など立ち上げていなかったのだから，(a)が正解である。

(48)「プレイター－ピニーが最終的に本を出版することができた主な理由は何か」

(a)「ある編集者が彼の雲鑑賞協会の講演に参加して，その場で彼と契約した」

(b)「彼が本の焦点をイタリアの雲に変えた」

(c)「彼は本を買ってくれた人全員にバッジと会員証をプレゼントすることを決定した」

(d)「彼は，大勢のフォロワーのいるオンライン世界の主要な存在になった」

第 7 段最終文（Now that …）に，インターネットの世界の有名人になったおかげで本を出版できたとあることから，(d)が正解である。

(49)「雲鑑賞協会のようなウェブサイトにインターネットがどのように作用するかを最もよく説明しているのは次のどれか」

(a)「最初に爆発的な注目を集めた後，ウェブサイトは他のコンテンツに埋もれてしまい，ほとんど返り咲きをすることがない」

(b)「より小さなウェブサイトはより大きなオンラインコンテンツの提供者に飲み込まれてしまう」

(c)「ウェブサイトは徐々にそして着実に人気を高めていく」

(d)「ウェブサイトはコンテンツが軽く扱われるインターネットに翻弄されて，不規則な間隔で再び人気を得るかもしれない」

最終段第 3 文（And that …）や第 6 文（That is, …）において，プレイター－ピニーのウェブサイトを例にとりながら，コンテンツがインターネットの世界で翻弄されていく実態が記述されていることから，(d)が正解と判断できる。

(50)「本文の主なメッセージは何か」

(a)「人間らしいつながりは人生の究極の贈り物だ」

(b)「人生にはいいときも悪いときもある」

(c)「のんびりと暮らし，周りを見わたしてみることで思いがけない場所に行ける」

(d)「人生には何が起こるかわからないから，どんなことにも準備をしておくとよい」

第4段第1文（Slowing down …）にあるように，本文では，プレイター-ピニーが気ままに雲を愛でながら人生を豊かにしていったことが中心的に書かれていることから，(c)が正解である。

【選択言語：ドイツ語】

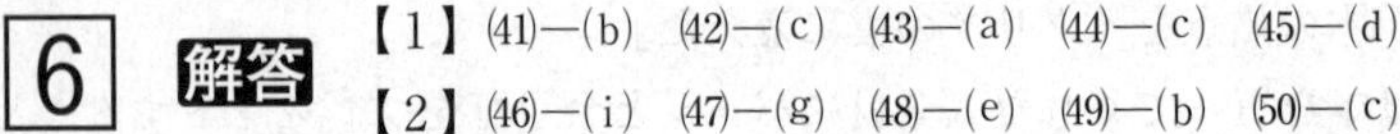
6　解答　【1】(41)—(b)　(42)—(c)　(43)—(a)　(44)—(c)　(45)—(d)
【2】(46)—(i)　(47)—(g)　(48)—(e)　(49)—(b)　(50)—(c)

【選択言語：フランス語】

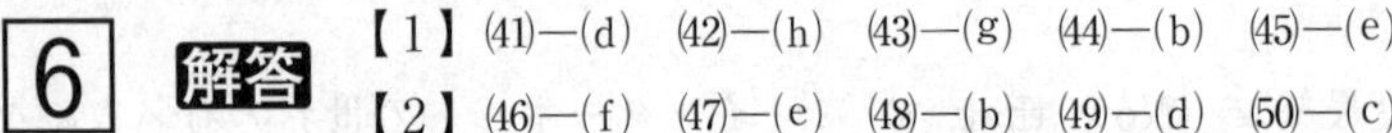
6　解答　【1】(41)—(d)　(42)—(h)　(43)—(g)　(44)—(b)　(45)—(e)
【2】(46)—(f)　(47)—(e)　(48)—(b)　(49)—(d)　(50)—(c)

【選択言語：イスパニア語】

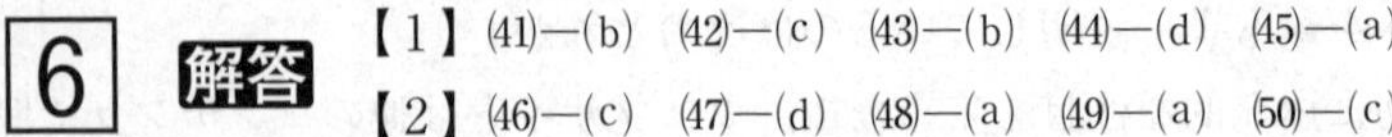
6　解答　【1】(41)—(b)　(42)—(c)　(43)—(b)　(44)—(d)　(45)—(a)
【2】(46)—(c)　(47)—(d)　(48)—(a)　(49)—(a)　(50)—(c)

【選択言語：ロシア語】

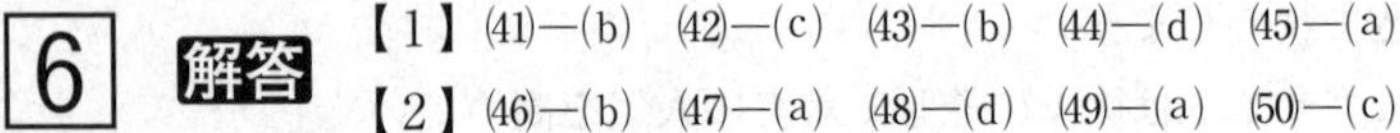
6　解答　【1】(41)—(b)　(42)—(c)　(43)—(b)　(44)—(d)　(45)—(a)
【2】(46)—(b)　(47)—(a)　(48)—(d)　(49)—(a)　(50)—(c)

【選択言語：ポルトガル語】

6　解答　【1】(41)—(d)　(42)—(c)　(43)—(a)　(44)—(d)　(45)—(c)
(46)—(b)　(47)—(a)
【2】(48)—(c)　(49)—(b)　(50)—(d)

総合グローバル学部

◀グローバル化する人間社会について，提示された資料の理解力および思考力を問う試験（英語の設問を含む）▶

1 解答

問1．(1)―(b)　(2)―(b)　(3)―(a)　(4)―(c)　(5)―(d)　(6)―(a)　(7)―(d)　(8)―(a)　(9)―(b)　(10)―(a)

問2．長い間有色人種への治療は標準以下であり，人体実験の対象とされた歴史もあることから，ワクチンに対しても不信感が拭えないため。(65字以内)

問3．(あ)―(g)　(い)―(f)　(う)―(a)

◆全　訳◆

≪アメリカでのワクチン接種への危惧の背景≫

デンバー（AP）　オウェッタ＝マクニール，82歳は，自分の名前が間違って発音されるのを好まない。「オーウェ～ッタ」ですよ，と彼女は注意し，彼女の名前が2つの“e”の音で発音されるべきことに人々が必ず気づくようにする。

マクニールは，30年以上にわたってデンバーの公立学校の事務員として働いたが，いくつかの内科的な病気とともに狼瘡や白血病を患っており，3月の脳卒中の後，たどたどしく話す。彼女の年齢，そして人種のせいで，彼女はコロナウイルスの合併症に対して，特に影響を受けやすくなっている。マクニールの母親は黒人であった。彼女の父はアメリカンインディアンの血を引いていた。コロラド州において有色人種の人々は，ウイルスが原因で過剰に多く入院する傾向にある。

そうだとしても，マクニールは，医者が彼女に新型コロナワクチンの接種を勧めたときに，どうすべきか確信がもてなかった。

「私はおじけづいているのかも知れないと思いました」と彼女は言った。

彼女の論拠は，政府への不信に何百年も遡る。その問題は今日でも続いている。有色人種の人々は，標準以下の治療を長きにわたって受けてきており，さらに悪いことに，医療体制から不当な扱いを受けてきたのだ。

「私はワクチンに関わることを，有色人種としてとてもとても躊躇していました」と，マクニールは言った。「私たちは常に実験として使われてきました。私と同じ年齢のほとんどの人は，特に何が起こったかを思い出すのです」

彼女は『タスキギー梅毒実験』を指摘する。治療を受けていない梅毒の影響を明らかにするための研究である。アラバマ州の黒人の男性が募集され，その治療にペニシリンが入手できるようになったときでさえも，その病気の治療は気づかないうちに拒否されていたのである。その研究は40年に及び，少なくとも28人の男性が死んだが，専門家たちは死亡者数はもっと多いと信じている。

ピュー研究所による調査では，黒人のアメリカ人は白人やラテンアメリカ人と比べて新型コロナワクチンを打たない傾向にあることがわかった。

白人やラテンアメリカ人の60％以上は，間違いなく，または多分ワクチン接種をすると言うが，黒人は40％強のみが予定していると述べた。

マクニールは，政府が黒人や褐色の人々を守るワクチンを開発するとは，とりわけ信じていない。彼女はその卑劣な歴史に基づいて，それが起こりうる証拠はないのであるが，黒人は白人とは異なった――多分危険を伴う――型のワクチンを与えられる可能性があるとさえも考えている。

しかし，1月22日にマクニールは，恐れを脇に置き，ファイザーのワクチンの1回目を接種するために，ナショナル・ジューイッシュのドライブスルーのワクチン診療所に車をつけた。その後，彼女は副反応がないことを確認するために不可欠な15分間を車の中で待った。彼女は自分が全く問題ないとわかり，嬉しい驚きを覚えた。

「私はこのように大丈夫です」と彼女は言い，ワクチンの2回目の接種をすぐに受ける予定であるとつけ加えた。「もしワクチン接種後に何らかの悪影響が出たら，それは私の人々への貢献だ，と言うつもりです」

もし2回目接種後にそうした悪影響が発生しなければ，自分の目標は，ワクチン接種を予定していない黒人の友人たちに考えを変えさせることである，とマクニールは言った。

しかしながら，マクニールが納得させられそうにない人がいる。デンバーで看護師をしている，彼女の娘リサ＝ピッツである。

彼女は，彼女の母と同じように，政府および，今回の事例では，コロナウイルスワクチンの開発と承認への極めて困難な努力を信用していないと言っている。

「それは，とても早く成し遂げられました」と彼女は言った。「それがいかに免疫機構に影響するか，また，もしあなたがまだ子どもをもつことが可能な年齢であれば，それが（子どもに）どのように影響するかはわかっていません。それが安全であるだろうとわからせてくれる十分な情報を，私はもっていないのです」

感染爆発と戦うためのワクチンが記録的な速さで作られたことは本当である。

それらも世界中の国々で厳格な再検査を受けており，今までのところ注射による副反応は主として軽いものである。調査は継続中であるが，ワクチンと直接的に関係づけられた死亡例はない。

たとえ，製薬会社がワクチンの検査試験に対して，多様な人の集まりを用いることをかたく約束しているとしても，ピッツは十分に黒人が検査されてきたのかどうかについて，依然として疑問をもっている。

「何人の有色人種に対して（彼らは）実際に検査したのでしょうか？」と彼女は言った。「なぜなら，私たちの中でそこに出向いて『いいわよ，私で試して』と言う人はあまり多くないからです」

薬の試験において，有色人種はないがしろにされた歴史をもっている。近年では，製薬会社は，研究により多くの黒人や他の人種・民族集団を採用するよう強く求められている。

ピッツは，医療提供者としての彼女の仕事や，看護師や医者に対するワクチンを接種しろという圧力にもかかわらず，ワクチン無しで済ませる決定をしたと言った。雇用主は資格のある従業員に対して，ワクチン接種を求めることができるが，ピッツが働いており，彼女が公表しないことを選択した病院を含めて，その措置を取ったところはほとんどない。

ワクチンに対して黒人が抱く信頼への欠如は，医者や医療体制全体にまでさらに広がっており，そういうわけで多くの有色人種は，白人でない医者や看護師を好むのだと，彼女は言った。

「もしあなたが黒人なら，もしあなたが少数派なら，あなたは少数派に行った方がよいでしょう」とピッツは言った。「多くの白人の医者は，あなたを相手にしないでしょう」

7月に彼女の兄は肩の痛みを訴え，治療のために退役軍人省に行ったが，医者はイブプロフェン以外出そうとしなかった，と彼女は言った。

「最終的に私は彼に言いました。強い態度で，あなたがエックス線検査やMRI検査を希望していることを伝える必要がある」と，ピッツは言った。「そして彼は最終的に実行し，そのことで結局，骨がんがあることが判明したのです」

彼女の見解にもかかわらずピッツは，母であるオウェッタ＝マクニールにはさまざまな健康状態の理由があるので，予防接種を受けるのは多分正しい決断だったと言った。

コロナウイルスが原因での隔離は，マクニールにとって時折困難であり，彼女は友人と会えないのを寂しく思っている。完全にワクチン接種を受けたら，彼女が特にしようと決めている1つのことがある。感染爆発以前は，彼女は月に一度カジノに行くためにバス旅行でブラック・ホークへ行った。彼女は，もちろんマスクと手の消毒剤のボトルを持って，再びその旅行を始める計画をしていると言った。

「ポケットにお金を入れて，ぼうっとしていることに，うんざりしているんです」と彼女は言った。

編集部注：下線部(6)を含む文について。原典に従って convince と her の間に：(コロン) があるものとして訳している。
下線部(10)の3行上の文について。Pitt's は Pitts と解釈して訳している。

◀解　説▶

問1．(1)　admonish「〈人〉に〔～だと〕(強く) 注意する」の意であるので，(b)「〈人〉に〔～ことで〕警告を与える」が最も近い。(a)「(飲食物を)〈人〉に供する」(c)「～を捧げる」(d)「〈液体・気体が〉～に浸み込む」

(2)　直後に，to があることに注目する。(be) susceptible to～「～に影響を受けやすい，～に感染しやすい」の意である。同様に to を伴って，「～に敏感な，感じやすい」となる(b)が最も近い。(a)「自信に満ちた」(c)「濃厚にした」(d)「浸透した」

(3)　sub- は「下の」の意で，subway や submarine などにも使われる。par は「標準，基準」の意である。ゆえに，subpar「標準以下の」の意であり，(a)「不十分な」が最も近い。(b)「十分な」(c)「～を切り抜ける」

(d)「日常の」

(4)　挿入 as a person of color「有色人種として」を省くと，下線部が to *do* につながることがわかる。be hesitant to *do*「～することを躊躇する」の意である。動詞では hesitate to *do* と表現されることも確認したい。ゆえに，同様に be reluctant to *do*「〈人が〉～したがらない」を表す(c)が最も近い。(a)「無分別な」(b)「軽率な」(d)「明白な」

(5)　contribution「寄与，貢献」の意である。その対象は to 以下に置くことにも注意。ゆえに，(d)「善行，慈善」が最も近い。(a)「忌まわしい行為」(b)「即興」(c)「引き算」

(6)　convince「〈人〉を納得させる」の意である。ゆえに，(a)「～を確信させる」が最も近い。(b)「～を強調する」(c)「～を明白にする」(d)「～を支持する」

(7)　herculean「極めて困難な」の意であるので，(d)「多大の努力を要する」が最も近い。make a strenuous effort「懸命に努力する」の表現も覚えておこう。(a)「傑出した」(b)「悪意のある」(c)「魅力的な」

(8)　ongoing「進行中の」の意である。ゆえに，(a)「継続している」が最も近い。(b)「偏見のない」(c)「不十分な」(d)「公平な」

(9)　under-represent は「不当に少ない代表を割り当てる」の意である。ゆえに，その過去分詞は(b)「重要視されない」が最も近い。(a)「増大された」(c)「〈数などを〉減らされた」(d)「既得の」

(10)　inoculate「〔人・動物〕に〈～の〉予防接種をする」は，be inoculated で「予防接種を受けている」の表現となる。同様に，vaccinate も「〔人・動物〕に〈～の〉予防接種をする」であり，be vaccinated で「予防接種を受けている」の意なので，(a)が最も近い。(b)「就任させられた」(c)「任命された」(d)「授与された」

問２．下線部ⓐにある彼女の政府への不信感とは，第３段（Even so …）にみられる新型コロナのワクチン接種への不信感のことであり，第４段（“I thought …）では「私はおじけづいたのかもしれない」と述べている。その背景を考える。第５段第３文（People of …）に「有色人種は，長い間標準以下の治療を施された」とあり，第６段第２文（“We’ve always …）に「私たちは実験として使われた」として，第７段（She points …）で「タスキギー梅毒実験」を指摘している。そうしたことから，彼女は第

10段第2文（She even …）で「黒人は白人と異なる型のワクチンを与えられる可能性がある」ことを危惧しているのである。以上をまとめればよい。

なお，他の解答例として「過去にアメリカでは，本人に知らせることなく有色人種を被験者とし，病気を未治療のまま放置するという実験が行われていたことがあるから」というように「過去に…ということがあったから」という形でまとめてもよいし，字数に余裕があれば〔解答例〕のように「ワクチンに対して不信感がある」，もしくはもっと具体的に「白人とは異なる危険なワクチンを接種されるかもしれないと恐れる」などの内容を盛り込んでもよいだろう。

問3．(あ)「最も神聖な川」は，最上級で（The Ganges is）the holiest と表す。「インドで」は「インドの川の中で」と補い，選択肢の rivers を用いて of India's rivers と続ける。「ほとんどの〜」は most＋名詞で表現すればよい。ゆえに，（The Ganges, or Ganga, is）the holiest of India's rivers, <u>and</u> most（Hindus believe …）となる。

(い)「S が V するずっと前から」は文頭の long と選択肢 before から long before S V と表現できる。問題文では or でつながれて2つの節が続くが，空所部分は S が「『キャンセル・カルチャー』という言葉」the phrase "cancel culture" であり，V は「辞書に載る」entered the lexicon である。ゆえに，（Long）before the phrase "cancel culture" <u>entered</u> the lexicon or（Republican senators complained …）となる。

(う) ruling「判決」を無生物主語として「メッセージを発している」とあるので，send a message の組み合わせを考える。message の内容「裁判所は〜するつもりがない」は同格の that を用いて表現すればよい。ゆえに，（The Supreme Court's ruling in the Arizona case）sends <u>a</u> message that the courts are not（going to side with …）となる。side with 〜「〜の側につく」

2　**解答**　問1．ⓓ　問2．b　問3．c　問4．a　問5．c

問6．労働力不足などを背景に生産費が上昇した国産のリンゴやミカンに対し，バナナは1960年代にプランテーション農業が発達した海外からの輸入量が増大し，供給が安定したから。（80字以内）

問7．緑　問8．a

◀解　説▶

≪食の歴史≫

問1．コメの原産地は，インド東部（アッサム地方）から中国南西部（雲南省）にまたがる一帯とされてきたが，近年は長江の中・下流域説も有力である。サトウキビはニューギニア島を中心とする東南アジアの島嶼部，コムギはカスピ海周辺地域が原産地とされる。

問2．アンデス高地で栄えたインカ帝国は，1532年にスペイン人のピサロに征服された。メキシコ高原のアステカ王国は，スペイン人コルテスによって16世紀に滅ぼされた。ソンガイ王国は，サハラ砂漠南縁に興ったアフリカ系イスラーム国家で，16世紀末にモロッコ軍に滅ぼされた。ムガル帝国は，インドのイスラーム王朝で，19世紀にイギリスによって滅ぼされた。

問3．c．誤文。コロンブス交換とは，西半球の「新世界」(アメリカ大陸）と東半球の「旧世界」(ヨーロッパなど）との間にみられた不均衡な交換を指す。ユーラシア大陸東西間での作物の移動はコロンブス交換には当たらない。

問4．a．誤文。2000年以降のコーヒーの生産量は，ブラジル，コロンビアなどの南アメリカとベトナム，インドネシアなどの東南アジアが多い。

問5．a．不適。第4段落にもあるとおり，コメには西アフリカを原産とする「アフリカイネ」もあるが，ごくわずかに生産されているのみで，現在栽培されているのは，ほとんど「アジアイネ」である。

b．不適。キャッサバの原産地は熱帯アメリカである。

問6．国内で生産される果物の値段は上昇したのに，バナナの値段は低迷した理由を説明することが求められている。バナナは，1963年の自由化以降に輸入量が増大し，現在まで多国籍企業がプランテーション経営を行うフィリピンを中心に大量に生産・輸出される状態が続いたために，価格が伸び悩んだと考える。一方，国産のリンゴやミカンの値段は，図2より1970～80年代に上昇した様子が読み取れ，日本国内の物価上昇に伴う生産コストの増加や農村地域の過疎化に伴う労働力不足が一因になったと推察できる。

問8．b．不適。第2段落において，狩猟採集の時代から人類が調理をおこなってきたことが述べられている。

c．不適。第4・5段落中などで，食のグローバリゼーションについて言及されているが，世界の分断が進んだという記述はない。

d．不適。最終2段落で，過食によって病気にかかる人たちが増加している状況について述べられている。

3　**解答**　問1．b　問2．c　問3．d

問4．A．都市名：c　地図1：②

B．都市名：e　地図1：⑨　C．都市名：g　地図1：④

問5．b　問6．a　問7．d　問8．b

◀解　説▶

≪国家と地域≫

問1．b．正解。ササン朝ペルシアは，3世紀（224年）にパルティア王国を倒して建国された。

a．不適。シュリーヴィジャヤは，パレンバンを中心とする港市国家群が連合して，7世紀に建てられた。

c．不適。コンスタンティヌス帝は，4世紀（330年）にビザンティウムに遷都した。

d．不適。グプタ朝は，チャンドラグプタ1世が4世紀（320年頃）に建国し，同世紀後半に北インドを統一した。

問2．c．誤文。薩英戦争をきっかけとして，薩摩藩とイギリスは接近した。フランスは江戸幕府を支援した。

問3．d．誤文。1951年に調印された日米安全保障条約と日米行政協定によって，日本における米軍の駐留と基地の使用が認められた。駐留米軍の特権や基地の無償使用を定めた日米地位協定は，1960年の新安保条約と同時に結ばれた。在日米軍基地の面積のおよそ70%が沖縄県に集中している。

問6．「ゾミアの人々」とは，第6段落中に「東南アジア大陸部で，標高300メートル以上の高地」で暮らし，「いずれの国家にも属さない人々」であることが記されている。ミャンマー（ビルマ）軍事政権からタイ側へ流出した難民は，地図2より両国の国境付近に分布する「ゾミアの領域」で暮らしてきた人々であると考えられ，aが正解。

ｂ．不適。ロヒンギャは，バングラデシュに隣接するミャンマー西部で暮らしてきたが，図２より一帯は「ゾミアの領域」に当たらないことがわかる。

ｃ．不適。ベトナム，ラオス，カンボジアが社会主義体制に移行したことで生じた難民は，旧政権の関係者や資産家のように「迫害を受けるおそれのある人々」や「新体制になじめない人々」である。いずれも旧体制の国家に属した国民で，「ゾミアの人々」に当たらない。

ｄ．不適。ヒマラヤ山脈の北側に広がるチベットは，東南アジアから外れており，ゾミアの領域に当たらない。

問７．下線部(5)の新しい「地域」は，「国家」を単位とする地域概念と一線を画している。よって，旧宗主国のポルトガル語を公用語とする国家からなるａのCPLPや東南アジアの10カ国が組織しているｂのASEANは適当ではない。また，ｃの環日本海経済圏も，第４段落中に「日本，中国，韓国，北朝鮮，ロシアの５カ国」からなる構想であることが明記されており，不適。一方，ｄのイスラーム社会は，国家ではなく，宗教の共通性を単位とする新しい「地域」と捉えられる。

段落に「画期的なこと」とあるので、この宣言で示された内容が「展開」の一部であることがわかる。具体的には、「多様性」（「国籍や宗教や人種など」）よりも、「共通性」（「市民権よりも前に人権があり、国家よりも前に人類が存在する」）の方が、重視されていることになる。こうした考え方が「現代世界の大きな流れ」（最後から三段落目）となり、最後から二段落目には「さらに注目されるべき」ことは「人々のネットワークを促進」させたことだと述べられているので、こうした点も入れておきたい。また、設問文に「共通性と多様性というテーマに関してどのような展開をもたらしたか」とあるので、多様性よりも共通性がより認識されるようになったという表現も加えたい。こうした点をつなぎ合わせて、一五〇字以内にまとめればよい。

問4　第二次世界大戦中の野蛮行為やその前後の人口移動によるつながりをきっかけに、すべての人は人間として等しく尊重されるべきという人権の思想が生まれた。この思想は国籍や人種、宗教といった多様性を超越した共通の価値観で、平和を実現させるための現代社会の大きな流れとなって人々のネットワークをさらに促進させた。（一五〇字以内）

◀解　説▶

≪つながりの歴史のなかで生まれた現代の人権思想≫

問3　世界人権宣言は一九四八年一二月一〇日に採択されたことから、毎年一二月一〇日は世界人権デーとされており、世界人権宣言を現実化するために一九六六年には国際人権規約が採択されている。

問4　設問文から解答のポイントは前半の「どのような考え方が生まれたか」と後半の「その考え方」が「どのような展開をもたらしたか」の二つである。

前半については、「いつ」と「きっかけ」を具体的に示す必要がある。まず、「いつ」と「きっかけに」ついては二重傍線部のある段落の次の段落に人間は「根本的にはすべて同じだという信念が世界各地で明確に意識されるようになったのは、第二次世界大戦以後」とあるので、第二次世界大戦が「いつ」と「きっかけ」であるとわかる。また、そこから生まれた「考え方」は「根本的にはすべて同じだという信念」であるとわかる。ただ、その続きに「野蛮行為を経て、ようやく『人間』が再発見された」、さらに続く段落で「しかしそれだけではない」と強調して「かつてないほどのつながりが人々のあいだに生まれた」とあるので、「野蛮行為」や人々の「つながり」といった表現を「考え方」を説明するのに補足しておきたい。また、「考え方」については文中の表現をそのまま抜き出すのではなく、最後から二つ目の段落に「すべての人が人間として尊重される」とあるように、類似の表現を組み合わせて解答したい。

後半の「その考え方」が「どのような展開をもたらしたか」については、世界人権宣言（空欄②）を説明した次の仕立てることもできるので、保護する必要があると推測したい。

問7　③誤り。大正時代は一九一二～二六年なので、リンカーンの大統領就任（一八六一年）は該当しない。①ワイマール憲法制定は一九一九年、②ロマノフ朝崩壊は一九一七年、④国際連盟の発足は一九二〇年。

問8　ドイツ軍のポーランド侵攻（一九三九年九月）で始まった第二次世界大戦中に、日本軍は南部仏印進駐（一九四一年七月）を行った。また、ポツダム会談（一九四五年七～八月）より後に、広島（同年八月六日）および長崎（同年八月九日）に原爆が投下され、日本は一九四五年八月一四日にポツダム宣言を受諾した。その後、アメリカの占領を経た後、サンフランシスコ講和条約（一九五一年）で日本は主権を回復している。よって、正答は④。

問9　②誤文。マーストリヒト条約発効により一九九三年に発足したのはヨーロッパ連合（EU）。

③誤文。EUの現加盟二七カ国（二〇二二年二月現在）にはハンガリー・ブルガリア・ポーランドなどの旧ソ連圏の諸国も含まれている。

④誤文。二〇二〇年にイギリスがEUを脱退している。

問10　①誤文。日本政府は従軍慰安婦の存在を認めている。

②誤文。加害国であるドイツ（当時は西ドイツ）と被害国であるイスラエルが和解を模索したのは当事国同士であり、一九六五年には両国の国交が樹立されている。

③誤文。オスマン帝国によるアルメニア人迫害をジェノサイドとして認定したのは、アメリカのバイデン大統領（二〇二一年）。トルコはこれジェノサイドとして認めていない。

2　解答

問1　共生（共棲も可）

問2　ナショナリズム

問3　世界人権

③誤り。アマゾン川は主にブラジル北部を流れる河川。
④誤り。ユーフラテス川はトルコ・シリア・イラクを流れ、ティグリス川と合流した後、シャットゥルアラブ川となってペルシア湾に注ぐ河川。

問2 ①誤り。ブラジルはラテンアメリカ大陸の東部、チリは大陸の南西部に位置しており、その間にはボリビアやアルゼンチンなどがあるので国境を接していない。
②誤り。カンボジアはインドシナ半島の南部に位置し、マレーシアはマレー半島の先端およびカリマンタン（ボルネオ）島の一部で構成されているので、国境を接していない。
③誤り。スウェーデンはスカンディナヴィア半島の東部に位置し、ドイツとの間にはバルト海があるので国境を接していない。

問3 やや難。①不適。スイスはドイツ系住民が多く、公用語はドイツ語の他にフランス語・イタリア語・ロマンシュ語である。
②正しい。フィリピンは米西戦争（一八九八年）後にアメリカ領となっていることから推測できる。
③不適。チュニジアはイスラーム圏でもあるので公用語はアラビア語。
④不適。メキシコはコルテスによるアステカ帝国征服（一五二一年）以降、長くスペイン領だったので公用語はスペイン語。

問5 ②誤文。日本は「ジェンダーギャップ指数二〇二一」総合ランキングで一五六カ国中一二〇位という下位であり、フィリピン（一七位）、ラオス（三六位）、シンガポール（五四位）などと比べても低いので、とても上位とはいえない。

問6 難問。③誤文。難民条約（一九五一年）では重大な犯罪を行った者に対しては適用外とされているが、政治犯罪については重大な犯罪から除外されている。政治犯罪については当事国が難民として入国したい者を恣意的に政治犯に

外国語学部

▲外国研究に必要な基礎的知識・日本語の読解力・論理力・思考力をを測る試験▼

問1　①
問2　④
問3　②
問4　④
問5　②
問6　③
問7　③
問8　④
問9　①
問10　④

▲解　説▼

《歴史・地理および現代社会に関する小問集合》

問1　②誤り。ミシシッピ川はアメリカ合衆国の中央平原を南流し、メキシコ湾に注いでいる。

//////////////////// · memo · ////////////////////

/////////////////// · memo · ///////////////////

2025年版 大学赤本シリーズ

国公立大学 その他

171 〔国公立大〕医学部医学科 総合型選抜・学校推薦型選抜※ 医 総推
172 看護・医療系大学〈国公立 東日本〉※
173 看護・医療系大学〈国公立 中日本〉※
174 看護・医療系大学〈国公立 西日本〉※
175 海上保安大学校／気象大学校
176 航空保安大学校
177 国立看護大学校
178 防衛大学校 総推
179 防衛医科大学校(医学科) 医
180 防衛医科大学校(看護学科)

※No.171～174の収載大学は赤本ウェブサイト(http://akahon.net/)でご確認ください。

私立大学①

北海道の大学(50音順)

201 札幌大学
202 札幌学院大学
203 北星学園大学
204 北海学園大学
205 北海道医療大学
206 北海道科学大学
207 北海道武蔵女子大学・短期大学
208 酪農学園大学(獣医学群〈獣医学類〉)

東北の大学(50音順)

209 岩手医科大学(医・歯・薬学部) 医
210 仙台大学 総推
211 東北医科薬科大学(医・薬学部) 医
212 東北学院大学
213 東北工業大学
214 東北福祉大学
215 宮城学院女子大学 総推

関東の大学(50音順)

あ行(関東の大学)

216 青山学院大学(法・国際政治経済学部－個別学部日程)
217 青山学院大学(経済学部－個別学部日程)
218 青山学院大学(経営学部－個別学部日程)
219 青山学院大学(文・教育人間科学部－個別学部日程)
220 青山学院大学(総合文化政策・社会情報・地球社会共生・コミュニティ人間科学部－個別学部日程)
221 青山学院大学(理工学部－個別学部日程)
222 青山学院大学(全学部日程)
223 麻布大学(獣医、生命・環境科学部)
224 亜細亜大学
226 桜美林大学
227 大妻女子大学・短期大学部

か行(関東の大学)

228 学習院大学(法学部－コア試験)
229 学習院大学(経済学部－コア試験)
230 学習院大学(文学部－コア試験)
231 学習院大学(国際社会科学部－コア試験)
232 学習院大学(理学部－コア試験)
233 学習院女子大学
234 神奈川大学(給費生試験)
235 神奈川大学(一般入試)
236 神奈川工科大学
237 鎌倉女子大学・短期大学部
238 川村学園女子大学
239 神田外語大学
240 関東学院大学
241 北里大学(理学部)
242 北里大学(医学部) 医
243 北里大学(薬学部)
244 北里大学(看護・医療衛生学部)
245 北里大学(未来工・獣医・海洋生命科学部)
246 共立女子大学・短期大学
247 杏林大学(医学部) 医
248 杏林大学(保健学部)
249 群馬医療福祉大学・短期大学部
250 群馬パース大学 総推
251 慶應義塾大学(法学部)
252 慶應義塾大学(経済学部)
253 慶應義塾大学(商学部)
254 慶應義塾大学(文学部) 総推
255 慶應義塾大学(総合政策学部)
256 慶應義塾大学(環境情報学部)
257 慶應義塾大学(理工学部)
258 慶應義塾大学(医学部) 医
259 慶應義塾大学(薬学部)
260 慶應義塾大学(看護医療学部)
261 工学院大学
262 國學院大學
263 国際医療福祉大学 医
264 国際基督教大学
265 国士舘大学
266 駒澤大学(一般選抜T方式・S方式)
267 駒澤大学(全学部統一日程選抜)

さ行(関東の大学)

268 埼玉医科大学(医学部) 医
269 相模女子大学・短期大学部
270 産業能率大学
271 自治医科大学(医学部) 医
272 自治医科大学(看護学部)／東京慈恵会医科大学(医学部〈看護学科〉)
273 実践女子大学 総推
274 芝浦工業大学(前期日程)
275 芝浦工業大学(全学統一日程・後期日程)
276 十文字学園女子大学
277 淑徳大学
278 順天堂大学(医学部) 医
279 順天堂大学(スポーツ健康科・医療看護・保健看護・国際教養・保健医療・医療科・健康データサイエンス・薬学部) 総推
280 上智大学(神・文・総合人間科学部)
281 上智大学(法・経済学部)
282 上智大学(外国語・総合グローバル学部)
283 上智大学(理工学部)
284 上智大学(TEAPスコア利用方式)
285 湘南工科大学
286 昭和大学(医学部) 医
287 昭和大学(歯・薬・保健医療学部)
288 昭和女子大学
289 昭和薬科大学
290 女子栄養大学・短期大学部 総推
291 白百合女子大学
292 成蹊大学(法学部－A方式)
293 成蹊大学(経済・経営学部－A方式)
294 成蹊大学(文学部－A方式)
295 成蹊大学(理工学部－A方式)
296 成蹊大学(E方式・G方式・P方式)
297 成城大学(経済・社会イノベーション学部－A方式)
298 成城大学(文芸・法学部－A方式)
299 成城大学(S方式〈全学部統一選抜〉)
300 聖心女子大学
301 清泉女子大学
303 聖マリアンナ医科大学 医
304 聖路加国際大学(看護学部)
305 専修大学(スカラシップ・全国入試)
306 専修大学(前期入試〈学部個別入試〉)
307 専修大学(前期入試〈全学部入試・スカラシップ入試〉)

た行(関東の大学)

308 大正大学
309 大東文化大学
310 高崎健康福祉大学
311 拓殖大学
312 玉川大学
313 多摩美術大学
314 千葉工業大学
315 中央大学(法学部－学部別選抜)
316 中央大学(経済学部－学部別選抜)
317 中央大学(商学部－学部別選抜)
318 中央大学(文学部－学部別選抜)
319 中央大学(総合政策学部－学部別選抜)
320 中央大学(国際経営・国際情報学部－学部別選抜)
321 中央大学(理工学部－学部別選抜)
322 中央大学(5学部共通選抜)
323 中央学院大学
324 津田塾大学
325 帝京大学(薬・経済・法・文・外国語・教育・理工・医療技術・福岡医療技術学部)
326 帝京大学(医学部) 医
327 帝京科学大学 総推
328 帝京平成大学 総推
329 東海大学(医〈医〉学部を除く－一般選抜)
330 東海大学(文系・理系学部統一選抜)
331 東海大学(医学部〈医学科〉) 医
332 東京医科大学(医学部〈医学科〉) 医
333 東京家政大学・短期大学部 総推
334 東京経済大学
335 東京工科大学
336 東京工芸大学
337 東京国際大学
338 東京歯科大学
339 東京慈恵会医科大学(医学部〈医学科〉) 医
340 東京情報大学
341 東京女子大学
342 東京女子医科大学(医学部) 医
343 東京電機大学
344 東京都市大学
345 東京農業大学
346 東京薬科大学(薬学部) 総推
347 東京薬科大学(生命科学部) 総推
348 東京理科大学(理学部〈第一部〉－B方式)
349 東京理科大学(創域理工学部－B方式・S方式)
350 東京理科大学(工学部－B方式)
351 東京理科大学(先進工学部－B方式)
352 東京理科大学(薬学部－B方式)
353 東京理科大学(経営学部－B方式)
354 東京理科大学(C方式、グローバル方式、理学部〈第二部〉－B方式)
355 東邦大学(医学部) 医
356 東邦大学(薬学部)

2025年版　大学赤本シリーズ

私立大学②

357 東邦大学(理・看護・健康科学部)
358 東洋大学(文・経済・経営・法・社会・国際・国際観光学部)
359 東洋大学(情報連携・福祉社会デザイン・健康スポーツ科・理工・総合情報・生命科・食環境科学部)
360 東洋大学(英語〈3日程×3カ年〉)
361 東洋大学(国語〈3日程×3カ年〉)
362 東洋大学(日本史・世界史〈2日程×3カ年〉)
363 東洋英和女学院大学
364 常磐大学・短期大学 総推
365 獨協大学
366 獨協医科大学(医学部) 医

な行(関東の大学)

367 二松学舎大学
368 日本大学(法学部)
369 日本大学(経済学部)
370 日本大学(商学部)
371 日本大学(文理学部〈文系〉)
372 日本大学(文理学部〈理系〉)
373 日本大学(芸術学部〈専門試験併用型〉)
374 日本大学(国際関係学部)
375 日本大学(危機管理・スポーツ科学部)
376 日本大学(理工学部)
377 日本大学(生産工・工学部)
378 日本大学(生物資源科学部)
379 日本大学(医学部) 医
380 日本大学(歯・松戸歯学部)
381 日本大学(薬学部)
382 日本大学(N全学統一方式－医・芸術〈専門試験併用型〉学部を除く)
383 日本医科大学 医
384 日本工業大学
385 日本歯科大学
386 日本社会事業大学 総推
387 日本獣医生命科学大学
388 日本女子大学
389 日本体育大学

は行(関東の大学)

390 白鷗大学(学業特待選抜・一般選抜)
391 フェリス女学院大学
392 文教大学
393 法政大学(法〈I日程〉・文〈II日程〉・経営〈II日程〉学部－A方式)
394 法政大学(法〈II日程〉・国際文化・キャリアデザイン学部－A方式)
395 法政大学(文〈I日程〉・経営〈I日程〉・人間環境・グローバル教養学部－A方式)
396 法政大学(経済〈I日程〉・社会〈I日程〉・現代福祉学部－A方式)
397 法政大学(経済〈II日程〉・社会〈II日程〉・スポーツ健康学部－A方式)
398 法政大学(情報科・デザイン工・理工・生命科学部－A方式)
399 法政大学(T日程〈統一日程〉・英語外部試験利用入試)
400 星薬科大学 総推

ま行(関東の大学)

401 武蔵大学
402 武蔵野大学
403 武蔵野美術大学
404 明海大学
405 明治大学(法学部－学部別入試)
406 明治大学(政治経済学部－学部別入試)
407 明治大学(商学部－学部別入試)
408 明治大学(経営学部－学部別入試)
409 明治大学(文学部－学部別入試)
410 明治大学(国際日本学部－学部別入試)
411 明治大学(情報コミュニケーション学部－学部別入試)
412 明治大学(理工学部－学部別入試)
413 明治大学(総合数理学部－学部別入試)
414 明治大学(農学部－学部別入試)
415 明治大学(全学部統一入試)
416 明治学院大学(A日程)
417 明治学院大学(全学部日程)
418 明治薬科大学 総推
419 明星大学
420 目白大学・短期大学部

ら・わ行(関東の大学)

421 立教大学(文系学部－一般入試〈大学独自の英語を課さない日程〉)
422 立教大学(国語〈3日程×3カ年〉)
423 立教大学(日本史・世界史〈2日程×3カ年〉)
424 立教大学(文学部－一般入試〈大学独自の英語を課す日程〉)
425 立教大学(理学部－一般入試)
426 立正大学
427 早稲田大学(法学部)
428 早稲田大学(政治経済学部)
429 早稲田大学(商学部)
430 早稲田大学(社会科学部)
431 早稲田大学(文学部)
432 早稲田大学(文化構想学部)
433 早稲田大学(教育学部〈文科系〉)
434 早稲田大学(教育学部〈理科系〉)
435 早稲田大学(人間科・スポーツ科学部)
436 早稲田大学(国際教養学部)
437 早稲田大学(基幹理工・創造理工・先進理工学部)
438 和洋女子大学 総推

中部の大学(50音順)

439 愛知大学
440 愛知医科大学(医学部) 医
441 愛知学院大学・短期大学部
442 愛知工業大学 総推
443 愛知淑徳大学
444 朝日大学 総推
445 金沢医科大学(医学部) 医
446 金沢工業大学
447 岐阜聖徳学園大学 総推
448 金城学院大学
449 至学館大学 総推
450 静岡理工科大学
451 椙山女学園大学
452 大同大学
453 中京大学
454 中部大学
455 名古屋外国語大学 総推
456 名古屋学院大学 総推
457 名古屋学芸大学 総推
458 名古屋女子大学 総推
459 南山大学(外国語〈英米〉・法・総合政策・国際教養学部)
460 南山大学(人文・外国語〈英米を除く〉・経済・経営・理工学部)
461 新潟国際情報大学
462 日本福祉大学
463 福井工業大学
464 藤田医科大学(医学部) 医
465 藤田医科大学(医療科・保健衛生学部)
466 名城大学(法・経営・経済・外国語・人間・都市情報学部)
467 名城大学(情報工・理工・農・薬学部)
468 山梨学院大学

近畿の大学(50音順)

469 追手門学院大学 総推
470 大阪医科薬科大学(医学部) 医
471 大阪医科薬科大学(薬学部) 総推
472 大阪学院大学 総推
473 大阪経済大学 総推
474 大阪経済法科大学 総推
475 大阪工業大学 総推
476 大阪国際大学・短期大学部 総推
477 大阪産業大学 総推
478 大阪歯科大学(歯学部)
479 大阪商業大学 総推
480 大阪成蹊大学・短期大学 総推
481 大谷大学 総推
482 大手前大学・短期大学 総推
483 関西大学(文系)
484 関西大学(理系)
485 関西大学(英語〈3日程×3カ年〉)
486 関西大学(国語〈3日程×3カ年〉)
487 関西大学(日本史・世界史・文系数学〈3日程×3カ年〉)
488 関西医科大学(医学部) 医
489 関西医療大学 総推
490 関西外国語大学・短期大学部 総推
491 関西学院大学(文・法・商・人間福祉・総合政策学部－学部個別日程)
492 関西学院大学(神・社会・経済・国際・教育学部－学部個別日程)
493 関西学院大学(全学部日程〈文系型〉)
494 関西学院大学(全学部日程〈理系型〉)
495 関西学院大学(共通テスト併用日程〈数学〉・英数日程)
496 関西学院大学(英語〈3日程×3カ年〉) 新
497 関西学院大学(国語〈3日程×3カ年〉) 新
498 関西学院大学(日本史・世界史・文系数学〈3日程×3カ年〉) 新
499 畿央大学 総推
500 京都外国語大学・短期大学 総推
502 京都産業大学(公募推薦入試) 総推
503 京都産業大学(一般選抜入試〈前期日程〉)
504 京都女子大学 総推
505 京都先端科学大学 総推
506 京都橘大学 総推
507 京都ノートルダム女子大学 総推
508 京都薬科大学 総推
509 近畿大学・短期大学部(医学部を除く－推薦入試) 総推
510 近畿大学・短期大学部(医学部を除く－一般入試前期)
511 近畿大学(英語〈医学部を除く3日程×3カ年〉)
512 近畿大学(理系数学〈医学部を除く3日程×3カ年〉)
513 近畿大学(国語〈医学部を除く3日程×3カ年〉)
514 近畿大学(医学部－推薦入試・一般入試前期) 医 総推
515 近畿大学・短期大学部(一般入試後期) 医
516 皇學館大学 総推
517 甲南大学 総推
518 甲南女子大学(学校推薦型選抜) 新 総推
519 神戸学院大学 総推
520 神戸国際大学 総推
521 神戸女学院大学 総推
522 神戸女子大学・短期大学 総推
523 神戸薬科大学 総推
524 四天王寺大学・短期大学部 総推
525 摂南大学(公募制推薦入試) 総推
526 摂南大学(一般選抜前期日程)
527 帝塚山学院大学 総推
528 同志社大学(法、グローバル・コミュニケーション学部－学部個別日程)

共通テスト対策関連書籍

共通テスト対策 も 赤本で

① 過去問演習

2025年版

共通テスト 赤本シリーズ

全12点

A5判／定価1,320円
（本体1,200円）

- **英国数には新課程対応オリジナル実戦模試 掲載！**
- **公表された新課程試作問題はすべて掲載！**
- **くわしい対策講座で得点力UP**
- **英語はリスニングを10回分掲載！赤本の音声サイトで本番さながらの対策！**

- 英語 リーディング／リスニング DL
- 数学I, A／II, B, C
- 国語
- 歴史総合, 日本史探究
- 歴史総合, 世界史探究
- 地理総合, 地理探究
- 公共, 倫理
- 公共, 政治・経済
- 物理
- 化学
- 生物
- 物理基礎／化学基礎／生物基礎／地学基礎

DL 音声無料配信

② 自己分析

赤本ノートシリーズ

過去問演習の効果を最大化

▶共通テスト対策には

赤本ノート（共通テスト用）

赤本ルーズリーフ（共通テスト用）

共通テスト赤本シリーズ

新課程攻略問題集

全26点に対応!!

▶二次・私大対策には

赤本ノート（二次・私大用）

大学赤本シリーズ

全556点に対応!!

③ 重点対策

共通テスト 赤本プラス

新課程攻略問題集

基礎固め&苦手克服のための分野別対策問題集!!
厳選された問題でかしこく対策

- 英語リーディング
- 英語リスニング DL
- 数学I, A
- 数学II, B, C
- 国語（現代文）
- 国語（古文, 漢文）
- 歴史総合, 日本史探究
- 歴史総合, 世界史探究
- 地理総合, 地理探究
- 公共, 政治・経済
- 物理
- 化学
- 生物
- 情報I

DL 音声無料配信

全14点 好評発売中！

A5判／定価1,320円（本体1,200円）

手軽なサイズの実戦的参考書

目からウロコのコツが満載！

直前期にも！

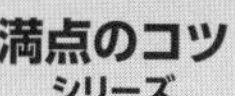

満点のコツ シリーズ

赤本ポケット

いつも受験生のそばに―赤本

大学入試シリーズ＋α
入試対策も共通テスト対策も赤本で

入試対策
赤本プラス

赤本プラスとは，**過去問演習の効果を最大にする**ためのシリーズです。「赤本」であぶり出された弱点を，赤本プラスで克服しましょう。

大学入試 すぐわかる**英文法** DL
大学入試 ひと目でわかる**英文読解**
大学入試 絶対できる**英語リスニング** DL
大学入試 すぐ書ける**自由英作文**
大学入試 ぐんぐん読める
　英語長文〔BASIC〕DL
大学入試 ぐんぐん読める
　英語長文〔STANDARD〕DL
大学入試 ぐんぐん読める
　英語長文〔ADVANCED〕DL
大学入試 正しく書ける**英作文**
大学入試 最短でマスターする
　数学I･II･III･A･B･C
大学入試 突破力を鍛える**最難関の数学**
大学入試 知らなきゃ解けない
　古文常識・和歌
大学入試 ちゃんと身につく**物理**
大学入試 もっと身につく
　物理問題集（①力学・波動）
大学入試 もっと身につく
　物理問題集（②熱力学・電磁気・原子）

入試対策
英検®赤本シリーズ

英検®（実用英語技能検定）の対策書。
過去問集と参考書で万全の対策ができます。

▶**過去問集（2024年度版）**
英検®準1級過去問集 DL
英検®2級過去問集 DL
英検®準2級過去問集 DL
英検®3級過去問集 DL

▶**参考書**
竹岡の英検®準1級マスター DL
竹岡の英検®2級マスター CD DL
竹岡の英検®準2級マスター CD DL
竹岡の英検®3級マスター CD DL

CD リスニングCDつき　DL 音声無料配信
新 2024年新刊・改訂

入試対策
赤本プレミアム

赤本の教学社だからこそ作れた、
過去問ベストセレクション

東大数学プレミアム
東大現代文プレミアム
京大数学プレミアム〔改訂版〕
京大古典プレミアム

入試対策
赤本メディカルシリーズ

過去問を徹底的に研究し，独自の出題傾向をもつメディカル系の入試に役立つ内容を精選した実戦的なシリーズ。

〔国公立大〕医学部の英語〔3訂版〕
私立医大の英語〔長文読解編〕〔3訂版〕
私立医大の英語〔文法・語法編〕〔改訂版〕
医学部の実戦小論文〔3訂版〕
医歯薬系の英単語〔4訂版〕
医系小論文 最頻出論点20〔4訂版〕
医学部の面接〔4訂版〕

入試対策
体系シリーズ

国公立大二次・難関私大突破へ，自学自習に適したハイレベル問題集。

体系英語長文
体系英作文
体系現代文
体系世界史
体系物理〔第7版〕

入試対策
単行本

▶**英語**
Q&A即決英語勉強法
TEAP攻略問題集 CD
東大の英単語〔新装版〕
早慶上智の英単語〔改訂版〕

▶**国語・小論文**
著者に注目! 現代文問題集
ブレない小論文の書き方 樋口式ワークノート

▶**レシピ集**
奥薗壽子の赤本合格レシピ

入試対策　共通テスト対策
赤本手帳

赤本手帳（2025年度受験用）プラムレッド
赤本手帳（2025年度受験用）インディゴブルー
赤本手帳（2025年度受験用）ナチュラルホワイト

入試対策
風呂で覚えるシリーズ

水をはじく特殊な紙を使用。いつでもどこでも読めるから，ちょっとした時間を有効に使える！

風呂で覚える英単語〔4訂新装版〕
風呂で覚える英熟語〔改訂新装版〕
風呂で覚える古文単語〔改訂新装版〕
風呂で覚える古文文法〔改訂新装版〕
風呂で覚える漢文〔改訂新装版〕
風呂で覚える日本史〔年代〕〔改訂新装版〕
風呂で覚える世界史〔年代〕〔改訂新装版〕
風呂で覚える倫理〔改訂版〕
風呂で覚える百人一首〔改訂版〕

共通テスト対策
満点のコツシリーズ

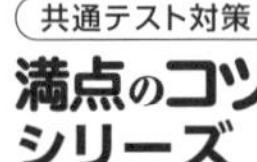

共通テストで満点を狙うための実戦的参考書。
重要度の増したリスニング対策は
「カリスマ講師」竹岡広信が一回読みにも
対応できるコツを伝授！

共通テスト英語〔リスニング〕
　満点のコツ〔改訂版〕新 DL
共通テスト古文 満点のコツ〔改訂版〕新
共通テスト漢文 満点のコツ〔改訂版〕新

入試対策　共通テスト対策
赤本ポケットシリーズ

▶**共通テスト対策**
共通テスト日本史〔文化史〕

▶**系統別進路ガイド**
デザイン系学科をめざすあなたへ

大学赤本シリーズ

赤本 ウェブサイト

過去問の代名詞として、70年以上の伝統と実績。

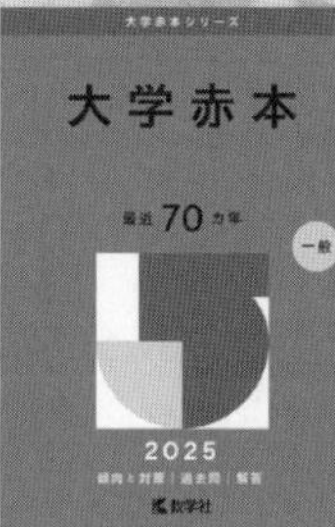

新刊案内・特集ページも充実！
受験生の「知りたい」に答える

akahon.netでチェック！

志望大学の赤本の刊行状況を確認できる！

「赤本取扱い書店検索」で赤本を置いている書店を見つけられる！

赤本チャンネル & 赤本ブログ

YouTubeや
TikTokで受験対策！

赤本チャンネル

人気講師の大学別講座や
共通テスト対策など、
受験に役立つ動画 を公開中！

YouTube

TikTok

赤本ブログ

受験のメンタルケア、合格者の声など、
受験に役立つ記事 が充実。

詳しくは
こちら

2025 年版　大学赤本シリーズ　No. 282
上智大学
(外国語学部・総合グローバル学部)

2024 年 7 月 10 日　第 1 刷発行
ISBN978-4-325-26340-1
定価は裏表紙に表示しています

編　集　教学社編集部
発行者　上原 寿明
発行所　教学社
〒606-0031
京都市左京区岩倉南桑原町56
電話　075-721-6500
振替　01020-1-15695
印　刷　加藤文明社